자유롭고 행복한 그리스도인 시리즈 2

# 성숙한 신앙을 위한 30가지 조언

정원 지음

영성의 숲

# 서문

그리스도인이란 자유로운 사람이다. 그리스도인이란 행복한 사람이다. 그 자유와 행복은 이 세상에서 얻을 수 없는 놀라운 것이며 그러한 풍성함을 누리는 것이 그리스도인들의 특권이다.

하지만 유감스럽게도 현실은 별로 그렇지 못한 것으로 보인다. 현실에서 우리는 많은 묶여있는 그리스도인들, 어둡고 우울한 그리스도인들을 자주 보게 된다. 나는 그들이 묶여있고 자유롭지 못한 여러 이유들을 제시하고 거기에서 해방되는 영적 원리를 설명하기 위하여 〈자유롭고 행복한 그리스도인〉을 썼다.

이 책은 원래 한 권으로 쓸 예정이었다. 그러나 쓰다보니 도무지 글이 멈추어지지를 않았다.

무엇이 그리스도인의 자유와 행복을 가로막고 있는가? 그것은 잘못된 의식이다. 잘못된 가치관과 사고방식이다. 나는 그러한 부분을 다루려고 했다.

그런데 쓰다보니 그렇게 묶여있는 그리스도인들의 사고와 습관이 너무나 많은 것을 느꼈다. 그래서 글들이 계속 쏟아져 나왔다. 결국 책의 분량이 엄청나게 많아지게 되었다.

할 수없이 나는 이 책을 두 권으로 나누었다. 아주 두꺼운 책을 들고 다니는 것은 쉽지 않을 테니까. 또한 사람들은 두꺼운 책을 보면 읽기 전부터 기가 죽는 경향이 있다.

2권은 1권과 전체적인 흐름은 비슷하지만 좀 더 진전된 부분에 대해서 다루었다. 2권을 먼저 읽어도 상관이 없지만 1권부터 읽는 것이 이해와 공감에 좀 더 도움이 될 것이다.

이 책이 당신에게 작은 안식과 자유와 행복을 가져다주기를 기대한다. 주님께서 당신에게 은총을 베풀어주시기를 바란다.

우리의 의식이 바뀔 때 우리는 이 땅에서 천국의 기쁨과 풍성함을 누릴 수 있다. 그리고 참된 그리스도인의 삶이 이렇게도 즐겁고 아름다울 수 있다는 것을 알게 된다.

부디 그 자유함과 풍성함의 역사를 경험하라.

사모하고 추구하는 당신에게 주님의 은총은 반드시 임하게 될 것이다. 나는 그것을 믿는다.

2004. 3. 정원 드림.

제 2권 성숙한 신앙을 위한 30가지 조언

## 목차

1. 문제 속에서 주를 보라 · 9
2. 참지 말고 즐겨라 · 19
3. 맡겨진 만큼 하라 · 30
4. 전도에 대한 부담을 주님께 맡겨라 · 34
5. 미래를 위하여 이 순간을 희생하지 말라 · 43
6. 당신과 다른 사람들의 차이를 인정하라 · 57
7. 행복은 주관적인 것이다 · 73
8. 부정적인 말이나 생각을 받아들이지 말라 · 82
9. 재난이란 꼭 나쁜 것만은 아니다 · 94
10. 남의 인생을 짊어지고 살지 말라 · 111
11. 위로 중독에서 벗어나라 · 123
12. 말이 통하지 않는 사람과 굳이 말하려고 하지 말라 · 133
13. 삶의 흐름을 거스르지 말라 · 145
14. 작심삼일을 두려워하지 말라 · 159
15. 절대로 아무도 비난하지 말라 · 170

16. 너무 착하게 살려고 애쓰지 말고 자기 수준대로 살아라 · 179
17. 자주 주님께 질문을 던지라 · 187
18. 어려운 상황에서 게임을 발견하라 · 202
19. 안식을 훈련하라 · 208
20. 부정적인 감정을 억지로 누르지 말라 · 222
21. 모든 고통은 사랑하지 않기 때문에 온다 · 238
22. 꿈을 버려라 · 247
23. 자신을 정죄하지 말라 · 256
24. 어두운 신앙관을 버리라 · 261
25. 경건한 사람보다 따뜻한 사람이 되라 · 269
26. 중독에서 벗어나는 비결은 무엇인가? · 278
27. 은혜 후의 실족으로 낙심하지 말라 · 293
28. 모든 이들이 원하는 것은 오직 사랑이다 · 308
29. 영적 성장의 여정에 조급하지 말라 · 320
30. 주님이 당신의 곁에 계신 것을 보라 · 331

제 1권 행복한 신앙을 위한 28가지 조언

## 목차

1. 식사 기도는 제발 좀 짧게 하라 · 8
2. 깨어지고 죽는 것이 뭐가 그렇게 좋은가? · 13
3. 제발 좀 죄책감을 버려라 · 24
4. 과연 하나님이 치시는 게 맞는가? · 29
5. 교회를 옮기면 정말 저주를 받을까? · 38
6. 당신의 확신을 강요하지 말라 · 47
7. 자기 비하를 하지 말라 · 55
8. 하고 싶지 않은 일을 하지 말라 · 58
9. 먹는 것이 그렇게도 중요한 일인가? · 65
10. 사역자에 대하여 기죽지 말라 · 81
11. 원하지 않는 요구를 거절하라 · 92
12. 사역의 부담을 내려놓으라 · 103
13. 우리는 휴머니스트가 아니다 · 113
14. 무슨 기관차가 지나가는가? · 126

15. 선한 사람으로 보이려고 애쓰지 말라 · 140

16. 우리는 환경을 창조한다 · 156

17. 밝음과 유쾌함이 우리의 힘이다 · 172

18. 맞아서 성화되는 사람은 없다 · 184

19. 대부분의 억압은 우리 스스로가 만드는 것이다 · 204

20. 하나님의 음성에 대한 열등감을 가지지 말라 · 213

21. 멀리해야할 사람을 멀리하라 · 236

22. 의무감이 아닌 감동으로 움직이라 · 247

23. 희생이 주는 기쁨이 없이는 희생하지 말라 · 257

24. 선을 독점하지 말라 · 266

25. 망상에 잠긴 자들에게서 멀어지라 · 270

26. 사소한 것에서 기쁨을 느껴라 · 289

27. 늙어 가는 것을 즐거워하라 · 305

28. 모든 과정은 아름다운 것이다 · 336

# 1. 문제 속에서 주를 보라

우리는 항상 우리를 둘러싸고 있는 문제 속에서 신음한다. 항상 어디를 가나 속을 썩이는 인간들이 있다. 예상하지 못한 위기 상황이 발생한다. 상황들은 우리에게 항상 많은 것을 요구한다. 해야 할 일들은 쌓여있다. 그리고 그것은 녹록치 않은 일들이다. 해결되어야 할 문제는 늘 산적해있다.

우리는 언제 문제에서 놓여나서 몸과 마음을 편하게 쉴 수 있을까 하고 생각한다. 언제 의무감이나 부담감에서 벗어날 수 있을까 하고 생각한다. 언제 우리는 우리를 괴롭히는 사람들에게서 벗어날 수 있을까? 언제 우리들은 경제적인 어려움에서 벗어날 수 있을까? 언제 아이들은 대학에 들어가고 결혼을 할까?

그러나 막상 문제에서 벗어나도 모든 것이 끝나는 것 같지는 않다. 평생을 조용하게 살고 싶다고 아우성치는 이들은 막상 주위에 모든 이들이 떠나고 조용해지면 그 때부터는 고독하고 외롭다고 난리를 친다. 문제와 부담이 사라지면 막상 그 다음에는 무기력감에서 벗어나지 못한다. 괴롭히는 이들이 사라져도 마음 가운데에는 후련함과 기쁨이 별로 없다.

그렇다면 문제라는 것은 당시에 생각하는 것처럼 그리 심각한 것이 아니지 않을까? 우리가 벗어나려고 애를 쓸 정도로 대단한 것들이 아니지 않을까?

사실 문제없는 인생은 없다. 우리는 영적 성숙을 위해서 이 땅에 살고 있는 것이니 아무런 문제가 없다면 이 땅에서 그만 살고 다른 곳으로 이사를 가야 할 것이다. 더 이상 여기에서 배울 것이 없을 테니 말이다. 문제가 없다면 답도 없을 테니 이 곳에 존재할 이유가 없지 않은가?

문제가 모두 사라진 다음에야 우리가 편안하고 즐거울 수 있다면, 우리의 모든 짐이 벗어진 다음에야 우리가 즐거울 수 있다면 우리는 인생의 대부분을 고통 속에서 살아야 할 것이다. 우리의 삶의 대부분에서 즐겁게 느끼지 못할 것이다.

파도가 없는 바다란 없다. 그것은 바다가 아니다. 우리가 인생이라는 바다에서 살면서 파도가 없기를 기대한다면 그것은 어처구니없는 것이다.

문제는 어디에서 오는가? 그것은 우리의 영적 성숙을 위해서 주님이 우리에게 허용하시는 것이다. 그 문제들은 우리에게 무엇을 보여주고 무엇을 가르치는가? 그것은 우리 영혼의 상태를 보여준다. 영혼의 상태는 항상 자석과 같이 상황들을 끌어당긴다. 그러므로 우리는 우리에게 오는 문제가 무엇이냐에 따라서 우리의 영혼의 상태를 알 수 있는 것이다.

우리에게 문제가 되는 것은 무엇인가? 그것은 각자에게 따라 다르다. 그것은 우리가 무엇에 고통을 느끼느냐에 달려 있는 것이다. 그러니까 어떤 사람에게는 문제가 되는 것이 다른 사람에게는 문제는커녕 기쁨이 될 수도 있다는 것이다.

예를 들어 어떤 이가 대중 앞에서 연설을 하게 되었다고 생각해 보라. 이것을 통해서 극심한 스트레스를 받고 고통을 겪는 사람도 있다. 그는 밤새 잠을 이루지 못한다. 하지만 반대로 극도의 기쁨을 느끼는 사람도 있다. 이러한 이들은 그러한 기회가 주어지지 않는 것이 고통이 되고 문제가 된다. 그러니 문제란 환경이 아니고 그 사람의 마음의 상태인 것이다. 그 사람의 상태와 체질에 따라서 동일한 일에 대해서 고통을 느끼고 기쁨을 느끼게 된다.

나의 경우는 몹시 가난하게 자랐지만 그것이 상처가 된다든지 아주 힘들었다든지 하는 느낌은 별로 없었다. 그저 그런가 보다 하고 생각했을 뿐이다. 학교에서 내야하는 돈을 내지 못해서 불려가서 혼이 나고 쫓겨나기도 하고 했지만 이상하게도 그런 부분에 대해서는 그다지 아픔이 느껴지지 않았다. 다만 진리를 알지 못하는 것, 주님을 알지 못하는 것이 내게는 큰 고통으로 느껴졌다.

언젠가 친하게 지내던 옆집 아가씨의 일기장을 훔쳐본 적이 있었는데 그녀의 일기장에는 경제적인 문제에 대한 슬픔과 억울함과 분노가 가득 차 있었고 주님께 기도하는 내용도 거의 대부분 그러한 내용이었다. 주님. 왜 어떤 이들은 부잣집에 태어나고 나 같은 사람은 이렇게 가난한 집에 태어났어요.. 억울해요.. 주로 그런 투정들이었다.

내가 보기에 그녀는 좋은 직장에 다니며 돈도 잘 벌고 직장 상사로부터 귀여움도 많이 받으며 예쁜 옷도 잘 사 입으면서 살고 있었다.

하지만 그녀는 좀 더 멋진 옷을 입고 싶어 했고 좀 더 잘 살기를 원했는데 나는 그것을 보면서 사람의 고통은 다 다르다는 것을 알 수 있었다. 그것은 각 자의 가치관에 달려있는 것이다.

어떤 이가 무엇을 통해서 가장 고통을 받는가, 무엇을 문제로 여기는가는 그의 영혼의 상태를 보여준다. 문제는 그 영혼의 상태를 교정하기 위해서 존재하는 것이다.

예를 들어서 어떤 이가 귀중한 물건을 잃어버려서 난처해졌다고 하자. 그것은 그 영혼이 가장 귀하고 중요한 것들을 소홀히 하고 있는 것을 보여주는 것이다. 어떤 이가 문단속을 제대로 안 해서 문제가 생겼다고 하자. 그것은 그가 자신의 영혼을 제대로 단속하지 않으며 그래서 타인의 말과 생각이 쉽게 그의 안에 침투할 수 있는 상태인 것을 보여주는 것이다.

어떤 이가 다른 이에게 모욕이나 나쁜 일을 겪고 분노가 생기고 그에 대해서 용서가 안 된다고 하자. 그것은 그의 영혼에 지옥의 속성이 많은 것을 보여주며 천국에 이르기 위해서는 그러한 악성이 처리되어야 함을 보여주는 것이다.

어떤 이가 사소한 일에 근심과 염려가 많다고 하자. 그것은 그의 영혼이 너무 약하여 지옥의 영들을 물리칠 수 없으며 그의 영혼에 권능이 필요함을 보여주는 것이다.

어떤 이가 지나친 의무감과 부담감 속에서 지치고 피곤한 삶을 살고 있다고 하자. 그것은 그가 주님을 의뢰하며 주님의 능력으로 살지 않고 스스로의 힘으로 살고 있는 것을 보여주는 것이다.

이처럼 모든 문제들은 그의 영혼의 수준과 상태를 보여준다. 그리고 우리가 천국의 영광에 들어가기 위해서 어떤 부분들이 수정되고 변화되어야 하는지를 가르쳐 주는 것이다.

그러므로 영이 맑아서 그 가르침에 대해서 잘 깨닫고 적용하여 성장하는 이들은 문제가 왔다가도 금방 사라지게 된다. 그것은 파도가 사라지는 것과 같다. 하지만 그 다음에 다시 다른 파도가 온다. 그렇게 계속 파도는 그를 깊은 바다로 인도해 간다. 더 깊고 아름다운 천국의 사람으로 그를 만들어 가는 것이다.

반대로 고집이 세고 자아가 강하여 좀처럼 반성하지 않는 사람이 있다. 그는 논리에 집착하고 자신의 변호에 집착한다. 누구의 조언도 듣지 않으며 오직 자신은 불행하며 억울하다고 말한다.

이들은 오랫동안 어두운 영혼의 상태에서 감옥에 묶여 있는 것이다. 이들은 반성을 통해서 성장하고 변화되어 가지 않기 때문에 똑같은 문제, 똑같은 시험이 계속 된다. 영적 지식이나 영적 감동에서, 주님을 알아 가는 실제적인 경험과 지식에서 발전하지 못한다.

물론 죽을 때까지 그렇게 살다가 죽으면 그것은 어쩔 수 없는 일이다. 그들은 낮은 구원에 머물러 있거나 영원한 어두움에 속하게 될 것이다.

천국은 몸만 교회에 가고 입술로만 주님을 고백하는 이들이 갈 수 있는 곳이 아니다. 심령과 중심이 주님께 순복된 이들이 천국을 경험하게 되는 것이다. 그리고 그 천국의 기쁨과 감동은 우리가 살아있는 동안에도 우리 안의 깊은 곳에서 언제나 느끼고 감지할 수 있는 것이다.

우리는 문제 안에서 기뻐할 수는 없는가? 문제가 사라질 때까지 파티를 멈추고 즐거운 웃음소리를 그치고 비극적으로 살아야 하는가?

그렇지 않다. 우리는 문제 안에서 기뻐할 수 있다. 문제가 우리를 더 아름답게 만들고 풍성하게 하며 우리를 주님께로 가까이 이끌기 때문에 우리는 문제를 통해서, 문제 안에서 즐길 수 있다.

자신의 인생과 문제에 대해서 이야기를 하면서 소설을 쓰는 이들은 참 많다. 그들은 자신을 비극적인 소설의 주인공으로 만든다. 자신이 얼마나 처절하고 비참하게 살아왔는지 자극적으로 묘사하고 싶어 한다. 그것이야말로 온갖 재앙을 끌어들이는 일이다.

사람이 힘들어봤자 죽기 밖에 더하겠는가? 그게 뭐 대수인가? 세상에는 우리만 힘든 것이 아니다. 자기만 고통스럽고 남들은 다 배부르고 편안한 것이 아니다. 흔히 이렇게 생각한다. 저 사람들은 내 마음 모르겠지. 내가 얼마나 비참한 상태에 있는지.. 그 누가 알랴. 오직 주님 밖에 모를 거야. 소설을 쓰지 말라. 그 사람들도 다 마찬가지다. 겉보기에는 괜찮아 보이지만 그들도 속은 마찬가지다.

주님을 사랑하는 어떤 사람이 춥고 배고파서 죽을 지경이 되었다. 그는 생각했다. 아. 주님이 나를 얼리고 굶겨서 데리고 가시는가 보다. 그러면 그렇게 하시라고 하지 뭐.. 그것이 바로 자유이다. 우리는 구속받은 사람이고 생과 사는 주님께 있는데 뭐가 걱정인가? 붙잡고 있는 사람은 피곤하다. 그러나 모든 것을 놓은 사람은 자유롭다.

자신의 삶에 집착할수록 고통에 대한 감각이 예민해진다. 별것 아닌 것을 가지고 세상이 멸망한 것처럼 충격을 받는 것도 그 의식의 중심이 주님이 아니고 자신에게 속해 있기 때문이다.

세상이 있는 한 파도는 언제나 있다. 그것은 오고 간다. 파도가 오면 아이고. '큰일 났네.. 어떡하지.' 하고 난리를 친다. 파도가 물러가면 '오, 할렐루야.. 파도가 갔다.' 하고 법석을 친다. 그 다음에 '오. 아버지.. 이번에는 집채 만한 파도예요.' 한다. 그것은 피곤한 인생이다.

인간이 있는 한 생로병사는 항상 있다. 그것은 대단한 것이 아니다. 정말 중요한 것은 우리가 주님을 사랑하는가, 영혼들을 사랑했는가이다. 거기에 예라고 대답할 수 있는 사람은 자신의 삶과 죽음에 신경을 쓸 필요가 없다.

갈릴리 바다에 심한 파도가 치고 있었을 때 제자들은 주님과 같이 있었다. 비록 주무시고 계셨지만 주님은 그들과 같이 계셨다. 좀 더 주님을 빨리 깨웠으면 그들은 고생을 덜 했을 것이다. 그러나 어쨌든 상황이 심각해지니까 그들은 주님을 깨웠다. 그리고 모든 파도는 잔잔해졌다.

파도가 있을 때도 주님은 그들과 같이 계셨다. 파도가 고요해졌을 때도 주님은 그들과 같이 계셨다. 그것이 중요하다. 파도보다 중요한 것은 주님이다. 파도가 있든 없든 오든 가든 주님은 우리와 함께 계신다.

더욱 감사한 것은 파도는 우리를 주님께로 이끈다는 것이다. 파도가 오기 전에 제자들은 주님이 주무시는지 깨어 계시는지 신경을 쓰지 않았다. 그러나 엄청난 파도 앞에서 그들은 주님을 깨워야 함을 알았다. 요지는 무엇인가? 파도가 아니고 주님인 것이다.

우리는 파도를 보지 말고 주님을 보아야 한다. 파도와 문제는 우리의 영혼을 깨우며 우리에게 주님을 보여주는 것이다. 문제와 파도, 그것은 우리에게 희미해있던 주님의 현존을 강하게 실감나게 하는 의미가 있다.

찬송가 470장인 〈내 평생에 가는 길〉의 가사를 지은 스패포드는 현대판 욥이라고 불린다. 스패포드 교수는 시카고의 대 화재로 전 재산을 잃었다. 그런데 바로 그 시각 부인과 네 자녀는 기선을 타고 프랑스로 가고 있다가 사고로 인하여 배가 침몰하게 된다. (이 침몰

사고에 대해서는 배의 충돌사고라는 견해와 강한 풍랑 때문이라는 이야기가 있다. 어느 쪽이 맞는지 모르겠다. 하지만 찬송가 가사의 내용을 보면 후자가 맞지 않을까 싶다)

침몰 직전 부인은 네 아이와 함께 다섯이 같이 하나님께 기도한다. 부인은 내가 죽더라도 이 아이들을 살려달라고 간절하게 부르짖는다. 하지만 나중에 구명정에서 살아서 깨어난 그녀는 실신을 한다. 네 아이는 파도에 휩쓸려 하늘나라로 갔던 것이다.

그녀는 충격으로 정신병원에 입원한다. 그리고 이 소식이 스패포드 교수에게 전해진다. 그는 부인을 위로하기 위하여 동일한 항로로 배를 타고 간다. 그는 충격에도 불구하고 하나님께 감사와 찬송을 드린다. 이번에는 날씨가 구름 한 점 없이 너무나 좋았다.

어느 날 갑판에서 선장은 스패포드 교수에게 말한다.

"교수님. 바로 이 곳이 사고로 인하여 교수님의 자녀들이 사라진 곳입니다."

그 때까지 잔잔함을 유지하던 스패포드의 마음속에 커다란 파도가 일어나기 시작한다. 그는 슬픔에 젖는다. 나는 전심으로 주님을 섬겼다. 그런데 왜 내게 이런 일이 생기는가? 도대체 하나님은 어디 계신가?

그는 선실의 방에 틀어박힌다. 그리고 두문불출한다. 모든 이들이 걱정한다. 그의 믿음이 실족하지 않을까 염려한다. 절망하고 탄원하며 기도하던 스패포드에게 갑자기 놀라운 주님의 현존이 임한다. 모든 고난과 모든 절망을 바꾸시는 주님의 강렬한 임재, 평안.. 스패포드는 세상을 초월한 마음의 평화를 얻게 된다.

황혼이 기울 무렵 스패포드가 밖으로 나온다. 모두가 그의 상태가 궁금해서 다가온다. 그가 승리했음은 황혼에 빛나고 있는 그의 얼굴이 보여준다.

그는 빛나는 얼굴로 그를 기다리고 있는 사람들에게 한 장의 종이를 내민다. 그것은 그가 하나님의 영광을 경험하고 쓴 시이다.

내 평생에 가는 길 순탄하여
늘 잔잔한 강 같든지
큰 풍파로 무섭고 어렵든지
내 영혼 늘 편하다
저 마귀는 우리를 삼키려고
입 벌리고 달려와도
주 예수는 우리의 대장되니
끝내 싸워서 이기겠네
내 영혼 평안해
내 영혼 평안해
내 영혼 내 영혼 평안해

파도를 경험하고 그 파도 속에서 주님을 붙잡은 이들은 그 파도를 잔잔케 하시는 주님의 현존을 맛본다. 그 주님의 임재와 현존은 세상의 모든 재앙과 절망과 낙담을 능히 이기고 극복할 수 있음을 보여준다. 스패포드 교수의 이 찬송 시는 파도를 보지 않고 그 파도 속에서 주님을 보며 세상을 초월한 평강과 기쁨을 경험할 수 있다는 것을 우리에게 그의 경험으로 보여주고 있는 것이다.

우리는 문제 안에서 기뻐할 수 있는가? 그렇다. 그것은 가능하다. 우리가 문제를 보지 않고 주님을 볼 때 우리는 기뻐하고 즐거워하며 승리할 수 있다. 베드로가 파도를 보지 않고 주님을 볼 때

물 위에서 걸었던 것처럼 우리는 주님을 보면서 문제 위에서 즐거워할 수 있는 것이다.

자신의 상황을 절망적으로 보지 말라. 문제 위에서 낙담하지 말라. 즐거워하라. 주님은 문제보다 크신 분이다. 그러므로 우리는 문제 안에서 지금 행복을 누릴 수 있는 것이다.

## 2. 참지 말고 즐겨라

그리스도인들이 즐겨 부르는 찬송가 364장의 가사 중에 이런 내용이 있다.

"내 주를 가까이 하게 함은 십자가 짐 같은 고생이나
내 일생 소원은 늘 찬송하면서 주께 더 나가기 원합니다."

그런데 이 가사를 생각하면서 이런 생각이 든다. 정말 주님께 가까이 나아가는 것이 십자가를 지는 것 같은 고통인가?

주님을 사모하고 추구하여 나아가는 것이 그렇게 까지 고통스러운 길인가?

아무튼 그러한 고통스러움에도 불구하고 항상 찬송을 부르며 더 가까이 주님께 나아가겠다니까 그 결심은 참으로 가상하다. 하지만 주님께 나아가는 길이 그렇게 고통스럽기만 한 것인지 의문이 느껴지는 것은 사실이다.

일생동안 주님과 동행했던 신자가 사후에 주님 앞에 이르러 이렇게 말했다고 하자.

"오, 주님.. 이 세상의 삶은 정말 고통스럽고 힘든 십자가의 길이었습니다."

주님께서 이렇게 물으시지 않을까?

"그래? 나와 함께 걸어가는 것이 그렇게도 고통스러웠느냐?"

만약 어떤 연인이 프러포즈를 하면서 이렇게 고백한다고 하자.

"사랑해. 당신과 함께 있는 것이 얼마나 십자가를 지는 것처럼 고통스러운지 몰라. 하지만 그래도 감사하면서 당신과 함께 가까이에서 살고 싶어."

상대는 어떠한 반응을 보일까? '나와 같이 있는 것이 그토록 고통스럽다면 왜 굳이 나하고 살려고 해? 하지 않을까?

그리스도인들은 일반적으로 입에다 '십자가'를 달고 사는 경향이 있다. 툭하면 '십자가'를 되뇌인다. 남편은 아내가 자기 십자가라고 한다. 아내는 남편이 자기 십자가라고 한다. 부모는 자녀가 자기 십자가이며 자녀는 부모가 십자가이다. 직장인들은 직장이 십자가이고 직장 상사가 십자가이다.

정말 무슨 십자가가 이렇게 많은지! 이상하게 십자가를 지는 사람은 너무나 많은 데 남에게 십자가를 주는 사람은 없다. 아마 각자 알아서 십자가를 짊어지고 다니기 때문일까? 정말 인생살이는 이처럼 피곤하고 고통스러운 것일까? 어디에 가도 십자가만 충만한, 그것이 우리의 삶이 되어야 할까?

아무튼 그래서인지 그리스도인들의 삶은 우중충하고 피곤한 것이 많다. 도처에 주님, 차라리 데려가 주세요. 하고 기도하는 이들이 많다. 정말 비극적이다.

이러한 그리스도인들이 좋아하는 표현은 "죽으면 죽으리라" 이다. 이들은 십자가를 지고 결사적으로 살아야 한다고 생각한다. 정말 전투적이고 긴장스럽다. 어떤 이들은 인사를 할 때 '승리하세요.' 하고 말한다. 그들은 전쟁터에 있다.

어떤 이들은 기도에 대한 인식에서도 매우 긴장된 모습을 보여 주고 있는 것 같다. 기도하지 않으면 멸망한다.. 기도하지 않으면 저주가 온다.. 기도하지 않으면 죽는다.. 그런 식의 인식을 가지고 있는 것 같다.

어떤 이가 데이트를 하면서 상대방에게 눈을 부릅뜨고 '나는 오늘 당신과 만나지 않으면 멸망이야 당신과 한 시간을 보내야만 해.' 한다면 상대방은 느낌이 어떨까? 아무튼 너무 긴장되어 있는 그리스도인들이 참 많다.

그리스도인에게 있어서 삶은 전투인가? 삶은 긴장인가? 삶은 십자가인가? 그것은 오직 인내하고 참아야만 하는 것인가?

분명한 것이 있다. 우리가 오직 참고 십자가를 지는 쪽으로만 생각한다면 우리의 삶은 피곤하고 고통스럽기만 할 뿐 별로 좋은 열매를 생산하기 어렵다는 것이다.

만약 학생이 공부하는 것을 십자가로 여긴다면 어떨까? 그는 좋은 성적을 올릴 수 있을까? 만약 직장인이 직장에서 일하는 것을 십자가로 여긴다면? 그는 돈을 버는 것이나 진급과 같은 것을 육적이고 세상적인 것으로 여긴다. 그의 직장 생활은 즐거울까?

가장이 가족을 부양하는 것을 즐거움이 아니라 십자가로 여긴다면? 그의 삶은 행복할까? 남편은 항상 아내와 아이들에게 말한다.

"애들아. 내가 너희를 먹여 살리는 것이 얼마나 무서운 십자가인 줄 아니? 여보. 당신과 함께 사는 것이 내게 얼마나 끔찍한 십자가인줄 아시오?"

주부가 가족들을 위해서 청소를 하고 음식을 장만하는 것을 십자가로 여긴다면? 골고다에 오르는 심령으로 집안을 청소하고 십자가에 못 박히는 심령으로 반찬을 만든다면? 그 반찬 맛이 있을까? 먹다가 체하는 일은 없을까? 그녀는 말한다.

"애들아. 오늘 엄마가 골고다 언덕을 몇 번이나 넘으면서 십자가를 지고 청소를 하고 식사를 준비했단다."

아이들은 대답한다.

"엄마.. 저희들은 학교에서 너무나 무서운 십자가를 지고 죽을 뻔하다가 간신히 살아왔어요."

그 집안은 보나 마나 뻔한 집안이다. 아마 '그것도 십자가라고 할 수 있니?' 하면서 서로 싸우는 집이 될 것이다.

이것은 확실하다. 어떤 사람이 무엇에 대해서 즐기지 않고 다만 참고 인내하는 것이라면 그는 그것을 잘 할 수 없을 것이라는 것이다.

예를 들어서 남편을 자기 십자가라고 생각하는 아내는 남편이 불신자일 경우에 그를 주님께로 인도하는 것은 거의 불가능에 가까울 것이다. 남편은 그녀가 자기를 사랑하는지 참고 있는지에 대해서 너무나 잘 알고 있기 때문이다.

어떤 이가 까다로운 직장 상사에 대해서 인내하고, 인내하고 또 인내한다고 하자. 그 직장 상사는 그에게 더욱 더 까다로워질 것이다. 인내란 승리가 아니며 자신도 상대방도 변화시키지 못한다.

당신이 그를 즐거워하지 못한다면 당신은 자신도 상대방도 변화시킬 수 없다. 고통은 고통을 끌어당기며 즐거움은 즐거움을 끌어당기기 때문이다.

참는 것은 즐거움을 끌어당기지 않는다. 그것은 성분이 다르기 때문이다. 참는 것이 즐거움을 끌어당긴다면 아마 자석도 옷감을 끌어당길 것이다.

참는 것은 더 많은 고통을 가져올 뿐이다. 오래 동안 용수철을 밟고 있는 사람은 언젠가 그것이 튀어 오르는 것을 경험하게 될 것이다.

우리가 어떤 것을 즐거워하지 않고 고통스럽게 여긴다면 우리는 그것을 잘 할 수 없다. 뿐만 아니라 그것을 통해서 고통을 받게 된다. 우리가 그것을 싫어하면 그것도 우리를 싫어하기 때문이다. 우리는 우리가 상대방을 미워하면서 그가 우리를 사랑하기를 기대해서는 안 된다.

올해 고등학교에 들어간 아들 주원이는 수학을 별로 좋아하지 않았다. 대부분의 아이들이 가장 싫어하는 과목이 수학이라고 한다. 그래서 주원이는 수학에서 스트레스를 많이 받았다.

어느 날 식사 시간에 주원이와 둘이서 밥을 먹게 되었을 때 나는 이런 이야기를 해주었다.

"주원아. 네가 수학을 싫어한다면 수학도 너를 좋아하지 않을 것이다. 그래서 너에게 좋은 점수를 주지 않을 거야. 하지만 네가 수학을 좋아한다면 수학도 너를 좋아해서 너에게 좋은 점수를 주고 좋은 선물을 줄 거야. 사람이란 자기가 싫어하는 것에 대해서는 아무리 노력을 하고 고생을 해도 좋은 결과를 얻을 수가 없단다.

그러니 너도 수학에 대해서 마음을 바꾸고 화해를 해야 한다. 네가 잘못한 것이 있다면 사과하고 수학의 마음을 풀어주어야 해.

그리고, 너는 사회 선생님이 되고 싶은 꿈을 가지고 있잖아. 그런데 수학을 잘 못하게 되면 원하는 대학에 갈 수 없으니 네 꿈을 이룰 수가 없단다.

그러니 수학을 나쁜 친구로 생각하지 말고 너의 꿈을 이루어주는 좋은 친구로 생각하려무나. 네가 그렇게 수학에 대해서 마음을 바꾸고 좋아하게 되면 반드시 수학도 네게 보답을 할 것이다."
주원이는 무엇을 좋아하게 되면 잘 할 수 있다는 말이 인상적이었는지 '수학! 라이크! 수학! 라이크!' 하고 외치는 것이었다.
우연인지는 모르지만 주원이는 그 이후로 수학에 대해서 그다지 두려움을 가지지 않는 것 같았고 더러 만점도 받곤 하게 되었다. 여러 요인이 있겠지만 수학에 대해서 좋아하려고 마음을 먹은 것도 하나의 요인이 되지 않았을까 싶다.
인내는 힘이 아니다. 고통을 견디는 것은 능력이 아니다. 참다운 능력은 무엇인가? 그것은 그 대상을 즐기는 것이다.
우리가 어떤 사람을 좋아하지 않는다면 우리는 아무리 많이 기도해도 그 사람을 변화시킬 수 없다. 작정 기도를 하든 금식기도를 하든 그것은 마찬가지다. 배우자를 마귀라고 하면서 그의 구원을 위해서 기도하는 이들이 있는데 그러한 기도는 응답되기 어렵다.
우리가 직장 상사를 억지로 잘 참으려 한다면 그는 그것을 느끼게 된다. 우리는 그를 변화시킬 수 없다. 아무도 자신을 잘 참아주는 이에게 호감을 느끼지 않는다. 사람은 오직 자신을 좋아하는 사람에게 호감을 느낀다.
우리가 어떠한 상황을 좋아하지 않고 그저 참고 버틴다면 그 상황은 잘 바뀌지 않는다. 오히려 상황이 더 어려워질 뿐이다.
그 상황을 통해서 배워야 할 것을 배우지 못하고 있으면 깨우치게 하기 위하여 상황은 더욱 더 나빠질 수밖에 없는 것이다. 어떻게 해야 상황이 바뀌게 될까? 그것은 인내가 아니라 깨닫고 즐기는 것이다. 즐기는 것에는 항상 능력이 따른다.
바둑을 잘 두는 사람은 어떤 사람인가? 바둑을 좋아하는 사람이다. 공부를 잘 하는 학생은 어떤 사람인가? 책읽기를 즐거워하는 학생이다. 운동을 잘 하는 사람은 어떤 사람인가? 운동을 즐기는 사람이다.

어떤 것이든지 의무적으로 하는 사람은 즐기는 사람을 이길 수 없다. 할 수 없이 공부하는 학생은 하루 종일 책상에 붙어 있어도 책읽기를 즐기는 학생보다 성적이 좋을 수 없다.

그러므로 우리는 매사에 참고 견디는 것보다 그것을 즐길 수 있는 훈련을 해야 한다. 어떤 까다로운 사람을 대할 때 그것을 참으려고 해서는 안 된다. 그러한 만남을 허락하신 주님께 감사를 드리면서 그 상황을 즐기려는 마음을 가져야 한다.

우리가 싫어하는 것을 즐기는 것이 가능할까? 그것은 말도 안 된다고 생각하는 이들이 많이 있다. 그러나 과연 그럴까? 그것은 우리의 의식에 달려있는 것이다. 동일한 상황이라도, 동일한 사람이라도 우리가 어떻게 생각하느냐에 따라서 우리는 전혀 반대의 결론을 내릴 수 있는 것이다.

어떤 이가 자기는 모든 일이 꼬이기만 한다고 하나님께서 자기를 미워하고 있는 것이 틀림없다고 내게 말한 적이 있다.

그래서 나는 대답했다. 주님은 그분이 특별하게 사랑하는 이에게 정말 나를 사랑하는지, 이런 어려운 일이 있어도 나를 사랑하는지 알고 싶어 하시는 것이라고 말해주었다.

그녀는 갑자기 기쁨으로 충만해졌다. 그러면서 자신은 어떠한 일이 있더라도 오직 주님만을 사랑하겠다고 고백했다. 그러면서 많은 고난이 오히려 더 감사하다고 말했다. 이처럼 생각하기에 따라서 동일한 상황이 다르게 느껴지는 것이다.

어떤 이가 내게 말했다. 전에는 너무 영감이 충만하고 주님과 아주 가까이 있다고 느껴졌는데 요즘에는 특별하게 무엇을 잘못한 것도 없는 것 같은데 이상하게 기도도 안 되고 심령이 너무나 메마른 것 같아서 너무 힘들다는 것이다.

나는 대답했다. 주님께서 사람들을 영적인 여정으로 인도하시면서 그 영혼의 수준을 한 단계 진급시킬 때는 반드시 메마름의 광야를 통과시킨다고 말이다. 그래서 메마름 속에서도 감사할 때 영혼이 한 수준 다른 차원으로 업그레이드된다고 이야기했다.

갑자기 그녀의 얼굴도 기쁨으로 충만해졌다. 그녀는 정말 고맙다고, 감사함으로 이 상황을 극복하겠다고 대답했다.

그처럼 의식에 따라서 동일한 상황은 다르게 느껴진다. 물론 나의 대답은 단순히 기분이 좋으라고 한 것은 아니며 실제로 그러한 원리가 있기 때문에 이야기한 것이다.

분명한 것은 바르게 이해하고 깨닫게 되면 동일한 상황에서도 조금 전에는 죽고 싶다고 이야기하다가도 너무나 감사하다고 눈물을 흘리게 된다. 나는 상담을 통해서 그러한 경우를 많이 접하곤 했다.

우리의 삶은 십자가뿐인가? 그렇지 않다. 그것은 삶을 보고 있는 어두운 의식에서 나온 것이다. 우리의 삶은 주님이 감추어 놓으신 영광과 아름다움과 풍성함으로 가득 차 있다. 세상에는 숨겨져 있는 천국의 보화를 찾는 보물찾기가 우리의 인생에는 가득하다. 그것은 우리 의식과 마음을 바꾸는 것으로 시작된다.

썬다 싱은 '십자가는 천국이다'라고 말했다. 대부분의 사람들이 고통과 저주와 절망의 상징으로 여겼던 십자가가 그에게는 천국으로 느껴졌던 것이다. 그의 일생의 삶은 외면적으로 보기에는 비참하고 외롭고 곤고한 삶이었지만 그는 그것을 '천국'이라고 표현했다.

그는 종교성이 아주 높은 티벳에서 복음을 전했다. 그가 티벳에서 복음을 전하기로 마음을 먹은 것은 그곳이 복음을 전하기가 가장 어려운 지역이기 때문이며 또한 순교할 가능성이 가장 많은 지역이기 때문이었다.

그래서 그는 가는 곳마다 항상 죽음의 위협에 처했었다. 그리고 그의 죽음도 언제인지 알려져 있지 않다. 마지막 전도 여행을 떠났다는 기록만 있지 그 후에 그를 발견했다는 사람은 없다. 그래서 어딘가에서 순교했을 것이라고 알려져 있는 것이다.

그런데 그가 말하기를 십자가는 천국이라고 했다. 그의 삶의 가치관과 자세를 보여주는 것이다. 항상 죽음의 위협에 놓여있으며 갖은 고난을 겪던 삶 - 그에게 그러한 삶은 곧 천국의 삶이었다.

그는 어느 날 대적자들에게 잡혀서 깊은 우물 속으로 거꾸로 떨어뜨려졌다. 그 곳은 물이 없는 진흙탕의 우물이며 곧 지옥이었다. 거기에 떨어져 살아서 나온 사람은 없었다. 그곳은 시체들로 가득했으며 시체 썩은 냄새로 1분도 견딜 수 없는 곳이었다고 한다.

그는 3일간 그 곳에 갇혀 있었다. 그러다 3일 만에 기적적으로 구조되었다. 그런 그에게 그 지옥 속의 3일간은 어떠했을까? 그는 고백한다.

"시체가 썩는 악취로 나는 잠시도 숨을 쉴 수 없었다. 그런데 갑자기 나는 그리스도께서 내 곁에 가까이 계신 것을 알게 되었다. 그분은 너무나 가까이 계셨다. 나는 그토록 강렬한 기쁨과 평화를 느껴본 적이 없었다. 나는 너무나 행복한 나머지 내내 흐느껴 울었다…"

그의 외면은 지옥과 같은 삶이었다. 그러나 그의 내면은 세상이 알 수 없는 영광의 행복으로 가득 차 있었다. 그래서 그는 말하는 것이다. 십자가는 천국이라고.

십자가는 우리의 이기심, 육욕, 악성들을 소멸시킨다. 그것은 참다운 해방과 영광의 세계로 우리를 안내한다. 그것은 영광의 문이며 단순히 고통의 상징이 아니다.

우리의 삶은 고난인가? 피곤함인가? 우리는 얼른 이 세상을 마치고 빨리 주님계신 곳으로 가야만 하는가? 아니다. 이 세상에도 천국이 있다. 세상에 숨겨져 있을 뿐 천국이 있다. 그리고 우리는 그것을 찾을 수 있다.

그러므로 삶을 단순히 인내하려 하지 말고 그것을 즐기도록 애쓰라. 그 안에서 천국을 찾으려고 하라. 그 안에서 주님의 가르치심과 임재를 찾으려고 하라. 이를 악물고 믿지 말고 즐겁고 재미있게 믿으라. 그것이 우리의 능력이 된다.

만남을 즐기고 우리가 해야 할 일을 즐기고 어려운 상황을 즐기고 십자가를 즐기라. 어차피 해야 할 일이라면 억지로 하지 말고 즐기면서 하는 것을 배우라. 그것은 당신이 마음을 먹으면 할 수 있는 것이다.

인상을 쓰고 의무감으로 억지로 먹느니 차라리 굶으라. 그렇게 먹는 것은 체한다. 얼굴을 찌푸리면서 억지로 청소를 하느니 차라리 돼지우리에서 살라. 기쁨으로 하지 않는 모든 것은 우리의 영혼을 해롭게 한다.

주안에서 우리는 인생을 즐겁고 행복하게 살 수 있다. 그것이 우리의 힘이다. 즐겁게 살며 일 속에서 즐거워하며 만남을 즐기고 대화를 즐기며 오늘도 우리는 숨겨진 천국을 발견하며 산다. 그것이 그리스도인들의 삶이다. 그렇게 우리는 더 깊고 아름다운 천국을 향하여 나아가게 되는 것이다.

## 3. 맡겨진 만큼 하라


우리 집에는 달마다 월드 비전이라는 잡지가 온다. 이 잡지는 세계의 가난한 나라의 어린이들을 후원자들과 연결을 시켜준다. 우리는 몇 명의 아이들을 조금씩 후원하고 있다. 하지만 그런 약간의 후원금을 보낸다고 해서 우리가 마음의 빚을 다 갚을 수 있을 것인가..

이 세상에 날마다 먹을 것이 없어 굶어죽는 아이들이 엄청나게 많다고 한다. 만원이면 가난한 지역에서는 그들의 한 달 생활비가 된다는 이야기를 듣기도 하였다.

나는 우리 아이들에게 자주 그 이야기를 하곤 하였다. 이 세상에 가난해서 먹을 것이 없어서 굶어죽는 사람들이 많이 있다는 것을, 그리고 이 돈이면 그들이 한참 먹고 쓸 수 있을 것이라는 이야기를 하곤 하였다. 나는 우리 아이들이 항상 가난한 이들에 대한 애정을 가지게 되었으면 하는 바람이었다.

어느 날, 나는 습관적으로 말하고 있었다. '아.. 이 돈이면 그들이 몇 달은 살 돈인데..' 라고. 그러자 아내가 말했다.

"여보. 그 말은 맞아요. 하지만 항상 그런 식으로 생각하면 우리는 여기서 아무 것도 할 수가 없어요. 우리가 최대한 아껴서 생활하고 그들을 돕는 것은 필요한 일이지만 또한 우리의 현실에 맞게 사는 것도 중요한 것이 아닌가요?"

그녀의 말에 나는 할말이 없었다. 그렇다. 나는 그녀의 말이 옳다는 느낌이 들었다.

아들이 이번에 고등학교에 들어갔다. 등록금과 급식비에 50만원이 들었다. 그 돈이면 가난한 나라의 어린이 50명이 한 달 동안 먹고 살 수 있는 돈이다. 그렇다면 우리 아이가 고등학교에 들어간 것은 50명의 생명과 바꾼 것일까? 그들의 굶주림을 외면한 악한 행동일까?

나는 고개를 저었다. 아내의 말이 맞다. 매사에 그런 식으로 생각한다면 우리는 아무 것도 할 수 없을 것이다.

구제란 아름다운 일이다. 절약하고 아껴 쓰는 것도 아름다운 일이다. 그러나 그것이 중심이 되고 부담이 된다면 그것도 일종의 우리를 얽매는 묶임이 될 수 있는 것이다.

이 세상에는 많은 가난한 이들이 있다. 많은 고통을 겪는 이들이 있다. 그러나 우리가 그들 모두가 우리에게 맡겨진 것은 아니다.

우리는 누구를 도와야 하는가? 주님이 보내신 사람들이다. 주님이 우리에게 인도하시고 감동하시고 허락하신 사람들이다. 우리는 그 감동과 인도 안에서 사람을 도와야 한다. 우리는 그 분량을 넘어설 수 없다. 만약 우리가 그 분량을 초월한다면 우리는 지치고 부담을 느끼게 될 것이다. 그것은 좋은 일이 아니다.

부담을 느끼는 것은 성령님의 일이 아니다. 주의 영이 역사하시며 우리가 그 안에서 움직이고 있다면 그것은 우리에게 부담이 아니라 즐거움과 기쁨을 준다.

우리는 세상의 모든 사람을 책임질 수 없다. 우리는 주님께서 우리에게 시키신 일에 대해서 순종하고 책임져야 한다. 우리에게 중요한 것은 선 자체가 아니다. 주님이며 주님의 명령이다. 우리는 주님께 순복할 때 가장 자유롭고 풍성한 삶을 살 수 있다. 왜냐하면 주님은 세상의 주인이시며 천국의 주인이시기 때문이다.

그전에 가끔 가족들과 외식을 할 때 나는 마음이 불편했었다. 자꾸 양심에 찔림이 오면서 굶어 죽어 가는 사람들이 뇌리에 떠올랐다. 아내의 말을 들은 이후에 나는 비로소 편안한 마음으로 외식을 즐길 수 있게 되었다.

주님은 선의 근원이시다. 그러므로 주님께 순종하는 것이 모든 선과 아름다움의 시작이 된다. 주님께서 우리에게 구제와 긍휼히 여기는 마음을 허락하셨다면 우리는 거기에 순종할 때 가장 즐거울 것이다. 그러나 또한 작은 물질의 사용을 통해서 사소한 즐거움을 우리에게 주신다면 이에 대해서도 죄책감을 가질 필요는 없을 것이다.

우리가 주님의 감동이 없이 스스로 구제를 한다면 우리는 우리 자신이 선하고 착한 사람이라는 의식을 가지게 될 것이다. 자신에게 긍지를 가질 수도 있으며 또한 사치하거나 인색한 사람들을 판단하게 될지도 모른다. 그것은 어두움의 상념이다. 판단하는 것은 우리의 주제를 넘은 것이다.

그러나 우리가 주님이 주시는 분량과 감동을 따라 구제한다면 영광은 오직 주님께 드려지는 것이며 우리는 단순히 종이 될 수 있는 것이다.

우리는 주의 인도하심과 분량에 따라 선하게 살아야 한다. 선행에 대한 부담을 가질 필요는 없다. 우리가 주님께 나아가 기도하면 주님은 우리에게 행해야 할 적당한 것을 말씀하실 것이다.

선행은 좋다. 자비를 베푸는 것은 좋은 일이다. 그러나 그 무엇보다도 우리는 주님을 섬기는 것을 우선으로 해야 한다. 그래야만 자기 의에서 벗어날 수 있다. 스스로 지는 짐에서 벗어날 수 있다.

모든 것을 주님의 인도하심과 분량만큼 하라. 여기서 더 나아가지 않을 때 우리는 얽매이지 않으며 자유로운 삶을 살 수 있게 될 것이다.

## 4. 전도에 대한 부담을 주님께 맡겨라

그리스도인들이 가지고 있는 가장 대표적인 부담이 아마 전도에 대한 것일 것이다. 거듭난 그리스도인들이라면 누구나 전도의 부담을 가지고 있을 것이다. 구원의 방법이 오직 예수 외에는 없다는 사실을 알고 있는 이들이라면 그것은 반드시 부담으로 다가오게 된다.

우리의 가까운 곳에 있는 구원받지 못한 이들이 언젠가는 지옥으로 떨어지게 된다는 것을 알면서 우리가 어떻게 부담을 가지지 않을 수 있겠는가.

복음전파에 대한 수 없는 설교를 들으면서 우리는 부담을 느끼게 된다. 또한 가끔 가다 직접, 간접으로 접하는 전도왕들의 간증을 들으면 우리는 기가 죽는다.

심지어 우리는 바른 그리스도인인가, 달란트를 땅에 파묻어 놓고 있는 게으른 종은 아닌가 하고 생각하게 된다. 물론 그러한 부담은 좋은 것이다. 천하에 잃어버린 영혼을 구하는 일보다 더 귀한 일도 없을 것이다.

그러나 아무리 급하다고 하더라도 그 열매는 주님께 속한 것이다. 우리가 애를 쓰고 노력한다고 해서 바로 열매가 맺히는 것은 아니라는 것이다. 어쩌면 우리의 부담이나 노력이 열매 맺는 데에 방해가 될 수도 있다. 지혜롭지 않은 방법을 사용하였다면 말이다.

나는 전도를 하러 갔다가 싸움만 하고 와서 이웃과의 관계가 불편해진 여집사님의 이야기를 들은 적이 있다. 열심이 많은 분들 중에 그러한 경험이 있는 이들이 적지 않을 것이다.

그러나 우리가 우격다짐을 한다고 해서 영혼들이 구원을 받을 것인가? 우리의 애타는 마음을 알아줄 것인가?

나는 인터넷에서 복음에 대한 글을 올리다가 욕만 바가지로 먹는 이들을 많이 보았다. 또한 지하철과 같은 곳에서 열심히 복음을 전하다가 욕을 먹는 이들도 많이 보았다.

그들의 열정을 알기 때문에 함부로 그들에 대해서 비판하는 것은 좋지 않다고 생각한다. 어쩌면 주님께서는 복음을 전하지도 않으면서 비판만 하는 사람들보다는 그들을 더 칭찬하실 지도 모른다.

그러나 과연 그들이 사용하는 방법이 지혜로운가? 하는 의문이 드는 것은 어쩔 수 없는 일이다. 복음은 마음이 열린 사람이 받을 수 있는 것인데 마음을 여는 방법을 알지 못하고 우격다짐으로 복음을 집어넣는다면 과연 그것을 먹을 수 있겠는가? 하는 생각이 드는 것이다.

복음전파에 있어서 무엇보다 더 중요한 것은 상대의 마음과 의식의 수준과 상태를 아는 것이다. 마음을 모르면 사람의 마음을 여는 것이 쉽지 않다.

최고의 음식을 대접하기 전에 상대방이 배가 고픈 사람인지 아닌지를 먼저 분별해야 한다. 만약 배가 부른 사람이라면 그는 귀한 음식의 가치에 대해서 잘 모를 것이다. 그럴 때에 우리는 상대방이 배가 고파질 때까지 기다려야 한다.

복음 전파는 단거리 경주가 아니다. 마라톤이다. 그러므로 우리는 인내를 가지고 기다려야 한다. 복음을 전하는 즉시 회심하고 믿고 결단하고 그러면 좋겠지만 거기에는 때가 있다.

그러므로 인내가 필요한 것이다. 성급한 마음에 복음을 전하고 그것을 받아들이지 않을 때 화를 내고.. 하는 것은 오히려 복음에 방해가 된다. 그렇기 때문에 복음 전파에는 지혜와 함께 인격과 사랑과 인내가 요구되는 것이다.

이상하게도 평소에는 편안하고 좋은 관계가 복음에 대한 이야기를 하기만 하면 썰렁해지고 어색해지는 경우가 많이 있다. 다른 이야기는 다 해도 괜찮은데 이상하게 복음에 대한 이야기를 하면 순식간에 얼어붙는다.

그것은 무슨 이유 때문일까? 여러 가지 이유가 있을 것이다. 상대방이 타종교를 가지고 있거나 기독교인들에게 불쾌한 일을 겪었던 경험이 있었기 때문에 기독교에 대해서 반감을 가지고 있을 수도 있다.

그러나 영적인 원인에 대해서 간단하게 그 이유를 이야기해보기로 하자. 아직 거듭나지 않은 이들은 근본적으로 어두움의 왕국에 속해 있다. 그러므로 그들은 악한 영들의 통치와 공격을 받게 된다.

그러므로 복음에 대한 주제가 나오게 되면 악한 영들은 복음 전파자를 공격하게 되는 것이다. 믿지 않는 자의 안에 있는 악한 영의 기운이 믿는 자들을 노려보는 것이다.

신앙적인 것이 주제가 되거나 복음을 말하고 있는 데도 그 분위기가 어색하지 않고 자연스럽다면 그것은 악한 영들이 이미 제압되어 있는 것이다. 그러나 어색하고 썰렁하다면 그것은 악한 영들이 계속 일하고 있는 것이다.

　주를 알지 못하는 이들은 근본적으로 악한 자들의 수중에 있다. 왜냐하면 인간은 하나님의 형상을 따라 만들어졌기 때문에 주를 추구하지 않으면 허무해서 살 수가 없다. 그런데 어떻게 믿지 않는 자들이 그러한 허무함을 느끼지 않느냐 하면 악한 영들이 그들을 속이고 있기 때문인 것이다.

　악한 영들은 세상 적인 가치관과 철학을 그들에게 심어준다. 물질과 명예와 권세가 행복을 위하여 중요한 것이라고 가르친다. 그들로 하여금 세상 적인 쾌락을 추구하며 빠지게 한다. 그러한 상태는 그들의 영혼이 마비되어 있는 상태이다. 그렇기 때문에 그들은 주님의 말씀을 들어도 아무 것도 느끼지 못하며 그것이 매력적으로 보이지 않는다.

　그들을 배후에서 조종하는 악한 영들이 사라지게 되면 어떻게 될까? 그들은 배가 고프게 된다. 삶이 허무해진다. 그리고 진리가 무엇인가, 우리는 어디로 가고 있는가 등에 대해서 생각하게 된다. 그 때 그들의 영혼은 열리기 시작하며 복음에 대해서 비로소 느끼고 감각할 수 있는 상태가 된다.

　그러면 단순히 악한 영들을 결박하고 깨뜨리는 기도를 통해서 그들에게 그러한 영향력을 행사할 수 있을까?

　그렇다. 악한 영들을 결박하는 기도는 복음 전파에 있어서 가장 우선적인 전략에 속하는 것이다. 그것은 분명히 효과가 있다.

　어떤 사람은 완고하게 복음을 거절하는 사람의 집을 날마다 한 번씩 지나가면서 그 집을 지배하고 있는 악한 영들을 결박했다. 그렇게 3년을 계속 하자 3년이 지난 후에 그 집 주인의 마음이 갑자기 허무해져서 복음을 받아들이게 되었다. 이것이 악한 영들이 사라져 간 후의 변화이며 열매이다.

하지만 그 악한 영들의 힘은 각자마다 다 다르다. 그것은 당사자의 마음 중심에 달려 있다. 즉 어떤 이가 악한 영들이 주는 즐거움을 아주 기뻐하고 좋아한다면 그 영들은 그에게 권한을 행사할 수 있기 때문에 쉽게 깨어지지 않으며 오랜 시간이 걸린다. 이 경우에는 기도하는 사람이 많은 대가를 지불해야 한다. 그래서 시간도 걸리고 고통을 겪게 되기도 하는 것이다.

섭리적으로 보면 각 사람의 구원에는 때가 있다. 우리의 기도는 그 때를 당길 수 있을 것이다. 그러나 일반적으로 우리는 그러한 섭리의 흐름과 인도하심에 예민할 수 있어야 한다.

어떤 밭에는 아직 씨가 떨어져 있지 않다. 어떤 밭은 씨가 떨어져서 이제 조금 자라려고 한다. 어떤 밭은 이제 열매가 무르익어서 떨어지기 직전이다.

그럴 때 우리는 어떤 곳에서 일해야 하는가? 당연히 열매가 떨어지려고 하는 곳에서 일해야 한다. 그렇지 않고 아직 싹이 나려면 먼 땅을 파헤친다면 그것은 오히려 싹이 나는 것을 방해하는 것이다. 아직 꽃이 피지도 않았는데 열매를 내라고 줄기를 흔들어서는 안 된다.

그렇다면 복음전파에 있어서 중요한 것은 무엇인가? 바로 때를 분별하는 것이다. 그것은 상대방의 영혼의 상태를 분별하는 것이며 주님의 인도를 분별하는 것이다.

어떤 사람은 씨를 뿌리도록 인도 받는다. 그리고 어떤 사람은 열매를 거두도록 인도 받는다. 그렇다면 어느 쪽이 더 잘한 것이라고 할 수 있는가? 그것은 주님의 원하심에 달려 있는 것이다.

전도 왕들은 많은 숫자에게 복음을 전해서 열매를 거두었다고 한다. 하지만 그들이 혼자서 씨를 뿌리고 기다리고 때가 되어서 열매를 맺은 것은 아닐 것이다. 그가 오기 전에 이미 많은 사람들이 적지 않은 수고를 하고 씨를 뿌렸을 것이다. 그 열매들은 많은 이들의 수고가 포함된 합작품인 것이다.

복음의 전파에 있어서 중요한 것은 무조건 급한 마음으로 상대방의 상태와 상관없이 말씀을 전하는 것이 아니다. 그것은 주님의 인도를 받는 것이다. 주님께서 어떠한 사람에게 인도하시며 주님께서 어떻게 사람의 마음을 여시며 언제 어떠한 말을 해야 하는지 우리는 주님께 물어야 한다. 그리고 주님이 주시는 감동을 따라 말하고 일해야 한다.

초대교회에서 빌립은 광야로 가라는 성령님의 음성을 들었다. 세상에, 복음을 전하기 위해서 광야에 가는 사람도 있는가? 광야에 슈퍼마켓이 있는가, 백화점이 있는가.. 거기에 무슨 사람이 있는가? 하지만 주님께서는 그렇게 인도하시고 감동을 주셨다.

빌립은 이어서 어떤 병거에 가까이 가라는 음성을 들었다. 그리고 그 병거 안에는 어떤 무르익은 열매가 빌립을 기다리고 있었다. 복음을 알고 싶어서 마음의 문이 활짝 열린 사람이 그 병거 안에 있었던 것이다.

이것이 주님의 인도이다. 그리고 초대교회의 성령의 역사였다. 오늘날의 전도와 초대교회 전도의 차이는 현대 교회의 전도가 프로그램 중심이고 인위적인 데에 비해서 초대교회의 전도는 성령님의 감동과 인도하심에 충실히 따랐다는 것이었다. 그 결과는 오늘날의 전도가 노력에 비해서 별로 열매를 맺지 못하고 있는데 반해, 초대교회의 전도열매는 가히 경이적인 것이라고 할 수 있을 것이다.

복음전도에 대해서 부담을 가지는 것은 좋은 것이다. 그러나 그 방법에 대해서 우리는 주님을 기다려야 한다. 주님의 음성, 성령님의 감동에 우리는 예민하게 깨어있어야 한다. 그렇다면 우리는 좋은 열매를 많이 맺을 수 있을 것이다.

공부를 잘 하지 못하는 학생은 항상 입으로는 공부하지만 몸은 항상 놀고 있다. 공부를 시작하기 전에 시간표를 짜고 책상을 치우고 손톱을 깎고 온갖 난리를 꾸미지만 막상 공부를 시작하면 얼마 되지 않아서 잠이 든다. 그리고는 마음속에서 항상 '공부해야 하는데..' 하고 걱정한다. 그것은 열등생이 하는 짓이다.

전도도 이와 같다. 우리는 전도에 대한 부담을 주님께 맡겨야 한다. 아무 때나 아무 데서나 함부로 복음을 전하는 것이 잘하는 것이 아니다.

우리는 주님의 음성과 인도하심에 대해서 깨어있어야 한다. 우리가 무엇을 어떻게 말해야 할지에 대해서 걱정하지 말고 주님을 의탁해야 한다.

온갖 고생을 하지만 열매를 맺지 못하고 고생만 하는 사람이 있다. 또한 반대로 별로 어려움이 없이 쉽게 일하는 것 같으면서도 어렵지 않게 열매를 맺는 사람이 있다. 그것은 요령을 아는 사람과 모르는 사람의 차이인 것이다.

그 요령이란 무엇인가? 우리의 영이 예민하여 져서 주님께서 우리를 사용하실 수 있도록 항상 깨어있는 것이다. 주님보다 앞서서 나가지 말고 주님보다 뒤쳐지지도 않는다. 그렇게 자연스럽게 사람을 만나고 대화를 즐기며 그 상황 속에서 인도하시는 주님을 느낀다.

주님의 인도가 없으면 자연스러운 대화를 즐기며 주님이 인도하시면 조금씩 상대방의 마음 문을 열기 시작하며 대화를 이끌어간다. 그것이 요령이다.

너무 긴장한 사람은 좋은 경기를 치를 수 없다. 당신도 복음에 대한 당신의 긴장을 풀어야 한다. 그 짐과 부담을 주님께 내려놓아야 한다.

그러니 전도에 대한 부담감을 너무 갖지 말라. 전도에 대한 죄책감과 두려움도 갖지 말라. 많은 영혼이 지옥에 떨어지고 있는데 자신은 아무 것도 하지 않고 있다고 너무 낙심하지 말라.

당신이 급한 마음을 가지고 부담을 가지고 서두른다고 해서 열매가 생기는 것이 아니다. 당신은 주님께서 역사하시지 않으면 아무 것도 할 수 없음을 알아야 한다. 그러므로 조용히 주님 앞에 나아가 전도의 영을 당신 안에 부어주실 것과 주님께서 원하시는 시간에 당신을 사용하실 수 있도록 당신 자신을 주님께 드려야 한다.

그리고 당신 안에서 주님이 움직이실 수 있도록 조용히 안식하고 있어야 한다. 그렇게 할 때 당신은 언제 주님께서 일하기를 원하시는지 조금씩 분별할 수 있게 되는 것이다.

사람은 무엇을 즐길 수 있을 때 비로소 그것을 잘 하게 된다. 그러니 당신도 복음 전도의 원리를 깨달아야 한다. 그리고 주님 안에서 안식하면서 주님의 인도를 받아 자연스럽게 복음을 전하는 것을 즐길 수 있어야 한다.

복음 전도를 살벌한 전투라고만 생각하지 말라. 그것은 또한 아름답고 즐거운 게임이기도 하다. 주님과 같이 움직이면서 한 영혼을 자유케 하고 치유하는 즐거운 게임이라고도 할 수 있는 것이다.

부디 당신의 영을 훈련하고 주님께서 말씀하시는 것을 잘 느끼는 사람이 되기를 힘쓰라. 긴장을 풀고 편안하게 있으면서도 항상 주님께 서 당신에게 어떠한 감동을 주시는지 느끼려고 하라.

당신의 영혼이 부드러워질수록 당신의 영혼이 자연스럽게 될수록 당신은 점차 영혼들을 주님 앞으로 이끌어 갈 수 있게 될 것이다. 어렵지 않고 따뜻하게, 긴장이 아닌 편안한 분위기에서 복음을 드러낼 수 있는 사람이 되어갈 수 있을 것이다.

# 5. 미래를 위하여 이 순간을 희생하지 말라

시간은 과거 현재 미래로 나뉘어져 언급된다. 과거가 있기에 현재가 있고 현재가 있기에 미래가 있다. 그러나 다시 한번 생각해보면 과거와 현재라는 것이 실제로 있는가? 오직 존재하는 것은 현재뿐이다. 과거도 그 당시에는 현재였다. 미래도 그 때가 되면 현재가 될 것이다.

어떤 이는 하나님의 시간, 영원에 대해서 말하기를 영원한 현재라고 하였다. 하나님은 과거의 하나님이 아니시며 지금, 영원의 하나님이시다.

그렇다면 우리가 과거에 매달려서 사는 바람에 현재를 잃어버리고 있다면 그것은 어떤 삶인가? 그것은 허깨비 같은 삶이다. 그림자와 같은 삶이다. 과거는 그 당시에는 현재였을 것이다. 그러나 지금은 현재가 아니다. 지나가 버린 것이다. 그러나 우리의 의식이 여전히 과거에 매여있다면? 그것은 바로 부자유인 것이다.

노인들이 흔히 그러한 삶을 산다. 지금의 현실 감각을 잃어버리고 항상 과거의 일을 추억하며 그 때의 기쁨을 그리워하고 그 때의 좌절을 고통스러워한다. 과거의 실패를 후회하고 안타까워한다. 다시 내게 기회가 있다면, 지금 알고 있는 것을 그 때 알았더라면 얼마나 좋았을까 하는 생각에 잡힌다.

그것이 무엇인가? 바로 과거에 잡혀서 현재를 잃어버리는 것이다. 지금 할 수 있는 수많은 일들이 있다. 보람 있고 가치 있고 의미 있고 아름다운 놀라운 일들을 지금 얼마든지 할 수 있다. 그러나 지금 할 수 있는 무엇인가 아름답고 풍성한 일을 찾지 않고 과거에 매달려 있다.

과거는 이미 역사 속에 들어가 버린, 지금은 별 의미가 없는 존재이다. 영혼은 항상 현재가 만드는 것이다. 그렇다면 그렇게 과거에 매여있는 영혼이 지금 현재 하고 있는 일은 무엇인가? 후회, 집착, 절망, 하소연, 푸념 등이다. 지금 하고 있는 그러한 일들이 그의 영혼을 만들고 형성해가고 있는 것이다. 놀라운 기회인 지금 이 순간이라는 보화를 쓸데없는 과거의 망상에 사로잡혀 잃어버리고 있는 것이다.

무엇보다도 중요한 것은 현재이다. 현재에서만이 우리는 자신을 바꿀 수 있으며 새로운 삶을 살 수 있고 성장할 수 있다. 과거에 정미련이 있다면 그것을 현재에 가지고 와야 한다. 그래서 현재의 옷을 입히고 새롭게 각색해서 새로운 현재에 대입시켜야 한다. 이것이 흔히 말하는 내적 치유이며 기억의 치유이다.

그 과거의 기억을 통해서 얻게 된 반성이나 통찰력을 통해서 지금 무엇인가를 심고 있다면 그는 현재를 살고 있는 것이다. 현재의 기회를 사용하고 있는 것이다. 그러나 앉아서 그저 과거에 대한 공상이나 회한에나 잠겨 있다면 그는 지금을 잃어버리고 영원을 잃어버리고 있는 것이다.

아무튼 과거에 사로잡혀 현재를 잃어버리는 것은 생명을 잃어버리는 것과 같은 것이다. 그것은 그림자에 몰두하여 현실을 잃어버리는 것과 같다. 지난밤의 꿈에 몰두하여 현실의 해야 할 일을 소홀히 하는 것과 같다. 그것은 낭비이며 어리석은 행위이다.

그런데 과거에게 속는 것만큼 또 어리석은 일이 있다. 그것은 또한 미래에게 속는 것이다. 즉 미래를 위하여 지금의 현실을 잃어버리는 것이다.

그것 또한 무서운 일이다. 노인들이 과거 때문에 현재를 잃어버린다면 젊은이들은 미래 때문에 현재를 잃어버린다. 그래서 여전히 그들은 존재하지도 않을 미래를 위해서 허깨비 같은 삶을 살며 마치 꿈을 꾸듯이 현재를 상실해버린다. 그것은 비극이다.

두려움이란 무엇인가? 그것은 존재하지도 않을 미래의 허상이다. 그러한 쓸데없는 미래에 대한 망상 때문에 사람들은 지금을 낭비한다. 그것은 속는 것이다.

주님께서는 내일 일을 위하여 염려하지 말라고 말씀하셨다. 내일이 아닌 바로 지금의 삶을 위하여 헌신하라고 말씀하신 것이다. 미래를 위하여 지금 이 순간을 희생하는 것 - 그것은 흔히 지혜라고 생각하지만 일종의 묶임이다. 미래는 바로 지금 만들어지는 것이며 지금을 잃어버린다면 미래는 없는 것이다.

지금을 잃어버리고 미래에 대한 준비에 몰두하는 이들은 막상 미래의 시간이 되면 다시 그 때를 잃어버리고 또 다시 미래를 위하여 끝없이 준비할 것이다. 그들에게는 현재가 없다. 항상 언젠가 오게 될 미래만이 존재하는 것이다. 그것은 우리의 삶을 허깨비 같은 인생으로 만드는 것이다. 그것은 꿈속의 인생이며 그림자 속의 인생이다. 실재하는 인생이 아니다.

조금 복잡하게 느껴지는가? 단순히 개념이나 말장난이라고 생각되는가? 결코 그렇지 않다. 이것은 정말 엄청나게 중요한 일이다.

반드시 깨닫고 이해해야 할 가치가 있는 이야기다. 이해가 쉽도록 예를 들어서 설명해보자.

중요한 전제가 되는 원리를 강조하고 싶다. 그것은 지금 이 순간만이 우리 자신을 바꿀 수 있으며 영혼에 각인된다는 것이다. 바로 지금 이 순간의 생각이나 의식이나 어떤 결정이 우리의 미래와 영혼을 만든다. 지금 우리는 어떤 생각을 하고 있는가?

자. 지금 이런 생각을 하고 있다고 생각해보자. '나는 지금 이 일 때문에 아주 바쁘다. 그래서 내가 정말 하고 싶어 하는 일이 많이 있지만 그것을 할 시간과 여유가 없다. 그러니까 빨리 이 일을 마치고 나중에 그 일을 해야겠다' 라는 생각을 어떤 사람이 하고 있다.

그 생각은 그의 영혼에 입력된다. 무엇이 입력되는가? 나는 지금 내가 좋아하는 것을 할 수 없다는 생각이 입력된다는 것이다. 내가 좋아하는 일은 나중에 언젠가 시간이 되어야만 할 수 있다는 생각이 입력된다는 것이다.

무슨 말인지 이해하겠는가? 당신의 영혼 속에 당신에 대한 부정적인 인식이 컴퓨터 프로그램처럼 입력이 되는 것이다. '나는 지금 내가 좋아하는 것을 할 수 없다' 라는 생각이 말이다.

그렇게 입력된 인식이 그냥 저절로 소멸되어 버릴까? 아니다. 그것은 지속적으로 효력을 발휘하게 된다. 당신은 마침내 해야 할 일을 마쳤다. 그렇기 때문에 당신이 하고 싶은 일을 할 수 있는 여건이 되었다. 당신은 그 일을 할 수 있을까? 오, 그렇지 않다. 당신은 여유가 있어도 그 일을 할 수 없다. 왜냐하면 '나는 지금 내가 좋아하는 일을 할 수 없다' 는 인식이 당신의 영혼 속에 입력되었고 형성되었기 때문이다.

그러므로 당신은 당신이 하고 싶은 일을 하지 못하게 하는 다른 일이나 의무가 떠오르게 될 것이다. 그리고 다시 생각할 것이다. '나는 지금 그 일을 하고 싶지만 지금은 시간이 없어. 나중에 해야지. 할 수 있는 시간이 오면 좋으련만.'

그래서 당신은 다시 자신이 좋아하지 않는 일을 하게 된다. 그리고 계속 반복하여 '나는 항상 내가 원하는 것을 할 여유가 없다' 고 영혼 속에 입력시켜놓는다. 이것이 무엇인가? 스스로를 열심히 묶고 있는 것이다.

흔히 사람들은 미래를 위하여 지금 이 순간을 희생해야 한다고 생각한다. 지금 이 순간은 즐길 수 없다. 미래를 준비해야 하며 그러므로 지금 고통스러운 것을 참아야 한다고 생각한다.

이제 당신의 영혼에 어떤 것이 입력되는지 알겠는가? '나는 지금 희생해야 한다.' 는 의식이 심겨지고 있는 것이다. 그 의식은 당신을 그러한 모습으로 만들어가게 된다.

시간이 흘러서 미래가 온다. 그 때도 당신은 속에서 입력된 대로 '나는 지금 희생해야 한다.' 는 생각이 떠오를 것이다. 그래서 당신은 계속 계속 계속 희생할 것이다. 끝없이 그렇게 되풀이할 것이다. 왜냐하면 지금 하고 있는 것을 당신은 계속 하게 되기 때문이다.

지금 화를 내고 있으면서 나중에 사랑하게 될 것이라고 생각하지 말라. 지금 화를 내는 사람은 나중에도 화를 낸다. 지금 게으르게 살면서 나중에 부지런해질 것이라고 믿지 말라. 콩을 심고서 팥이 나오기를 기대하는 것은 어리석은 것이다. 지금 변화되지 않는 사람은 나중에도 변화되지 않는다.

청년 시절의 친구 중에 아주 인색한 친구가 있었다. 그는 대접하는 것을 잘 몰랐다. 친구가 찾아와서 놀다가 식사시간이 되면 그는 친구를 방에 놔두고 혼자서 식사를 하고 왔다.

그런데 그가 입버릇처럼 말하기를 자기는 나중에 돈을 많이 벌어서 자선사업을 하고 싶다고 했다. 어려운 사람을 돕고 싶다는 것이다.

나는 그 말을 믿지 않는다. 지금 돕지 못하는 사람이 나중에 돕는 일은 생기지 않는다. 지금 콩 한 개라도 나누어 먹는 사람이 나중에 더 큰 것도 나눌 수 있다. 지금 아까운 사람은 나중에는 더욱 더 아까워져서 가슴이 무너지게 된다.

나는 오직 지금 이 순간 현재에 충실할 것을 이야기하고 있다. 그러나 지금 해야 하는 산적한 일은 다 어찌하라고? 미래에 대한 아무런 대책 없이 그냥 하고 싶은 대로 먹고 놀고 즐기라고? 내일 일은 내일 염려하고 지금 당장 카드 빚을 내서 소라도 잡아먹으라고?

물론 나의 이야기는 그것이 아니다. 미래는 지금 형성된다. 바로 지금이 미래다. 그러므로 지금 최대한의 좋은 것을 심으라는 것이다.

그러므로 지금 당장 행복해야 한다. 지금이 불행하다고 느낀다면 미래도 불행할 것이다. 지금의 불행은 미래의 불행이며 영원한 불행이다. 그 모든 것은 당신의 마음에서 나오는 것이다.

지금 원망하는 사람은 세월이 흐르고 해가 바뀌고 몸이 죽어서 영혼이 되어도 불평한다. 원망을 심고 감사를 거두는 사람은 없다. 그것은 하나님의 창조 법칙에 벗어난다. 그러니 지금 불평하고 원망하고 억울해하고 미워하고 하소연하는 사람은 영원토록 그런 것을 마음 놓고 할 수 있는 곳에서 살게 될 것이다. 천국에서는 그런 것을 하기 어려우니 아마 가기가 쉽지 않을 것이다.

지금이 미래를 만든다. 지금이 영원을 만든다. 과거가 미래를 만드는 것이 아니며 미래가 행복을 만드는 것이 아니다. 행복도 사랑도 영광도 아름다움도 다 지금 만드는 것이다. 지금 만들지 않으면 아무 것도 없다.

그 모든 것은 마음에서 나온다. 우리의 마음가짐에서 나오는 것이다. 그러므로 지금을 산다는 것은 영원을 사는 것이다.

미래를 위하여 지금을 희생하지 말라는 것은 지금 희생하면 미래도 희생되기 때문이다. 지금이 힘들면 미래는 더 힘들기 때문이다. 이것을 사람들은 오해한다. 지금 힘들어도 참으면 미래는 행복할 것이라고. 하지만 그렇지 않다.

독서를 아주 좋아하는 어떤 사람이 있었다. 그는 책을 너무나 좋아해서 항상 책을 읽으며 살았다. 그런데 그는 갑자기 고민이 생겼다. 나중에 늙어서 눈이 나빠지면 그렇게 좋아하는 책을 읽을 수 없게 될 것을 생각하니 걱정이 되었다.

고민 끝에 그는 한 가지 꾀를 생각해냈다. 책을 읽을 때 한 쪽 눈만으로도 충분하니 한 쪽 눈으로는 책을 읽고 다른 눈은 잘 보존해서 늙어서 이쪽 눈을 사용할 수 없을 때 사용하는 것이 좋겠다고 생각했다. 그래서 그는 한쪽 눈을 천으로 싸 두고 한 쪽 눈으로만 책을 읽었다.

한 쪽 눈으로만 책을 읽자 눈이 곧 피곤해지고 약해졌다. 그래서 그는 얼마 가지 않아서 그 눈이 안 보이게 되었다. 그는 이제 다른 눈으로 보아야겠다고 생각했다. 하지만 눈을 가리고 있는 천을 풀자 역시 그 눈도 안 보이는 것을 알게 되었다. 한쪽 눈을 가리고 사용하지 않았기 때문에 그 눈도 보이지 않게 된 것이었다.

　이 이야기는 무엇을 말해주는가? 미래를 위한 준비와 희생이 오히려 자신을 더 나쁘게 한 것을 보여주는 것이다. 가만있으면 괜찮을 것을 미래를 위하여 신경을 쓴 것이 결국은 현실도 미래도 다 망치고 만 것이었다.

　완벽주의의 기질을 가지고 있는 이들은 현실이 아주 피곤하고 고달프다. 그들은 미래에 있을 모든 나쁜 가능성을 다 준비하려고 한다. 그러면 현재가 망가질 것은 당연지사다.

　여행을 위하여 칫솔 하나만 가지고 떠나는 사람도 있고 하루 여행을 위하여 한 주일 전부터 온갖 준비를 하고 생각을 하고 연구를 하며 한 트럭의 준비물을 지고 가는 사람도 있다. 어떤 사람이 더 고생을 할지는 불문가지인 것이다. 완벽한 것을 좋아하는 사람은 고생하려고 태어난 사람들이다. 그것도 팔자라면 어쩔 수 없는 일이다.

　다시 현실 문제를 이야기해보자. 아무도 복잡하고 의무로 가득한 현실을 떠나서 살수는 없는 것이니까.

　자, 우리는 우리에게 주어진 일을 해야한다. 그것은 피곤하고 우리가 좋아하지 않는 일일지도 모른다. 그러나 주의하자. 우리의 미래와 영혼을 결정짓는 것은 우리가 무엇을 하느냐가 아니다. 그것은 우리의 마음가짐인 것이다. 그러므로 우리가 무엇을 하든지 최대한 그것을 즐겨야 한다는 것이다. 재미있게 해야 한다는 것이다. 왜냐하면 지금 우리가 즐길 수 있어야 우리의 미래도 즐길 수 있기 때문이다.

　그러므로 우리는 어떻게 해서든지, 어떻게 해석을 하고 이유를 갖다 붙이든지 간에 지금 이 순간을 즐겁고 기분 좋게 지내야 한다. 적어도 지금이 고통스러운 순간이며 이 순간이 제발 빨리 지나갔으면 하는 마음이 되어서는 안 된다는 것이다.

제발 여기에서 벗어났으면, 제발 지금 이 순간이 지나갔으면 하는 생각을 끝없이 영원히 해야 하는 곳이 어디인지 아는가? 그 곳은 바로 지옥이다. 당신의 마음이 지옥의 특성과 아주 비슷하게 되기를 원하는가? 아마 그렇지는 않을 것이다.

그러므로 어떤 이유를 갖다 붙여서라도 이 순간을 행복하게 느끼는 훈련을 해야 한다. 지금의 어려움은 위장된 축복이라고 생각하든지, 나에게 꼭 필요한 맞춤 영성훈련이라고 감사하든지 아무튼 어떻게 해석하든 그것을 즐거워하고 행복하게 여길 수 있어야 한다.

마음을 좋은 방향으로 해석하기로 결정하면 우리는 어떠한 상황이라고 하더라도 그럭저럭 재미있게 지낼 수 있다. 사실 자신이 불행하다고 아우성을 치는 사람들은 대부분 모든 상황들을 안 좋은 쪽으로 해석하는 습관이 있는 사람들이다. 보기에 따라서는 세상에 그렇게 나쁘기만 한 일은 없다.

할 수만 있다면 우리는 지금 이 순간에 의미 있고 아름다운 일을 해야 한다. 나중에 하리라고 미루어 놓은 일을 지금 하는 것이 좋은 것이다.

사람이 사형선고를 받았을 때, 죽음이 코앞에 왔을 때 후회하는 일은 대체로 무엇인가? '아, 좀 더 돈을 많이 벌 것을..' 하고 후회할까? '아, 그 때 내가 왜 참았을까.. 한번 쏘아 붙여줘야 했었는데. 한대 때려줄 것을.. 오. 주님. 제발 다시 한번만 기회를 주십시오. 그러면 제가 정말 속시원하게 그 사람을 두들겨 패겠습니다.' 그렇게 기도할까?

아마 그렇지 않을 것이다. 그런 것은 다 젊고 건강하고 육적인 생명으로 충만할 때 하는 이야기다. 몸이 아프고 중병에 있고 죽음이 바로 앞에 있을 때 사람들은 그런 생각을 하지 않는다. 대부분 후회하는 것은 이런 것이다.

왜 좀 더 가족들과 아이들과 시간을 보내지 않았을까.
왜 좀 더 사랑하지 못했을까. 인내하지 못했을까..
왜 용서하지 않았을까..
사실 아무 것도 아닌 일에 내가 왜 그리 화를 냈을까.
왜 사랑한다고 말하지 않았을까..
왜 용서한다고 말하지 않았을까..

그들은 주로 이런 것들을 후회한다. 그래서 죽음 앞에서 가족들이 만났을 때 거기에는 용서와 사랑의 고백과 아쉬운 작별이 있는 것이다. 비록 생전에 아웅다웅하던 사람들도 말이다.

9.11 테러로 인하여 죽어가던 사람들이 남긴 메시지는 무엇이었을까? 하나같이 그들은 가족들에게 친지들에게 사랑한다고 고백했다.

여보.. 그 동안 너무나 고생을 많이 했다고 감사하다고 사랑한다고 고백했다. 당신은 너무나 내게 좋은 사람이었다고 고백했다.

대구 지하철 사고라든지 그런 비슷한 재난이 있을 때 핸드폰을 통해서 마지막 남긴 메시지도 하나같이 똑같다. 엄마.. 사랑해.. 여보.. 사랑해.. 주로 그런 이야기들이다.

이것은 우리에게 중요한 교훈을 준다. 즉 우리가 생의 마지막에 이르렀을 때 가장 가치 있게 느끼는 것은 역시 사랑이며 그러한 사랑을 표현하고 고백하는 것이라는 것을 보여주고 있는 것이다. 죽음이 임박한 그러한 상황들은 우리에게 인생의 가장 위대한 가치가 무엇인가를 분명하게 우리에게 가르치고 있는 것이다.

우리는 미래를 위해서 지금 가장 소중한 것을 나중으로 미루어서는 안 된다. 우리는 지금 미래와 영원을 만들고 있다. 그리고 그것은 우리의 마음가짐을 통해서 만들어진다.

그러므로 우리는 즐거운 마음으로 감사하는 마음으로 일을 하며 살아가야 한다. 그리고 미래와 영원을 위한 후회 없는 삶 - 즉 사랑을 고백하며 사랑으로 서로 섬기며 가족들과 사랑하는 이들과 아름다운 만남과 나눔을 가져야 한다. 그것처럼, 사랑하는 것처럼 미래를 위한 완전한 준비는 없다.

미래는 지금 만들어진다. 우리는 지금 현재에서 행복을 만들 수 있고 사랑을 만들 수 있다. 행복과 사랑은 결코 나중으로 미룰 수 없는 것이다.

그러므로 지금 이 순간을 희생하지 말라. 지금 이 순간을 즐겨라. 지금 이 순간을 최대한 따뜻하고 아름답고 풍성하게 지낼 수 있는 방법이 무엇인지 생각하여 보라. 그것은 우리의 미래와 영원한 행복을 위한 최대한의 준비가 될 것이다.

〈테러 희생자들의 마지막 메시지〉

\* 참고가 될 수 있도록 9월 11일 뉴욕 세계 무역센터 테러현장과

피랍비행기의 희생자들이 사망, 실종 직전 휴대전화를 통해 남긴 마지막 말 메시지들을 실었다. 다음은 미국 언론에 보도된 희생자들의 마지막 전화통화 내용을 정리한 것이다.

* 여보, 사랑해.
뭔가 엄청난 일이 벌어진 것 같아.
근데 나는 아마 살 수 없을 것 같아.
아이들 잘 부탁해.
(세계무역센터에 있는 직장에 출근해 변을 당한 스튜어트 T 멜처(32)가 부인에게)

* 빌딩이 지금 뭔가에 맞은 것 같아.
내가 여기서 빠져나갈 수 있을는지 모르겠어.
여보, 정말 당신을 사랑해.
살아서 당신을 다시 봤으면 좋겠어. 안녕.
(세계무역센터의 채권거래회사 캔터피츠 제럴드의 케네스 밴 오케이가 부인에게)

* 엄마, 우리 납치당했어.
저기 세 명이 있는데 폭탄을 가졌대.
엄마, 사랑해. 사랑해. 사랑해.
(피츠버그에 추락한 여객기에 탔던 마크 빙햄이 피랍직후 어머니 앨리스 호글런에게)

* 여보, 내가 탄 비행기가 납치됐어.
그런데 상황이 아주 안 좋은 것 같아.
여보, 나 당신 사랑하는 거 알지.
당신 다시 볼 수 있게 되면 좋겠어.
만약 그렇게 안되면...
여보, 인생 즐겁게 살아.
(세계무역센터 빌딩에 충돌한 여객기에 타고 있던 승객 브라이언 스위니 (38)가 전화 자동응답기를 통해 부인에게)

* 여보, 우리 비행기가 납치됐어.
아무래도 여기 탄 사람 모두 죽을 것 같아.
사랑해. 여보.
(피츠버그에 추락한 여객기에 탔던 사업가 토머스 버넷이 부인에게)

* 난 아무래도 여기서 빠져나갈 수 없을 것 같아.
넌 정말 좋은 친구였어.
(세계무역센터에서 건물에서 한 남성이 친구에게 보낸 E메일)

*엄마, 이 건물이 불에 휩싸였어.
도저히 숨을 쉴 수가 없어. 엄마, 사랑해. 안녕
(세계무역센터에 갇혔던 베로니크 바워 (28)가 어머니에게)

* 리즈, 우리 빌딩이 폭격을 당했나봐.

난 지금 78층까지 내려왔는데 아무래도 동료들을 도와줘야 될 것 같아.

걱정 말고 나중에 봐.

(세계무역센터에서 일하는 대니얼 로페스가 부인의 자동전화응답기에)


*여보, 당신을 정말 사랑해.

사랑해.

사랑해.

우리 딸 에미 좀 잘 돌봐줘.

당신이 남은 인생에서 어떤 결정을 하든지 꼭 행복해야 돼.

(피츠버그 추락 여객기에 타고 있던 승객 제르미 글릭이 부인에게)


정말 가슴이 아픈 이야기들이다.

대부분의 사람들이 삶을 떠나면서 마지막으로 남기고 싶어 하는 말은 이와 같이 사랑과 축복의 메시지였다.

우리의 마지막도 진정 아름답고 후회 없는 것이 될 수 있도록 항상 사랑하고 축복하는 삶이 될 수 있기를..

# 6. 당신과 다른 사람들의 차이를 인정하라

　영혼이 어린 사람들은 몇 가지 특징이 있다. 그들은 남들이 다 자기와 같은 줄 아는 것이다. 또한 자기 생각이 가장 옳다고 생각하는 것이다.
　그런데 바로 거기서 중대한 비극이 발생한다. 그것이 무엇이냐 하면 그 사람은 그렇게 생각하고 있기 때문에 다른 사람을 자기가 원하는 대로 변화시키려고 온갖 노력을 한다는 것이다.
　그 변화시키려고 하는 방법의 대표적인 것이 잔소리이다. 상대방을 변화시키기 위해서 끊임없이 자기의 생각을 주입시키는 것이다. 상대방이 원하지도 않고 관심도 없으며 잔소리를 퍼붓는 사람을 별로 존경하지도 않는 상황에서 한없이 잔소리를 해대는 것이다.
　이러한 이를 부모나 스승으로 두고 있는 이들은 정말 불행하다. 그리고 바로 그런 잔소리 때문에 부모의 무한한 희생과 스승의 수많은 봉사에 대한 감사가 다 상쇄되어 버리는 것이다.
　끊임없이 잔소리를 듣는 것이 얼마나 끔찍한 일인지 아는가? 그것은 생의 의욕을 잃어버리게 한다. 그것은 문자 그대로 고문이다. 적지 않은 젊은이들이 결혼에 대한 기도와 감동과 준비 없이 오직 이 한 가지, 잔소리를 피할 수 있다는 것으로 결혼을 선택하고 있다. 그러니 잔소리란 얼마나 무서운 것인가!

그렇다면 어른들은 자신이 양육하고 있는 이들에게 아무런 말도 할 수 없는가? 물론 그런 것은 아니다. 그러나 잔소리와 지혜로운 조언은 다르다는 것이다. 바른 권면을 위해서는 지혜와 사랑과 권위가 필요하다는 의미이다. 특히 자신의 삶이 존경받지 않는다면 그의 말에는 권위가 없는 것이다.

언젠가 어떤 여성이 쓴 글을 읽어본 적이 있다. 남편들은 다 아내의 잔소리를 싫어한다. 그러나 그것은 잘못된 것이다. 아내들이 하는 말들이 다 듣기 싫은 잔소리 같지만 잘 들어보면 다 가정을 위한 것이고 잘 되자고 하는 것이니 남편들이 바른 마음을 먹고 그 잔소리를 들으면 그 소리가 다 천사의 소리같이 들릴 것이라는 이야기였다.

그 글을 읽은 것은 내가 어린 시절이었는데 어찌나 충격이 컸던지 아직까지 기억이 난다. 나는 이런 여성과 만나지 않게 해달라고 간절하게 하나님께 기도했던 기억이 난다. 우리는 정말 그런 이를 만나지 않게 해달라고 간절하게 기도할 필요가 있다. 그것은 정말 재앙이기 때문이다.

잔소리는 그 내용자체가 문제가 아니다. 말하는 사람의 영이 문제이다. 사랑의 톤으로 말하고 있는가? 상대방의 상태와 관심사와 마음을 감지하면서 말하는가? 적당한 메시지와 적절한 타이밍을 가지고 있는가? 그러한 것들이 문제가 된다. 물론 가장 중요한 것은 주님의 인도하심에 따라 말하고 있는가? 하는 것이다.

그러나 대부분 제대로 된 잔소리를 하는 사람은 드물다. 대부분 그들은 말을 할 때 정죄와 비난을 가득 담고 이야기한다. 영성적으로 보면 그러한 말을 할 때 그의 입에서는 악성과 날카로운 가시와 저주가 가득하게 흘러나와서 듣는 이의 영혼을 질식시킨다. 그러므로 영혼이 약한 이들은 눌려서 재앙과 눌림과 질병을 경험하게 될 것이고 영혼이 강한 사람은 반발하게 될 것이다.

그 글을 쓴 여성에 대해서 끔찍하게 느꼈던 것은 자신이 전적으로 옳다는 태도였다. 자기는 하늘을 우러러 한 점 부끄럼이 없으며 오직 그것을 듣지 않는 상대방들이 잘못된 것이라는 관점, 그것이야말로 지옥에서 나오는 악한 자기중심의 상념인 것이다.

이러한 이들은 결혼 생활을 잘 하기 어려울 것이다. 항상 자기 입장에서 생각하고 자기가 옳다고만 생각하며 상대의 입장이나 마음을 전혀 알지 못하기 때문이다. 그러니 자기 입장에서는 항상 할 말이 많고 항상 억울한 것이 많이 있겠지만 그것은 상대방도 마찬가지라는 것을 모르는 것이다.

왜 이들은 사람의 마음을 모를까? 자기 입장만 알고 상대방의 입장이나 느낌에 대해서 모를까? 그것은 그의 영혼이 어리기 때문이다. 영혼이 어린 사람은 사람의 밖으로 나타난 모습만 보고 그 안에 감추어진 마음에 대해서는 알지 못한다. 상대방들이 도대체 무슨 생각을 하고 사는지 도무지 알지 못한다.

이러한 이들은 남들이 틀렸고 잘못되었다고 비판을 잘 한다. 그런데 자신이 비판을 받으면 도무지 견디지를 못한다. 그것은 그들에게 아주 끔찍한 상처가 된다. 나는 수시로 함부로 남을 판단하고 정죄하는 사람이 자신에 대한 아주 사소한 비난을 당했을 때 울고 좌절하고 상처받고 온갖 변명과 하소연을 늘어놓는 것을 참 많이 보았다. 그것은 하나의 법칙이다.

당신은 어떤 사람이 쉽게 남을 욕하고 비난한다면 그 사람은 자신에 대한 손톱만큼의 비난도 견디지 못한다는 사실을 알아야 한다. 그것은 그들이 어리기 때문이다. 그래서 남에게 함부로 말을 하지만 상대방에게 그것이 고통이 되는지는 전혀 못 느끼기 때문이다. 그러나 자기에 대해서는 아주 예민하기 때문에 조금 치의 공격이나 비난도 참지 못하는 것이다.

잔소리에 대해서도 마찬가지다. 당신은 어떤 사람이 잔소리를 많이 하는 사람이라면 자신은 잔소리를 잘 들을 수 있다고 생각하는가? 천만의 말씀이다. 잔소리를 많이 하는 사람은 남의 잔소리를 10초도 듣지 못한다. 그들은 서둘러 화제를 다른 곳으로 돌린다.

영혼이 어느 정도 성장하고 영혼의 감각이 눈을 뜨기 시작한 사람은 사람의 마음을 쉽게 느낀다. 그래서 남들에게 아픈 말이나 심한 말은 잘 하지 않는다. 왜냐하면 상대방의 고통을 자신이 느낄 수 있기 때문이다. 그래서 이러한 이들은 비판도 잘 하지 않는다. 그들은 이 우주가 하나의 생물이며 남에게 심는 것은 그대로 자신에게 돌아오며 그것이 자신의 운명이 되고 영원한 미래가 된다는 것을 알기 때문이다.

영혼이 성장해서 자연적으로 그러한 것들을 인식하고 알게 된다면 그것은 참으로 좋은 일일 것이다. 그러나 그렇지 않더라도 우리는 평화로운 삶을 위하여 이 중요한 원리를 배워야 한다.

그것은 각 사람은 다르다는 사실이다. 체질도 다르고 의견도 다르고 사명도 다르다. 그러므로 그러한 차이를 인정해야 하며 무조건 나와 같이 만들려고 하는 것은 생명의 질서를 깨뜨리는 것이라는 사실이다.

다른 이들의 다름을 존중하고 의견의 차이를 존중하는 것은 너무나 귀한 일이다. 하지만 인류는 이 간단한 진리를 알지 못해서 너무나 많은 피를 흘렸다. 카톨릭과 신교의 전쟁을 통해서 수 천 만 명이 죽었다. 그리고 그들은 이를 통해서 깨달은 것이 있었다. 우리는 하나님 편이고 상대방은 마귀이고.. 이런 식으로 생각하고 행동해서는 다 같이 멸망할 수밖에 없다는 것이다.

하지만 어떠한 이들은 이러한 역사의 깨달음을 별로 실천하지 않고 있다. 여전히 자신은 의로우며 나와 다른 것은 다 사탄의 자식이고 멸망의 대상이라고 생각한다. 그러니 삶이 피곤해질 수밖에 없는 것이다.

나는 카톨릭이 진리라고 생각하지 않는다. 하지만 나는 그들과 전쟁을 하고 싶은 마음은 없다. 나름대로 열심히 믿는 카톨릭 신자에게 마리아가 어쩌고 교황이 어쩌고 하고 이야기를 하고 싶지는 않다. 다만 그가 진리를 발견하고 주님을 발견할 수 있도록 기도할 것이다.

구원이 오직 예수라는 것에 대해서 우리는 거기에서만큼은 타협할 수 없다. 하지만 그 유일한 진리라고 해서 아무 때나 준비도 되지 않은 이들에게 함부로 전해야 한다는 것은 아니다. 주님의 인도 속에서 자연스럽게 그리고 겸손하고 지혜로운 태도로 그 사실을 나누어야 한다.

그 기본적인 진리 외에는 나는 목숨을 걸 정도로 대단한 진리는 그리 많지 않다고 생각한다. 그 나머지에 대해서는 어느 정도 관용이 필요하지 않을까. 적어도 세례의 방법 때문에 서로 미워할 필요는 없지 않은가 싶다.

개신교는 예수가 이 땅에 오신 하나님이시라는 사실을 믿는다.

그리고 성경이 하나님의 말씀이라는 것을 믿는다. 그렇다면 그들은 모두 형제이기 때문에 서로 관용하고 서로의 차이점에 대해서 인정해줄까? 아니다. 기독교인들은 세상 사람들보다 더 살벌하게 많이 싸운다.

십 년쯤전에 어떤 기도원에 간 적이 있다. 그런데 기도원으로 가는 버스에서 만난 동행자가 있었다. 한 분은 40대 정도의 목사님이셨고 한 분은 30대의 젊은 청년 전도사였다. 목사님은 기독교의 현실 참여를 강조하는 교단에 있었고 전도사는 성령운동을 하는 교단에 소속되어 있었다.

어떤 일이 생겼으리라고 생각하는가? 그 둘은 밤새 논쟁을 벌였다. 서로 사탄이며 잘못된 신앙이라고 비난하면서 말이다. 물론 그렇게 싸우느라고 기도할 시간이 없었다. 다행히 두 분 다 나에게는 우호적이었기 때문에 나는 그들을 평화롭게 지내게 하려고 애를 많이 썼다. 하여간 신학적인 입장이 다른 그리스도인들을 친하게 하는 것은 사슴과 사자를 친구로 만드는 것보다 더 힘든 일이다.

의견은 다를 수 있다. 각자가 체험하고 배운 신앙의 중심이 다를 수도 있다. 하지만 꼭 자신은 옳고 상대방은 틀렸다고 입증을 해야 하는가? 싸움을 하는 사람은 꼭 알아야 할 일이 있다. 내가 때리면 상대방도 맞기만 하고 가만히 있는 것은 아니라는 것이다. 그들은 당연히 나를 공격해올 것이다. 그러니 그것은 서로 피곤한 일이다.

우리가 말 몇 마디로 사람을 바꿀 수 있을까? 여태까지 살아온 상대방의 취향, 성향, 철학, 가치관들을 바꿀 수 있을까?

그것은 어렵다. 사람을 바꾸는 것보다 어려운 일은 세상에 없다. 그러므로 상대를 바꾸려고 애를 쓰면서 살아가는 것보다 나를 바꾸고 나의 태도를 바꾸는 것이 쉬운 것이며 상대방의 특성을 인정하고 거기에 맞게 상대를 섬기는 것을 훈련하는 것이 더 나은 것이다.

아마 지옥에서는 계속적으로 서로를 바꾸기 위해서 투쟁하고 있지 않을까? 그리고 천국에는 상대방을 있는 그대로 이해하고 섬기는 이들이 계속 그렇게 살고 있는 것이 아닐까?

누가 옳고 누가 그르다 하는 것은 어떤 면에서 어리석은 일이다. 이 세상에는 강아지도 있고 고양이도 있다. 그렇다면 멍멍 짖는 것이 옳은가? 야옹하는 것이 옳은가? 강아지에게는 멍멍이 옳다. 고양이에게는 야옹이 옳다. 그런데 강아지들이 고양이에게 멍멍을 가르치려고 한다면? 잔소리하고 꾸짖으며 중보기도하면서 끝없이 멍멍을 가르친다면? 그것은 서로 전쟁이다.

어떤 이들은 책을 참 좋아한다. 책을 읽으면서 여러 지식을 쌓는 것을 즐긴다. 그런데 거기에서 끝이 나면 문제가 없는데 책을 읽지 않는 이들을 우습게 여기거나 정죄하는 이들이 있다. 책을 좋아하지 않는 이들은 수준이 낮은 사람들이라는 것이다. 이것은 과연 옳은 생각인가? 물론 잘못된 것이다.

타고난 기질은 누구나 다 다르다. 하나님께서 그렇게 만드신 것이다. 그래서 사람은 체질과 사명이 다르다. 어떤 이들은 뇌가 발달되어 있다. 그래서 그들은 어릴 적부터 책을 좋아한다. 그것은 그들의 장점이라고 할 수 있다.

하지만 단점도 있다. 이런 이들은 생각이 많지만 행동 에너지는 적다. 그래서 일하는 것이나 움직이는 것을 싫어한다. 에너지가 머리에 몰려 있기 때문에 가슴에 정도 부족한 편이다.

어릴 적부터 행동에너지가 많아서 쉬지 않고 뛰어다니는 이들도 있다. 이러한 이들에게 책을 읽으라고 하면 그것은 고문이 될 것이다. 그렇다면 이들은 정말 수준이 낮은 사람인가? 그것은 그들을 지으신 하나님을 멸시하는 것이다.

그들은 행동에너지가 많기 때문에 삶으로 실천하는 것이 많다. 용기가 있고 열정적이기 때문에 모험도 많이 하고 새로운 일도 많이 추진하며 어려운 일이 있어도 잘 좌절하지 않고 나아간다. 이러한 그들의 장점은 책을 좋아하는 이들이 잘 가지지 못하는 장점들이다. 그런데도 그들이 수준 낮은 사람들이라고 할 수 있는가?

가슴 에너지를 많이 가지고 태어나는 사람도 있다. 그들은 논리적이고 지식적이지 않으며 힘이나 열정이 많은 것도 아니다. 하지만 그들은 따뜻하다. 그래서 사람들에게 인기를 끈다. 그들은 정이 많고 변덕이 죽 끓듯 하기 때문에 무슨 일을 맡기면 제대로 하는 일이 드물다. 하지만 사람들은 그를 좋아한다. 어떤가? 이들도 지식을 추구하는 사람들이 아니다. 그들도 수준이 낮은 사람인가?

그처럼 하나의 잣대를 가지고 사람을 평가하는 것은 잘 모르는 것이다. 어린 것이다. 이런 시각을 가지면 남을 알 수 없으며 판단과 싸움이 있고 강요와 억압이 있어서 인간관계가 피곤해진다.

아는 부부가 있었다. 이 부부는 결혼하는 그 순간부터 싸웠다. 심각한 싸움은 아니고 수시로 작은 일로 상대에게 면박을 주면서 싸웠다. 아는 이들을 만날 때마다 상대의 잘못한 것을 이야기하고 자기의 억울함에 대해서 이야기했다.

그런 세월이 십 년쯤 지났다. 그런데 이상하게 더 이상 별로 싸우지 않는 모습을 보였다. 신기해서 자매에게 물어보았다.

"이상하네요. 왜 안 싸우죠?"

그녀는 웃으면서 대답했다.

"포기했거든요."

나는 같이 웃었다. 포기한다는 것.. 그것은 정말 좋은 것이다. 포기가 있는 곳에 평화가 찾아온다. 사람을 아는 사람은 타인에 대해서 포기한다. 요구하지 않는다. 자기 식의 사람으로 만들려고 노력하지 않는다. 그저 상대를 있는 그대로 받아주고 그 상대의 수준에서 포용하고 사랑하며 섬긴다.

내가 쓴 책 중에 〈묻지 않는 자에게 해답을 던지지 말라〉는 책이 있다. 그것은 책 제목 자체가 하나의 메시지이다. 관심이 없는 이들에게는 진리에 대해서 이야기할 필요가 없다는 이야기이다.

그 깨달음은 나에게 얼마나 자유함을 가져다주었는지 모른다. 그 사실을 깨달으면서 나는 엄청난 해방과 기쁨을 느꼈다. 정말 감옥에서 나온 기분이었다.

목회를 하면서 나는 주님에 대해서 이야기했다. 주님의 마음에 대해서 이야기했다. 영혼의 깨어남에 대해서 이야기했다. 영혼의 성장이 우리가 존재하는 이유라는 것을 말했다. 인간은 하나님을 체험하기 위해서 태어났으며 각 사람의 영혼이 깨어나고 발전하는 만큼 하나님을 알 수 있다고 가르쳤다. 우리가 경험하는 모든 사건들과 어려움들은 우리의 영혼이 깨어나기 위해서 주님이 허락하신다는 것을 나는 전했다.

10여 년 동안 목회하면서 열매는 별로 없었다. 그것은 사람들이 관심을 가지고 있는 주제가 아니었다. 나는 대부분의 사람들은 그런 이야기를 듣고 싶은 마음이 전혀 없다는 것을 알게 되었다.

목회를 계속 하려면 사람들이 좋아하는 이야기를 해야할 것이다. 하지만 나는 그래도 내가 하고 싶은 이야기를 계속 하고 싶었다. 그래서 나는 목회를 그만 두고 책을 쓰게 되었다.

그런데 그 순간부터 나는 바빠지게 되었다. 조용하던 나의 삶이 요란해지기 시작했다. 수많은 독자들의 감사의 말과 조언의 부탁이 끊이지 않았다. 집회 요청도 많고 심지어 해외에서조차 집회를 부탁했고 상담과 면담의 요청이 끊이지 않았다. 집회를 하게 되면 전국에서 해외에서도 사람들은 달려와서 참석하였고 집회 중에서 울고 웃었다.

체력의 한계로 더 이상 집회는 하지 않기로 마음을 먹었지만 이러한 반응은 놀라운 것이었다. 같은 목표와 이상과 비전을 가지고 그것을 함께 나눌 수 있다는 것은 정말 행복한 일이다. 하고 싶은 이야기를 하고, 그리고 그것을 듣고 싶은 이들이 있다는 것은 정말 즐거운 일이다.

하지만 그러한 많은 독자들과 후원자들이 생기기 전에 내가 먼저 배운 것은 묻지 않는 이들에게 이야기하지 않는 것이었다. 관심이 없는 이들에게 영혼에 대해서 이야기할 필요가 없다는 것이었다. 그것은 내게 사역에 대한, 진리의 공급에 대한 많은 부담감에서 놓여날 수 있게 해주었다. 원하는 이들은 얻을 것이다. 그러나 원치 않는 이들은 얻지 않아도 된다. 그것은 너무나 공평하고 단순한 진리였다. 많은 이들이 주를 믿는다. 그러나 주를 알고 경험하는 수준은 모두가 다 다르다. 어떤 이는 주님을 이삿짐센터의 일꾼 정도로 생각한다. 그녀는 하루 종일 주님께 일을 시킨다.

"오, 주님.. 이것 저리로 옮겨 주세요. 그리고 이것을 포장해주세요."

주님은 일을 마치고 말씀하신다.
"다 했다. 이제 또 없니?"
그녀는 대답한다.
"오, 이제 됐어요. 이제 그만 가세요. 필요하면 다음에 또 부를게요."
어떤 이들은 주님을 해결사로 본다.
"주님... 어떻게 된 거예요? 아직도 그 일을 해결 못하셨어요?"
"음.. 좀 시간이 걸리는 구나.."
"제발, 좀 빨리 빨리 하세요. 도대체 며칠이 지났어요?"
주님을 주인으로 느끼는 이들도 있다. 주님을 연인으로 느끼는 이들도 있다. 주님을 생명의 근원으로 느끼는 이들도 있다. 그 이해와 경험은 다양하다. 그 수준은 다양하다.

어떤 이들은 자녀의 대학 입시 기도회 때 외에는 주님을 찾지 않는다. 어떤 이들은 아플 때 외에는 주님을 찾지 않는다. 그러면 주님은 그들을 미워하실까? 아니다. 주님은 그들의 수준에서 그들을 만나주신다. 그들이 원하는 것을 주신다. 원하지 않는 것은 주실 수는 없다.

사람이 거하는 처소는 다 다르다. 어떤 이는 산 위에서 산다. 그는 충분한 빛을 받는다. 어떤 이는 산 중턱에 산다. 그는 충분치는 않지만 밝은 빛을 경험하고 산다.

어떤 이는 골짜기에 산다. 그 곳에는 거의 빛이 비춰지 않는다. 빛을 가리는 너무나 많은 장애물들이 있다. 그들은 어두워서 아무 것도 분별할 수 없다. 자신이 입었는지 벗었는지도 모른다. 잔소리하고 가르치려고 하고 남들을 비난하지만 어둠 속에 있어서 자신이 뭘 하고 있는지를 모른다. 자신이 주를 대적하고 십자가에 못박아도 자신은 훌륭한 신자이며 주를 사랑한다고 생각한다. 어둠이란 무서운 것이다.

주님은 그들을 싫어하실까? 그렇지 않다. 주님은 어찌하든지 각 사람이 수용할 수 있는 것들을 주시려고 하신다. 다만 원하지 않는 것을 주실 수는 없다.

사람의 성향에 대해서 중심에 대해서 이해하면서 나는 자유를 알게 되었다. 구하지 않는 이들은 지금 아무 것도 줄 수 없으며 포기해야 한다는 것이다. 그리고 주님의 때가 오기를 기다려야 한다는 것이다.

느브갓네살은 하나님을 향하여 자신을 높이다가 미쳐서 7년을 짐승으로 살았다. 그리고 그 기간이 끝나서 정신이 돌아왔다. 정신이 돌아온 것은 무엇인가? 주님을 사모하기 시작하는 것이다. 영원한 것들을 추구하기 시작하는 것이다.

눈에 보이는 썩어질 것들을 구하는 것은 아직 영이 깨어나지 않은 것이다. 그처럼 우리는 영혼이 깨어나기 전까지 주님의 허락하시는 시간이 이르기 전까지 사람들에게 아무 것도 줄 수 없는 것이다.

이제 나는 자유롭다. 복음과 영혼을 사모하여 만나는 만남이 있고 그렇지 않는 육체의 만남이 있다. 우리가 육체를 가지고 있는 한 이 세상에서 그러한 만남이 없을 수는 없다.

첫 번째 만남에서 나는 주를 나눈다. 거기에는 영혼의 임재가 나오고 천상의 기쁨이 온다. 그리고 두 번째의 만남에서 나는 사람들이 좋아하는 이야기를 한다. 그것은 생명에 속한 것은 아니지만 살아있는 동안의 섬김이다.

우리는 사람의 상태를 알아야 한다. 그리고 어떠한 상대이든 그에 대해서 포기하며 그의 상태 그대로 받아 주어야 한다. 그것이 평화로운 삶이다.

포기란 완전한 포기를 말하는 것은 아니다. 그것은 때와 방법을 주님께 의탁한 포기를 의미한다. 포기할 때 우리는 사람에게 기대하지 않으며 긴장과 갈등과 분쟁이 없어진다.

젊은이들은 결혼할 때 상대방에 대해서 기대를 많이 한다. 하지만 행복하게 살고 싶다면 먼저 포기에 대해서 알아야 한다. 상대를 있는 그대로 인정하고 섬기는 것이 결혼의 행복이다. 그렇지 않고 변화시키려고 한다면 결혼하는 순간부터 지옥이 시작된다. 다른 사람들의 특성을 이해하라. 그리고 인정하라. 그것이 많은 사람들과 함께 조화롭고 평화롭게 살아가는 비결이다.

하나님이 지으신 이 세상을 보면 너무나 다양한 존재들이 있는 것을 볼 수 있다. 어떤 이들은 물 속에 있다. 어떤 이들은 땅 위에 있다. 어떤 이들은 하늘에 있다. 어느 쪽이 옳은가? 다 옳은 것이다.

어떤 이들은 아주 강하고 무섭다. 어떤 이들은 아주 지혜롭다. 어떤 이들은 아주 선하다. 어느 쪽이 가장 좋은가? 다 좋은 것이다.

그러므로 다른 사람을 나와 같이 만들려고 하는 것은 좋지 않은 것이다.

세상에는 성질 급한 사람도, 느린 사람도, 예민한 사람도 둔한 사람도 다 필요하다. 싸우는 사람도, 연애하는 사람도, 머리 좋은 사람도, 배짱 좋은 사람도 다 필요하다. 그것은 하나님께서 배려하신 것이다.

하나님께서 만약 한 가지의 동물만 만드셨다면, 한 가지의 꽃만 만드셨다면, 한 가지의 향기만 만드셨다면 삶은 얼마나 삭막해졌을 것인가. 그러나 이 세상 안에는 모든 것이 있다. 급함, 빠름, 부드러움, 사랑스러움, 아름다움, 예리함, 너그러움, 부드러운 미풍, 폭풍우의 강건함.. 그 모든 것들이 있다.

하나님이 지으신 이 세상에는 정말 놀랄만한 다양함이 있다. 그리고 그것이 이 세상을 더욱 더 아름답게 하는 것이다. 사람들은 모두 다르다. 그래서 아름다우며 서로의 도움과 조화가 필요한 것이다.

하지만 동시에 또 기억해야 할 것이 있다. 모든 사람들은 다 서로 다르지만 또한 한 하나님의 작품이기 때문에 또한 많은 공통점을 가지고 있다는 것이다. 우리는 모두 서로 다르지만 잘 찾아보면 우리는 또한 서로 같은 부분, 서로 공감할 수 있는 부분을 찾아낼 수 있을 것이다.

그러므로 당신과 전혀 같지 않으며 생각과 성향이 전혀 다른 것 같은 사람을 만난다고 할지라도 당신은 그 사람을 주의 깊게 살펴보기를 바란다.

우리 사이에는 공통점이 하나도 없을까? 우리들은 서로 같이 나눌 수 있는 관심사가 정말 하나도 없을까? 하고 말이다.

나는 당신이 몇 가지의 공통점, 공통 관심사, 공통 화제를 찾을 수 있을 것이라고 생각한다. 우리는 모두 하나님의 작품이며 그렇기 때문에 하나님께로부터 받은 공통적인 속성을 가지고 있다.

예를 들자면 사랑과 인정을 받으면 즐겁게 느낀다는 것이라든지, 친절과 호의를 베풀 때 마음을 열게 된다든지, 상대의 이야기를 잘 들어줄 때 기뻐한다든지, 상대방의 사정에 대해서 염려해줄 때 고마워한다든지.. 하는 그런 공통점을 우리는 찾을 수 있을지 모른다. 어쩌면 더 많이 찾을 수도 있을 것이다.

그렇게 하다보면 우리는 우리가 같이 나눌 수 있는 공통의 화제와 관심사를 찾을 수 있을 지도 모른다. 만약 그것이 가능하다면 서로 의견이 다른 것을 가지고 싸우면서 말을 하는 것보다 그런 쪽의 대화에서부터 시작하는 것이 좀 더 낫지 않겠는가? 조금씩 공감을 같이 넓혀 가는 것 말이다.

한쪽이 재미없는 것을 일방적으로 이야기하는 것보다는 같이 대화를 나누면서 서로 웃음을 터뜨리고 즐겁게 나눌 수 있는, 그러한 대화, 나눔, 교제가 즐겁지 않겠는가? 그러한 대화에 성공할 수 있다면 그것은 정말 좋은 일이다. 우리는 친구를 사귀기 시작한 것이니까 말이다.

나는 당신이 자신만 옳으며 자신의 생각만이 옳다고 생각하는 사람이 되지 않기를 바란다. 그리고 자신의 의견이나 성향을 남들에게 강요하는 사람이 되지 않기를 바란다. 모든 이들을 사랑하고 존경하며 그들에게 도움을 받고 배울 수 있는 사람이 되기를 바란다.

나는 당신이 전천년설을 믿지 않는 다른 이들을 마귀 취급하지 않았으면 좋겠다. 나는 당신이 칼빈주의를 믿지 않는 다른 이를 이단이라고 말하지 않았으면 좋겠다. 나는 당신이 성령운동을 하지 않는 이들은 신앙이 없는 사람이라고 생각하지 않았으면 좋겠다. 나는 당신이 세례를 약식으로 받는 사람은 양심이 마비된 사람이라고 생각하지 않았으면 좋겠다.

나는 다른 사람이 살아가는 방식이 당신이 생각하는 방식과 다르다고 해서 상대방을 싫어하지는 않았으면 좋겠다. 예를 들면 당신은 정해진 시간에 밥을 먹거나 정해진 시간에 청소를 해야 한다고 믿는 사람이라고 하더라도 다른 사람이 아무 때나 밥을 먹을 지라도 그를 나무라지 않았으면 좋겠다. 그를 향하여 무질서하고 불규칙하다고 정죄하지 않았으면 좋겠다. 세상에는 다양함이 항상 있기 때문이다.

한 가지 더 바램이 있다면 나는 당신이 주님을 진정 사모하고 추구하는 사람이 되었으면 좋겠다. 하지만 다른 사람들이 당신과 같이 주님을 사모하고 추구하지 않는다고 해서 그들을 비난하거나 하지는 않았으면 좋겠다. 그리고 당신과 다른 사람의 차이를 존중하며 모든 이들을 용납하고 사랑하고 존경하고 그들에게 배우며 당신의 친구로 여겨 주었으면 좋겠다.

그렇게 할 수 있다면 우리는 좀 더 평화롭고 아름다우며 사랑과 여유가 넘치는 삶을 살 수 있게 될 것이다. 하나님이 지으신 이 다양성과 조화와 균형과 아름다움이 충만한 이 세상에서 말이다.

# 7. 행복은 주관적인 것이다

　행복이란 주관적인 것이다. 어떤 사람이 남 보기에는 참 한심스럽고 불행해 보이는데 정작 본인은 행복하다고 여기면 그것이 행복이다. 누가 뭐래도 자기는 행복하다고 하면 그는 행복한 사람인 것이다.

　부모들은 자신들이 행복이라고 생각하는 것들을 자녀에게 주고 싶어 한다. 하지만 부모들이 행복이라고 생각하는 것을 자녀들이 불행이라고 생각한다면 그것은 문제다. 그럴 경우 행복은 주관적이기 때문에 다른 사람이 뭐라고 하든지 간에 자신이 행복하다고 생각하는 것을 따라갈 수밖에 없다.

　돌에 맞아죽은 사람이 있었다. 모든 사람들이 그를 불행하다고 생각했다. 하지만 그의 생각은 달랐다. 그는 자신이 행복하다고 여겼다. 그의 빛나는 얼굴이 그것을 증명한다. 그는 스데반이다. 그는 다른 사람들이 아무리 그를 실패자라보고 불쌍하게 여긴다고 해도 자기가 행복하다고 우길 것임에 틀림없다.

　사도 바울도 비슷한 사람이었다.

　그는 스데반이 웃으면서 돌에 맞아죽는 것을 보고 미친 사람이라고 생각했지만 자신도 곧 비슷하게 미치게 되었다. 그는 복음을 위하여 출세할 수 있는 모든 것과 온갖 좋은 여건을 버리고 매 맞고 버림받고 배반당하고 감옥에 가면서 살았다.

사람들은 그를 행복하다고 여겼을까? 아마 그렇지 않은 사람이 많았을 것이다. 그러나 그는 자신이 행복하다고 느꼈다.

하지만 그의 부모는 어떻게 생각했을까? 그들도 자식이 행복하다고 느꼈을까? 비싼 돈 들여 공부시키고 학원 보내고 과외 공부시켜서 출세를 시켰더니 뭐가 좀 되려고 하다가 이상한 길로 가버렸다. 장가도 못 가고 노총각이 되어서 여기저기에서 핍박을 당하며 얻어맞고 다니고 옥살이도 하고 있다. 부모에게 그는 행복한 사람으로 비쳤을까?

하지만 분명히 행복은 주관적이라는 것이다. 우리 자신이 행복하다고 느끼면 그것은 행복이다. 자기가 느끼는 행복이 아니라 남들에게 행복한 사람으로 비쳐지고 싶은 마음이 있다면 그것은 피곤한 삶이다. 거기에서 벗어나는 것이 자유라고 할 수 있을 것이다.

우리는 대다수의 사람들이 행복을 위하여 꼭 필요하다고 생각하는 것들이 허구일 수 있다는 것을 알아야 한다.

사람들이 행복의 조건으로 가장 많이 꼽는 것이 돈이다. 즉 돈이 많으면 행복할 것이라고 생각한다. 그러나 과연 그럴까? 주님께서는 사람의 생명이 소유의 넉넉한 데에 있지 않다고 말씀하셨다. 부자는 천국에 가기가 낙타가 바늘구멍에 들어가는 것보다 더 어렵다고 하셨다. 야고보서에는 말세에 재물을 쌓는 것이 어리석은 일이라고 말하고 있다.

현실적으로 보자. 돈이 많아지면 사망률이 높아진다. 웃기는 말 같지만 사실이다. 돈이 있어서 차를 사면 그가 교통사고로 죽을 확률은 자기 차가 없이 버스나 지하철로 다니는 이들보다 높다.

고층 아파트에 살면 적어도 반 지하 단칸방에 사는 이에 비해서 떨어져 죽을 확률도 높아진다. 시험을 망친 학생들이 고층 아파트에서 투신을 하곤 하는데 지하에 살았다면 아마 떨어져 죽을 염려는 없을 것이다.

게다가 부자들은 강도를 만나서 죽을 확률도 가난한 이들보다 높다. 쓰러져 가는 집에 들어가는 도둑이나 강도는 없을 것이다. 하지만 가진 것이 많아 보이는 집에는 들어가려고 할 것이다. 그러니 담도 높아야 하고 각종 자물쇠 장치나 문단속에도 신경을 많이 써야 한다.

유명한 부자들은 보디가드가 없이는 외출 자체도 어렵다고 한다. 하지만 가진 것이 별로 없는 이들은 아무런 거리낌 없이 아주 자유롭게 돌아다닐 수 있다. 얼마나 감사한 일인가! 우리는 열심히 돌아다녀도 아무도 잡으러 오지 않는다!

거액의 복권에 당첨된 이들의 삶을 추적해본 이들은 하나같이 비슷한 결과를 보여주는 통계를 제시한다. 즉 대부분의 당첨자들은 이혼, 자살 등으로 삶이 파괴되어 버렸다는 것이다. 단란했던 가정은 파괴되고 오랜 친구사이는 깨졌으며 좋아하는 직업도 그만 두게 되었다.

씀씀이는 어느 새 엄청나게 커지고 나중에는 거액의 복권 당첨금액보다 무려 10배나 많은 빚에 시달리게 된 이도 있다.

간혹 거액의 당첨금을 받았다 할지라도 자신의 삶은 변하는 것이 없을 것이라고 말하는 이들도 있다. 그는 여전히 수입은 많지 않지만 자신의 소중한 직업을 포기하지 않겠다고 말하는 이들도 있다. 하지만 그것이 자기가 그렇게 마음먹는 다고 그대로 되는 일인가? 그들은 이미 유명인사다. 그들은 날마다 후원과 기부를 요청하는 수많은 메일과 편지와 방문자에게 시달리게 된다.

그걸 비밀로 하면 되지 않겠느냐고? 그런 비밀은 지켜지지 않는다. 이 세상에 한 명의 가족도, 친구도 없는 사람이 아니라면 말이다. 결국 그들은 그들이 여태껏 살아왔던 모든 터전을 버리고 아무도 모르는 곳으로 가야한다. 그게 귀양살이나 감옥이 아니고 뭐란 말인가?

복권에 당첨되면 인생이 역전된다고 광고하고 그것을 믿는 것은 실로 어리석은 일이다. 인생의 역전은 마음의 변화에서 오지 환경의 변화에서 오지 않는다. 마음이 변화되지 않는다면 아무리 좋다고 여겨지는 환경이 와도 그에게는 오히려 재앙일 뿐이다. 복권에 당첨된 이들이 나중에 망하는 케이스가 많은 것은 마음이 변화되지 않은 상태에서 갑자기 감당할 수 없는 풍요가 오게 되었을 때 그것은 곧 재앙이라는 것을 잘 보여주고 있는 것이다.

돈이 많으면 행복한가? 결코 그렇지 않다. 부자들이 겪어야 하는 고통은 실로 엄청나게 많다. 세금 계산에서부터 복잡해지기 시작하며 나중에 주님 앞에 섰을 때 지혜로운 청지기라는 칭찬을 들을 수 있도록 그 분배에 대해서도 신경을 써야한다. 돈이 없으면 그런 고민을 안 해도 된다.

성경은 부자가 많은 근심으로 자신을 찌른다고 말한다. 돈이 많으면 정말 고통스럽고 고민이 많아지게 된다. 왜 그런데 사람들은 돈이 있음으로서 좋은 면만을 기억하고 좋지 않은 면은 기억하지 못하고 있는 것일까?

나는 그것이 이 세상의 배후에 있는 세상의 영들 때문이라고 생각한다. 그들에 의해서 우리들은 오랫동안 돈이 가장 중요한 것이라고 세뇌가 되어왔기 때문이다. 성경으로도, 경험적으로도 전혀 진리가 아닌 것을 왜 믿고 있는가? 그것은 그렇게 배워왔고 세뇌되어 왔기 때문이다.

세상을 통치하는 악한 영들의 입장에서 보면 모든 사람들이 한 가지, 돈을 추구하고 탐욕을 추구하는 것이 훨씬 더 일하기에 편하다. 만약 모든 이들이 각자마다 자기의 나름대로의 행복을 구하고 찾겠다고 하면 그것은 골치 아프다. 각 사람에 대해서 그들을 쓰러뜨릴 연구를 해야 하니 말이다.

그러나 모든 이들이 한 가지를 추구하면 그들은 아주 편하게 사람들의 영혼을 사로잡을 수 있다. 그래서 그들은 탐욕과 부함과 물질에 대한 열망을 계속 심어주며 이를 통해서 풍성하고 놀라운 삶을 살고 있다고 자꾸 세뇌하고 있는 것이다.

자, 어떤 사람이 있다. 그는 사업을 하며 아주 영리한 사람이다. 그는 하나님에 대한 열망이 어느 정도 있다. 그리고 유능하다. 일도 잘 되고 돈도 잘 벌린다. 하지만 그는 너무 바쁘다. 그는 도무지 틈을 낼 수가 없다. 목회자가 말한다.

"성도님.. 교회에 빠지지 마십시오."

그는 말한다.

"아. 목사님.. 죄송합니다. 제 마음은 그게 아닌데요.. 지금 너무 바쁩니다. 이번 달만 지나면 좀 나아질 것 같네요. 다음 달 부터는 정말 열심히 하겠습니다."

어머니가 말한다.

"애야. 사업도 좋지만.. 기도해야 한단다."

그는 대답한다.

"예.. 물론입니다. 잘 알지요. 걱정하지 마세요. 이번 달만 지나면.."

그러나 한가한 다음 달이 오는가? 물론 오지 않는다. 세상이 존재하는 한 한가한 날이란 없다. 그것은 우리가 만들어야 한다. 이것은 무슨 경우인가? 그가 유능하고 돈이 계속 많아지고 있기 때문에 이런 비극이 생기는 것이다. 만약 그가 그리 유능한 사람도 아니었고 사업도 별로 잘 되지 않아서 여유가 있다면 주님을 좀 더 간절하게 찾았을 지도 모른다.

하지만 일이 잘 되고 그가 유능하기 때문에 그는 주님을 간절히 붙잡기 어렵다. 물론 그렇게 열심히 돈을 버는 사람은 대체로 그 돈을 만져보지도 못하고 죽는다.

마태복음 6장에서 주님은 사람이 재물과 하나님을 동시에 섬길 수 없다고 하셨다. 어찌 보면 이 말씀은 지나친 것 같이 들린다. 물질, 돈이라는 것이 그렇게 위대한가? 그것이 감히 하나님과 비교가 될 수 있는가?

그러나 현실을 보면 그것은 사실이다. 많은 이들이 하나님을 섬기지 않고 물질을 섬긴다. 하나님이 행복을 주신다고 믿기보다는 물질이 행복을 준다고 믿는다. 물질 중심 사상은 삶의 모든 영역에서 그 영향력을 행사한다.

예를 들어 교육을 보자. 어머니들은 자식의 공부와 시험 성적에 대해서 아주 예민하다. 그것을 무엇보다도 중요시한다. 그 이유는 무엇인가? 대학에 가기 위해서다. 대부분의 그리스도인들도 자녀들이 명문대학에 가면 좋아서 난리가 난다. 간증을 하고 감사를 드리고 난리를 꾸민다. 그런데 좋은 대학은 왜 가는가? 좋은 직장을 얻기 위해서다. 왜 좋은 직장을 얻는 것이 좋은가? 돈을 많이 벌 수 있다. 결국 모든 것의 시작과 끝은 돈이다. 이런데 사람들이 돈을 숭배하고 예배하지 않는다고 할 수 있는가?

행복이란 영혼에서 온다. 그것은 영혼의 상태이다. 돈이 많다고 오지 않는다. 돈이 많아도 쓰는 것이 버는 것 보다 많으면 그는 가난한 사람이다. 그러나 적게 벌어도 더 적게 쓰는 사람은 여유가 있다.

그러므로 탐심이 없고 소박한 음식, 소박한 삶으로 만족하는 사람은 항상 여유가 있기 마련이다. 그러나 탐심이 있는 이들은 아파트가 백 개라도 만족이 없다. 그들은 항상 조금만, 조금만 더, 하고 생각한다. 결국 그 영혼이 탐심의 마귀에게 잡혀있는 것을 보여주는 것이다.

모든 사람이 원하는 것을 얻을 때 사람은 행복한가? 그렇지 않다. 사람은 모두 다르기 때문이다. 세뇌된 사상에서 벗어날 수만 있다면 우리는 각자가 행복하게 느끼고 즐기는 것이 다 다름을 알 수 있다.

어떤 이는 음악을, 노래를 좋아한다. 어떤 이는 그림을 좋아한다. 어떤 이는 책을 좋아하고 어떤 이는 운동을 좋아하며 어떤 이는 진리를 구하고 연구하는 것을 즐거워한다. 따라서 그들의 행복은 다 다르다. 자기가 좋아하는 것, 자기가 하고 싶은 것을 할 때 인간은 행복해지기 때문이다.

왜 행복은 이렇게 주관적인가? 그것은 각자의 사명이 다르기 때문이다. 하나님이 다르게 만드셨기 때문이다. 사람은 하나님이 만드신 대로 자기의 길을 발견하고 자기의 사명으로 나아갈 때 비로소 행복하다. 인간은 그렇게 만들어졌다. 그러니 그것은 그의 삶과 마음에 달려있는 것이지 외적인 조건에 있는 것이 아닌 것이다.

교사로 만들어진 사람은 교사를 해야 행복하다. 의사로 만들어진 사람은 의사가 되어야 행복하다. 목회자로 부름을 받은 이들은 목회를 해야 행복하다. 그러므로 그 행복은 주관적인 것이다.

우리는 세뇌된 행복에서 벗어나야 한다. 남들이 알아주고 인정해주는 행복으로부터 벗어나야 한다. 그리고 나만의 행복, 주관적인 행복을 구하고 찾아야 한다. 그 누가 뭐라고 해도 나 자신이 행복하다면 우리는 행복한 인생이며 성공한 인생인 것이다.

앞에서 바울의 이야기를 했다. 그는 행복한 인생인가? 그의 부모 입장이라면 행복하지 않은 아들로 보았을 것이다. 그리하여 아들을 위하여 많이 기도하고 눈물을 흘렸을지도 모른다.

하지만 그는 행복하다고 느꼈다. 감옥에도 있었고 매를 맞았지만 행복하다고 느꼈다. 그래서 빌립보 감옥에서는 바깥에 있는 성도들에게 기뻐하라는 내용의 편지를 쓴 것이다.

보통은 바깥에 있는 이들이 감옥에 있는 이들을 면회하면서 사식도 넣어주고 갇힌 이들을 위로하는 것이다. 그러나 바울은 오히려 바깥에 있는 이들을 위로했다. 그것은 그가 행복한 사람이었기 때문이다.

행복은 주관적이다. 누가 뭐라든 자신이 좋다고 느끼면 그는 행복한 것이다. 남들이 돈을 따라가든 명예를 따라가든 그것은 그들의 일이고 나는 나에게 기쁨이 되는 것을 찾아간다. 그것이 행복이다. 그러니 당신의 주관적이고 개인적인 행복을 찾기를 바란다. 외적인 조건이 아닌 영혼의 상태에서 기쁨과 즐거움을 찾기를 바란다. 다른 이가 당신이 원하지 않는 삶을 요구할 때 나는 그것을 통해서 행복을 찾을 수 없다고 분명히 말하기를 바란다. 만약 당신이 당신만의 부르심을 찾았다면, 당신만의 즐거움과 행복을 찾았다면 이에 대해서 긍지를 가지기를 바란다.

당신이 남들이 다 알아주는 삶을 추구하겠다고 결심한다면 그것은 어쩔 수 없는 일이다. 당신이 더 많이 소유해야겠다고 결심한다면 그것도 역시 어쩔 수 없는 일이다. 당신이 자신은 별로 원하지 않지만 자신이 원하는 삶을 살면 남들이 불쌍하게 보지나 않을까 싶어서 다른 삶을 선택한다면 그것도 아쉽기는 하지만 어쩔 수 없는 일이다.

하지만 나는 당신이 소박하고 자연스러운 만족과 행복을 구하기를 바란다. 사람은 탐심을 버리면 아주 적은 물질로도 만족하며 행복하게 살 수 있다. 그것은 마음에 달린 것이다.

부디 당신의 부르심을 발견하고 당신이 즐거워할 수 있는 삶을 얻기를 바란다.

만약 당신이 자신만의 행복을 가지고 있다면 누가 당신에게 뭐라고 하든지 당신은 행복하다고 우겨라. 자신이 행복하다고 우기면 행복한 것이다. 내가 지금 행복하다는데 그것을 누가 어쩌겠는가?

# 8. 부정적인 말이나 생각을 받아들이지 말라

그리스도인들은 부정적인 말이나 생각을 해서는 안 된다. 왜냐고? 그러한 것들은 창조력을 가지고 있어서 자신을 파괴하기 때문이다.

언어나 생각은 컴퓨터에 자료를 입력하는 것과 같은 것이다. 그러니 나쁜 자료를 입력해놓고 컴퓨터가 보여주는 내용을 보면서 흥분하면 되겠는가? 컴퓨터가 무슨 죄가 있는가?

멍청하게 컴퓨터를 관리해서 악성 바이러스를 먹은 다음에 컴퓨터가 먹통이 되면 마구 컴퓨터를 때리는 사람이 있다. 다시 말하지만 컴퓨터는 아무런 죄가 없다. 주인을 잘못 만나서 그렇게 부서져 쓰레기통에 버려진다고 해도 그것은 컴퓨터의 죄가 아니다.

어떤 사람이 아주 무능력하고 소극적이며 어둡고 눌린 삶을 살고 있다고 하자. 그의 문제는 무엇이겠는가? 여태껏 살아오면서 부정적인 언어를 말하며 부정적인 생각을 자기 안에 가득 채우면서 살았다고 할 수밖에 없다. 다시 말하지만 컴퓨터는 입력된 대로 결과가 나오기 때문이다.

그가 자신을 '나는 무능하다. 나는 무능하다..' 하고 계속 입력하지 않는다면 그가 무능해질 리가 있는가? 아니면 하나님께서 창조하실 때부터 그를 불량품으로 만드셨겠는가?

그것은 말이 안 된다. 하나님께서는 우리를 온전하게 창조하셨다. 그리고 우리에게 삶을 개척하고 다스릴 수 있는 마음과 생각을 주셨다. 그러니 문제가 생긴다면 우리가 그 마음과 생각을 제대로 사용하지 못한 것이다. 컴퓨터에 계속 쓸데없는 정보만 입력하고 있는 것이다.

나는 우중충하고 어둡고 비참하게 살아온 사람을 만난다면 이런 이야기를 하고 싶다.

"당신 안에 입력된 생각과 말, 여태까지 배운 것은 다 오류입니다. 이제 다 삭제하시고 새로운 정보를 입력하십시오."

이렇게 말이다. 그래서 잘못된 생각을 다 삭제하고 새롭게 빛과 은혜와 사랑과 희망으로 가득하게 채운다면 나는 누구든지 새롭고도 풍성한 삶을 누릴 수 있을 것으로 믿는다. 그것은 주님께서 우리에게 허락하신 것이다.

자, 그런데 이 이야기는 그만 하기로 하자. 이번 장의 주제는 그게 아니다. 문제는 이것이다. 내가 열심히 자신에게 좋은 정보와 자료를 입력하려고 하는데 외부에서 자꾸 좋지 않은 자료가 오는 것이다. 마치 원치 않는 스팸메일처럼 말이다.

그러면 어떡해야 할까? 그것을 그대로 받아들여서 입력해야 하나? 물론 그것은 아니다. 내가 아무리 열심히 좋은 생각을 가지고 창조력을 아름답게 사용하려고 애를 써도 바깥에서 좋지 않은 바이러스가 온다면 그것도 역시 잘 관리하고 다루어야 하는 것이다. 내가 잘못 입력한 것도 고칠 뿐만 아니라 외부에서 오는 나쁜 입력도 우리는 제거해야 한다.

내가 젊은이들에게 자주 하는 말이 있다. 그것은 일체의 비난과 정죄를 받아들이지 말라는 것이다. 그것을 받아들이는 순간부터 자신의 몸과 마음이 파괴되기 시작한다. 그러므로 어떠한 비난이나 정죄도 받아들이지 말라고 나는 조언한다.

우리가 사는 세상은 천국이 아니다. 천국이 아니므로 천국의 영으로, 주님의 영으로 사는 이들은 드물다. 그리스도인이라고 해서 그리스도의 영으로 사는가? 그랬으면 좋겠지만 그러한 이들을 찾기가 사실 어렵다.

그리스도의 영은 사랑의 영이며 긍휼과 자비의 영이다. 지혜의 영이며 진리의 영이다. 그리스도의 영으로 사는 이들은 날마다 그 생각과 언어를 주님께 의탁하며 주님께 통제 받으면서 살 것이다. 남들에게 상처를 주지 않으며 사랑과 섬김으로 대하려고 할 것이다.

하지만 보통의 그리스도인들이 어디 그런가? 남들을 지배하고 군림하려는 자세, 남을 헐뜯고 비난하는 모습은 어디서나 볼 수 있다. 그것은 그리스도의 영이 아니다. 그것은 빛에 속한 영이 아니다. 그것은 세상에 속한, 육체에 속한 영이다.

그러므로 우리들은 이 세상에서 우리의 영혼을 지켜야 한다. 주의 영이 아닌 세상의 영으로 인한 공격과 악함이 우리 안에 들어오려고 할 때 우리는 자신을 방어해야 한다.

나는 어쩌다 TV의 드라마를 쳐다보게 되면 그 속에서 나오는 일상의 대화들이 거의 저주나 폭력에 가까운 무례하고 살벌한 언사들을 사용하는 것을 보고 아주 놀란다.

정말 그러고도 어떻게 살아가는지 대단할 뿐이다. 하지만 그것이 드라마 속의 일일 뿐이라면 얼마나 좋을까. 우리가 경험하고 부딪치는 많은 관계, 가장 가까이에 있으며 사랑해야할 가족들의 만남이나 친구들과의 대화가 그렇게 서로를 아프게 하고 상하게 하는 것들이 너무나 많은 것이다.

얼마 전 나는 젊은이들에게 자신을 비난하는 어떠한 말도 받아들이지 말라고 가르쳤던 적이 있었다. 그것은 정말 중요한 메시지이다. 왜냐하면 우리의 가족이나 가까운 관계에 있는 이들이 우리에게 비난과 정죄를 퍼붓는 일은 흔하게 있기 때문이다.

그러한 이야기는 결코 주님으로부터 오는 것이 아니다. 비난이나 정죄는 결코 주님의 음성이 아니다. 어떤 이들은 그러한 말들을 통해서 겸손해져야 하지 않느냐고 말한다. 물론 그러한 자세는 좋다. 그러나 그 비난과 판단은 대부분 악한 영들로부터 오는 것이며 그러므로 그것을 받아들이게 되면 우리의 영혼이 질식하기 시작하는 것이다.

이런 말을 들어본 이들은 아주 많을 것이다.

"너는 도대체 뭐가 되려고 그러니?"

"너는 엄마 속을 뒤집어 놓으려고 태어났니?"

"너는 뭐 하나 제대로 하는 게 없니?"

이런 표현을 늘어놓기 시작한다면 한이 없으니 그만 하자. 이러한 말은 비난이기 보다 저주에 가깝다. 이러한 말을 반복적으로 듣는 이들의 삶이 잘 되어간다면 그것은 정말 기적이다. 그것은 그의 안에 악성 바이러스를 스스로 잘 처리할 수 있는 백신 시스템이 잘 되어있다고 볼 수밖에 없다. 그렇지 않는 한 그러한 재앙의 말들은 그의 안에 깊이 스며들어 인격과 삶과 미래에 대미지를 형성하게 된다.

"너는 너무 교만해."

"네가 그러고도 주님을 믿니?"
"기도만 하면 뭐 하니?"
"네가 주님의 일을 하겠다고?"
이런 비아냥거림을 들어본 이들도 많을 것이다. 우리의 믿음을 실족시키기 위한 메시지는 정말 많이 있다. 이러한 열거는 끝이 없다. 사랑과 격려의 표현보다 이러한 표현들이 훨씬 더 많은 것이다. 물론 그러한 말들도 대부분 어둠의 영들로부터 오는 것이다.

그들은 우리가 미워서 그러한 말을 사용하는 것은 아니다. 하지만 영적으로 어리고 주님의 실체를 알지 못한다면 그의 입이나 생각은 할례 받지 못한 것이며 그는 원하지 않더라도 남에게 상처를 주는 도구로 쓰이게 된다.

주님의 음성은 어떠한가? 그분의 음성은 사랑스럽고 따뜻하며 우리의 연약함을 지적하는 것이라고 해도 거기에는 사랑과 친절과 격려가 있다. 거기에는 부드러움과 아름다움이 있다. 거기에는 날카로운 독화살과 같은 가시가 없다.

그러므로 주님의 음성이 아닌 악한 비난의 말을 받아들이고 '맞아. 나는 역시 아직도 멀었어.' 하면서 생각하기 시작할 때 우리의 영혼은 파괴되기 시작하는 것이다.

사람들은 가까운 가족들이나 친구로부터 이러한 말을 들을 때 화를 내기도 하고 상처를 받기도 한다. 그러한 말을 들을 때는 상처를 받고 화를 내기도 하지만 막상 자기 혼자가 되면 그 말이 다시 떠오른다. 그래서 그는 생각한다.

'그 말이 맞아. 역시 나는 이 모양이야.' 하면서 그 말을 받아들이고 자기 정죄에 빠진다. 그것은 어둠의 영들에게 속는 것이다. 왜냐하면 그것이 악한 영들의 목표이기 때문이다. 그들은 그 다음부터 마음 놓고 우리의 영혼을 누르고 유린할 수 있다. 우리는 분명하게 알아야 한다. 그러한 말들은 악한 영들로부터 오는 것이며 우리는 그것을 받아들여서는 안 된다는 것이다.

우리는 그러한 악의 도구가 되는 가까운 이들을 미워할 필요는 없다. 우리도 예전에 그러한 잘못을 저질렀을 수도 있는 일이고 또한 우리에게 상처를 주는 것이 그들의 의도는 아니기 때문이다. 누구든지 영적으로 어리면 남을 정죄하고 상처를 주는 도구로 쓰일 수 있다.

그러나 그들은 미워하지 않더라도 그들이 한 말들은 결코 받아들여서는 안 된다. 우리가 상처를 받는 것은 그 말을 믿고 받아들이기 때문이다.

그러한 말을 들을 때 속으로 '저것은 웃기는 이야기다. 저것은 주님의 말씀이 아니다.' 하고 있으면 그 말은 우리 영혼에까지 침투하지 못한다. 그리고 우리의 평화도 깨어지지 않는다.

사람들이 상처를 받고 화를 내는 것은 그 말을 받아들이기 때문이다. 그러므로 그들은 분노하고 넘어진 다음에는 자신에 대한 정죄감에 빠진다.

'내가 이러한 말도 수용하지 못하다니..' 하게 되는 것이다. 물론 그것은 다 영적인 무지에서 오는 것이다. 그런 쓸데없는 말을 함부로 수용하게 되면 큰일이 난다. 어둠을 받아들이는데 우리 영혼이 어찌 멀쩡할 수가 있겠는가?

그러한 말을 들을 때 우리가 외적으로 어떻게 대응해야 하는 지는 그리 중요한 것이 아니다. 반드시 외적으로 강한 모습을 보이면서 "그런 말은 하지 마세요."하고 대응해야만 하는 것은 아니다.

　더 중요한 것은 자기의 마음속으로 '저것은 주님으로부터 오는 것이 아니다. 나는 저 말을 받아들이지 않겠다.' 라고 거부하는 것이다. 그리고 그것으로 충분하다. 그렇게 우리가 속에서 말려 들어가지 않게 되면 악한 영들은 별로 힘을 쓰지 못한다.

　그러나 우리가 감정적으로 흥분하게 되어 화를 내거나 아니면 침체에 빠지는 식으로 흔들리게 되면 악한 영들은 승리감에 도취되어 더 계속적인 공격을 하게 되는 것이다. 그러므로 우리는 악한 말들이 우리 안에 침투하지 못하도록 그 영을 분별하고 깨어있는 것이 정말 필요하다.

　특별히 흡수력이 뛰어난 사람들이 있다. 머리가 좋으며 감수성이 예민한 사람들이다. 소심하고 내성적이며 자신을 잘 표현하지 못하는 사람들이다. 이러한 이들은 자신의 체질을 바꾸지 않으면 타인의 부정적인 언어에 의해 삶이 희생될 가능성이 아주 많다.

　그들은 흡수성이 뛰어나므로 악한 말을 들을 경우 그 말이 그의 심령의 깊은 곳에 가라앉는다. 그래서 기가 죽고 눌리며 생기를 잃어버린다. 그들은 속으로 되뇌인다. '맞아. 나는 제대로 하는 게 하나도 없어. 나는 반드시 실패할거야.'

　그들은 어떤 일이 잘 진행되고 있으면 속으로 이상하게 생각한다. 그러다가 길이 막히면 그들은 말한다. '어쩐지 이상하더라니까.' 그들은 자신이 없기 때문에 어떤 일이 생겨도 실망하지 않도록 모든 일에 대해서 항상 최악의 경우를 미리 생각하고 대비한다. 그런데 이러한 부정적이고 어두운 의식이 왜 생긴 것일까? 어디에서 생긴 것일까?

당연하다. 그것은 잘못 입력된 외부 의식이다. 이들은 흡수력이 뛰어나므로 그 어두움의 메시지가 그의 안에 깊이 입력된 것이다. 그러한 어두움의 입력을 바꾸지 않으면 그들의 삶이 평생 피곤할 것임은 말할 나위가 없다.

이러한 사람들은 아예 컴퓨터의 탐색기에 들어가 자신의 깊은 의식 속에 있는 중심 사상, 중심의 어두운 사고를 발견해내고 모조리 삭제해 버려야 한다. 그리고 새로운 의식을 집어넣는 작업을 시작해야 한다.

컴맹이기 때문에 무슨 이야기를 하는지 모르겠다고? 이러한 이들은 그들의 마음속에 있는 기본 의식을 바꾸어야 살 수 있다는 이야기다.

이러한 사람들은 왜 흡수력이 좋은가? 영혼은 비교적 발전이 되어 있으나 영혼을 담는 그릇인 몸은 별로 발전이 되지 않았기 때문이다. 즉 영혼의 껍질이 얇기 때문이다.

이러한 이들은 운동을 좋아하지 않고 움직이는 것을 별로 좋아하지 않을 텐데 그것을 바꾸어서 자꾸 활동을 해야한다. 그래야 영혼의 껍질이 두꺼워져서 외부 에너지가 침투하는 것이 적어지게 된다. 이러한 부분에 대해서는 나의 저서 〈심령이 약한 자의 승리하는 삶〉을 참고하시기를 바란다.

어떤 치유팀이 있었다. 이들은 어떤 소녀의 다리를 위해서 기도 사역을 하고 있었다. 다리의 회복을 위해서 한참 열심히 기도를 하고 있는 데 초기에는 회복이 이루어지는 것 같다가 어느 정도 지나니까 더 이상 기도의 효과가 나타나지 않았다.

치유팀의 리더가 그 이유가 무엇인지에 대해서 주님께 묻는 기도를 드렸다. 그러자 이 소녀의 마음속에 어떤 방해가 있다는 것을 알게 되었다. 그는 소녀에게 물었다. 그녀의 마음속에 다리를 낫는 데 방해가 되는 어떤 것이 있느냐고.

그러자 소녀가 주저하면서 두려워하면서 이야기했다. 그녀는 오래 전에 오빠의 구원을 위해서 이렇게 기도하였다고 한다. '오, 주님. 제발 오빠를 구원해주세요. 만약 그렇게 된다면 저의 다리는 어떻게 되어도 상관없습니다.' 하고 말이다. 그래서 그녀는 마음속에 이 다리가 회복되는 것은 주님과의 약속을 어기는 것이라는 생각이 있었던 것이다.

이것은 참으로 어처구니없는 생각이다. 도대체 오빠의 구원과 그녀의 다리가 무슨 관계가 있는가? 하나님께서 오빠를 구원하시기 위해서 그녀의 다리가 필요하다는 말인가? 하나님은 반드시 다리가 있어야 사람을 구원하실 수 있는가?

하지만 이와 비슷한 어처구니없는 생각을 가지고 있는 이들이 참으로 많다. 자기의 희생을 통해서 다른 이가 잘 되기를 바라고 기도하는 것이다.

그러한 것은 주님의 뜻이 아니다. 그러한 생각들은 악한 영들에게 하나의 공격 기회를 주게 되는 것이다. 즉 그들은 죄책감이나 두려움을 일으켜 우리를 괴롭힐 수 있게 된다.

그 소녀의 경우 악한 말을 들은 것은 아니다. 하지만 그녀의 안에 입력된 어두운 생각이 주님의 역사를 방해했던 것이다. 이처럼 잘못 입력된 생각은 주님을 방해한다.

어떤 환자의 경우에는 치유를 방해하는 것이 의사의 말이었다. 의사가 '당신은 거의 낫기 어렵습니다.' 라고 말한 것이 그의 안에 깊숙이 박혀서 그는 회복이 어려웠던 것이다.

그래서 공개적으로 그 말을 끄집어내고 '나는 이 말이 주는 힘을 거부한다. 나는 이 말을 받아들이지 않겠다'고 선포한 후에 그는 회복될 수 있었다.

이처럼 어두운 언어가 일단 우리 안에 들어오면 그것은 능력을 발휘하게 된다. 그러므로 그와 같이 공개적인 시인과 선포가 필요하다.

"나는 내 안에 들어온 모든 어두운 말, 모든 어두운 생각과 그 힘을 거부하겠다!"

"내 안에서 그것들은 더 이상 힘이 없다!"

이러한 시인과 외침은 필요하다. 하지만 이러한 전체적인 선언보다 더 중요한 것은 자기 안에 이미 들어와 있는 부정적인 생각과 언어들을 구체적으로 하나 하나 발견하고 제거하는 것이다. 그것은 잡초를 제거하는 것과 같다.

"아, 내 안에 '나는 무능하다'가 있구나. 나는 이 잡초를 제거한다. 나는 유능한 사람이다!"

"아. 내 안에 '너는 왜 한번도 약속을 제대로 지키지 않니?'가 들어 있구나. 나는 이 잡초를 제거한다. 나는 약속을 잘 지킬 수 있다!"

"내 안에 '네가 잘 되는지 어디 두고 보겠어'가 있구나. 나는 선포한다. 주님이 나와 함께 하신다! 그분이 나를 잘 되도록 인도하실 것이다!"

이러한 잡초의 발견과 제거는 정말 중요하다. 그래서 우리는 새로운 의식으로 아름답고 밝은 빛의 의식으로 가득 채워져야 한다.

주님은 밝고 아름답고 풍성하시고 사랑으로 가득하신 분이다. 그분의 말씀과 빛으로 우리를 가득 채워야 한다.

우리가 가지고 있는 모든 인간관계들이 주의 영 가운데서 이루어지며 서로 세워주고 격려하는 것이라면, 얼마나 좋을까. 그래서 서로 상처를 주고받는 것이 아니라 만나면 만날수록 서로 풍성해지고 행복해지고 서로를 아름답게 만들어갈 수 있게 된다면 이는 얼마나 즐거운 일일까. 하지만 그것은 희망사항이다. 우리는 그렇게 되기를 열심히 기도해야 할 것이다.

오늘날 주님을 믿기는 하지만 실제적으로 주님의 영으로 사는 이들이나 그러한 관계는 그렇게 많지 않다. 그것은 주님의 영을 실제로 경험하지 않고 이론적으로만 이해하고 있기 때문이다.

주님의 영을 경험하고 그 안에서 사는 것은 어떤 신비적이고 황홀한 느낌 속에서 항상 붕 떠있는 것이 아니다. 그것은 날마다 일상의 삶 속에서 주님의 친절하심과 사랑과 긍휼과 자비, 순결함, 지혜의 영으로 살아가는 것이다.

우리의 모든 관계가 그렇게 서로 축복하고 격려하며 세워주는 관계가 되어간다면 그것은 얼마나 아름다운 일일까. 그것은 바로 천국적인 삶이며 천국의 영으로 사는 것이다.

아직 그러한 실제가 부족하기 때문에 많은 관계들이 서로 정죄하고 깨뜨리고 치는 지옥적인 관계 속에 있다. 그러므로 우리는 외부 입력을 조심해야 하는 것이다.

결코 아무 말이나 함부로 받아들여서는 안 된다. 그 사람이 아무리 우리를 사랑하는 사람이라고 하더라도 아무리 우리를 위해서 하는 말이라고 하더라도 그것이 빛으로부터 온 것이 아닌 한 우리는 받아들여서는 안 된다. 그것은 우리를 어둠으로 떨어지게 한다.

우리가 주님의 실상을 경험하게 될수록 우리의 삶 속에서 그러한 지옥의 요소가 사라지게 될 것이다. 아무튼 그렇게 되기까지 우리는 정죄로부터 우리의 영혼을 잘 보호해야 할 것이다.

주님은 우리를 격려하는 분이시다. 주님은 우리의 연약함을 아신다. 주님은 우리를 세워주시며 빛과 생명을 공급하는 분이다. 우리의 무능함과 부족함을 아시며 그것에 대하여 정죄하지 않고 채워주시는 분이다.

우리도 주님으로 채움을 받고 다른 이들을 격려하고 채워야 한다. 그렇게 될 때 이 땅에서 천국은 더욱 더 확장되어 갈 것이다.

## 9. 재난이란 꼭 나쁜 것만은 아니다

　아주 단순한 의식 구조로 사는 이들은 참 많다. 그들은 장사를 하면 반드시 장사가 잘 되어야 하고 성공해야 한다. 공부를 하면 1등을 해야 한다. 기도를 하면 반드시 그 즉시로, 아니면 빠른 시간 내로 응답을 받아야 한다. 몸이 아프게 되면 당연히 믿음의 기도를 드리는 즉시로 나아야 한다. 누군가 그를 거스르고 괴롭게 하면 그는 바로 천벌을 받거나 망하게 된다.
　그러한 것이 하나님의 복을 받은 사람이며 믿음이 좋은 사람들의 상태인 것으로 보는 것이다. 그들은 더러 자기의 원하는 대로 일이 잘 풀리지 않으면 기도를 하는데, 그 기도라는 것이 어거지 내지는 위협이다. 이런 식의 사고 구조로 신앙생활을 하는 이들이 참 많다.
　오래 전 안면이 있는 어떤 분에게 전화를 받은 적이 있었다. 잘 지내느냐고, 놀러오라고 안부를 묻는 전화였는데 내가 몸이 좀 불편해서 나가기 어렵다고 대답한 것이 화근이었다. 그는 갑자기 목소리의 톤이 높아지며 목사가 아프다니, 아니 그게 말이 되냐고.. 목사가 왜 아프냐고.. 난리를 치는 것이었다.
　그는 좀 과격한 사람이다. 싸움도 잘 하고 놀기도 잘 노는 사람이다. 하지만 화끈한 그의 기질이 마음에 들어서 교제를 나누게 되었었고 내가 그 전화를 받기 얼마 전에 전도해서 교회에 인도했던 사람이다. 그가 내가 전하는 하나님의 인도하심과 섭리, 영계의 원리에 대한 이야기를 들으면서 아주 놀라고 감격을 하기에 나는 그를 근처의 교회에 다니도록 인도했었다.

그런데 그 교회는 아주 열정적인 교회였던 모양이다. 갑자기 그가 그렇게 믿음이 좋아진 것을 보면.. 하지만 그래도 얼마 전까지 나를 마치 조폭의 왕초처럼 대하던 그가 갑자기 나의 믿음 없음을 꾸짖는 것을 보면서 조금 어처구니없는 마음이 들었다.

목사는 아프면 안 되는가? 목사는 아플 권리도 없는가? 목사가 아프면 그것은 믿음이 없는 것인가? 나는 그렇게 생각하지 않는다. 사람에게 죽을 권리가 있다면 당연히 아플 권리도 있다.

병이란 무조건 나쁜 것이며 모든 재난은 반드시 사라져야 한다는 생각 - 그것은 일단 옳다. 하지만 그것이 그렇게 절대적인 것만은 아니다. 표면적으로 좋지 않아 보이지만 어떤 면에서 일시적으로 나빠 보이는 일들이 나중에 보면 긍정적인 변화를 가져다주는 경우는 많이 있다.

모든 슬픔은 다 나쁜 것인가? 모든 외로움은 다 나쁜 것인가? 모든 사고는 다 나쁜 것인가? 모든 고통은 다 나쁜 것인가? 반드시 그렇지는 않다.

어떤 사업가가 있었다. 이 사람은 항상 바쁘고 쫓기는 사람이었다. 그는 아주 열정적이고 유능한 사람이었기 때문에 맡고 있는 일이 많이 있었다. 그래서 그는 항상 긴장 상태에 있었다. 마음에 여유가 없었으며 항상 주위 사람들을 다그치는 편이었으며 진행하고 있는 일이 마치기 전까지는 잠시도 느긋하게 쉴 수가 없었다.

그도 그러한 자신의 기질과 성향 때문에 지치고 힘들다는 사실을 알고 있었다. 주위의 여러 사람들이 그에게 휴식을 권하기도 하였다. 그러나 그것은 생각만큼 쉽지 않은 일이었다.

그런데 어느 날 그가 교통사고를 당했다. 그것은 심각한 사고는 아니었으나 한 동안 병원에 입원해 있어야만 했다. 그가 행하고 있었던 일들은 중단될 수밖에 없었다. 그는 몇 달 간 병원에서 안정을 취하다가 퇴원을 하게 되었다.

그런데 그 동안 조금 이상한 변화가 있었다. 그는 항상 마음이 바쁘고 쫓기던 사람이었다. 그런데 이상하게도 병원 생활을 마치고 퇴원을 한 이후에는 느긋한 사람이 되어버렸다.

전 같았으면 화를 냈을만한 상황에서도 그는 여유 있게 그것을 넘기게 되었다. 전에 같으면 아주 조바심하며 일을 빨리 마치려고 애를 썼을 텐데 이상하게도 사고를 당한 이후에는 '아무러면 어때..' 하는 편안한 마음으로 일을 하게 되었던 것이다. 그는 사고 이후에는 전과 달리 가족들과도 많은 시간을 보내게 되었는데 그것은 전에는 생각할 수 없었던 일이었다.

도대체 그 사고를 통해서 어떤 일이 일어난 것일까? 그는 특별하게 무엇을 깨닫거나 어떻게 해야 되겠다고 생각한 것도 아니다. 그냥 자연스럽게 그러한 변화가 그 안에 생겨나 버린 것이다. 아마 우리가 알 수 없는 어떤 특별한 메커니즘이 사고라든가, 어떤 재앙의 안에 포함되어 있는 것은 아닐까? 사람을 변화시키는 어떤 힘이 재난과 사고와 같은 일에 숨어있는 것은 아닐까?

아무튼 그는 변화되었다. 사고 이후에 삶을 보는 눈이 새롭게 열렸으며 새로운 삶을 살게 되었던 것이다. 그런데 이와 비슷한 이야기들은 아주 많다.

어떤 이는 평범한 신앙인이었다. 평소에 주일예배도 빠지지 않고 기도도 드리곤 했지만 평소의 삶에 있어서 그리 감사하면서 사는 편은 아니었다.

그런데 이 사람이 갑자기 사고를 당할 뻔했다. 차를 몰고 가고 있는데 갑자기 차의 브레이크가 벼랑에서 작동하지 않는 것이다. 그는 무서운 속도로 벼랑 가까이로 돌진하고 있었다. 불과 몇 초만 지나면 그는 아래로 떨어질 판이었다.

그것은 순간이었지만 그는 주님께 살려달라고 기도했다. 그 상황에서 그가 미사여구의 기도를 드렸겠는가? 그것은 거의 외마디 비명과 같은 기도였을 것이다. '오, 주님! 살려주세요!' 그의 뇌리에는 순간적으로 그의 죽음 앞에서 통곡을 하고 있는 아내와 아이들의 모습이 스쳐 지나갔다.

그런데 그 기도의 응답이었을까? 낭떠러지의 바로 앞에서 갑자기 브레이크가 말을 들었다. 기적적으로 차가 멈추어 버린 것이다. 후들거리는 다리로 그는 차에서 내렸다. 온 몸이 땀으로 흥건해있었다. 그는 충격을 받기는 했지만 손끝하나도 다치지 않았다.

이것은 그에 대한 주님의 경고였을까? 특별한 보호하심에 대한 메시지였을까? 아니면 그의 아내가 평소에 드리던 보호와 은총의 기도에 대한 응답이었을까?

하여간 분명한 것은 이 사람이 그 일 이후로 크게 달라졌다는 것이다. 그는 그 이후에 사소한 일에도 감사를 드리게 되었다.

그 전에는 신앙생활을 하기는 했지만 그것은 주일에 교회에서 예배를 드릴 때뿐이었지 평소에 그는 신앙과 삶이 따로따로인 편이었다. 그러나 그 후에는 일을 하는 순간순간에 주님을 의식하며 기도도 하게 되었다. 그는 평소에 자신이 살아있다는 사실에 대해서 별 다른 느낌이 없었다.

그러나 그 사고 이후에는 자신이 살아있다는 것, 움직일 수 있고 말을 할 수 있으며 일을 할 수 있고 가족들이 있다는 사실에 대해서 많은 기쁨과 감사를 느끼게 되었다.

참 아이러니한 일이다. 어떻게 보통 때는 별로 감사한 줄을 모르다가 오히려 안 좋은 사건이 생긴 후에 감사를 하게 되고 삶의 소중함을 느끼게 되는 것일까? 그러나 이와 같은 일들은 흔히, 많이 볼 수 있는 현상이다.

우리는 다른 사람들이 불행한 일을 겪을 때 그들에 대해서 연민의 정을 느낀다. 그러나 또한 동시에 우리가 그와 같은 일을 겪지 않는 것에 대해서 감사한다. 그리고 속으로 생각한다. 도대체 저런 상황에서 어떻게 살까. 나 같으면 정말 견디지 못할 거야.

하지만 그러한 상황이 우리에게 올 수도 있다. 그리고 막상 닥쳐 보면 그것은 그리 대단한 일만은 아니다. 우리는 그것을 이길 수 있는 새로운 힘을 얻는다.

어떤 자매가 있었다. 그녀는 결혼한 선배 언니들이 낙태하는 일을 겪는 것을 몇 번 보았다. 그녀는 그들을 위로하면서 속으로 생각했다. 도대체 어떻게 살 수 있을까.. 나 같으면 죽을 거야..

그런데 그녀도 결혼 한 후에 몸이 약해서인지 유산을 하게 되었다. 나중에 나는 그녀의 말을 들었다.

"참 두려워했었지요.. 그 때가 되면 죽을 것 같다고 생각하고. 내가 과연 견딜 수 있을까.. 하고 생각했어요. 그런데.. 막상 닥치니까 주님께서 이길 수 있는 힘을 주시더군요. 충분히, 충분히 기도하면서 많은 힘을 얻게 되었어요. 삶에서 견딜 수 없는 것은 없더군요. 막상 닥치면 다 하게 되는 것 같아요.."

그것은 사실일지 모른다. 평안한 삶은 사람을 약하게 만든다. 그러나 고난에 어느 정도 시달리게 되면 나중에는 웬만한 일에는 꿈쩍도 안하게 된다. 고난은 사람을 강하게 하는 힘이 있는 것이다.

그것은 피상적인 신앙을 실제적인 것으로 바꾸는 힘이 있다. 그것은 좀 더 간절하게 좀 더 구체적으로 주님 앞으로 우리를 나아가게 한다. 고난은 우리를 거드름 피우도록 내버려두지 않는다. 그래서 우리는 고난 앞에서 진솔한 사람이 되어가는 것이다.

사람은 신앙생활을 하다가 안 좋은 일이 생기면 믿음에 의심과 갈등이 생기게 되고 그래서 믿음이 실족하게 될까? 흔히 그럴 것이라고 생각한다. 그런데 의외로 삶을 경험하다보면 그 반대의 일을 많이 겪게 된다. 오히려 안 좋아 보이는 일을 통해서 믿음이 더 굳건해지기도 하며 긍정적인 효과가 나타나기도 하는 것이다.

질병으로 죽어 가는 부모의 회복을 위해 불신자들이 교회에 나오는 경우가 있다. 교회와 사역자는 환자의 회복과 치유를 위해서 열심히 기도한다.

그러나 그럼에도 불구하고 환자는 세상을 떠난다. 밤낮으로 심방하고 위로하며 기도하고 수고하던 사역자의 수고는 거품으로 돌아간다. 하지만 사역자는 낙심하지 않고 장례예배를 인도하며 눈물로 범벅이 된 유족들을 위로하고 섬긴다.

그것은 과연 실패일까? 인간적으로 보기에는 그렇게 보인다. 만약 그가 살았다면 얼마나 하나님께 영광이 되었을까! 환자의 가족들은 기뻐하며 신앙생활을 열심히 하게 되었을지도 모른다.

그것은 실패일까? 기도응답은 무산되었으며 기대하고 있던 모든 이들의 소망은 끝났다. 그것은 이제 막 신앙생활을 시작하려고 하던 이들을 다시 세상으로 돌아가게 할까?

그런데 현실을 보면 그렇지 않을 때가 많다. 유족들은 이상하게도 그 때로부터 시작해서 신앙생활을 열심히 하게 되는 경우가 많다. 장례식을 치르는 과정에서의 사역자의 위로와 수고를 마음 속 깊이 감사하게 여기며 가족의 죽음을 통해서 삶의 의미를 새롭게 생각하게 되는 계기가 되는 것이다. 환자의 죽음에도 불구하고 눈물을 흘리면서 위로에 감사를 표하기도 한다.

그런데 그와는 반대로 현실적으로는 문제도 해결되고 잘 되었는데 영적으로는 오히려 열매가 좋지 않게 끝나는 경우도 또한 많이 있다.

치유 사역에 관심을 많이 가지고 사역을 하는 친구 목회자가 있었다. 그는 자신이 치유의 도구가 되기를 주님께 오래 동안 간절하게 구하였으며 그 결과로 차츰 주님의 권능이 임하게 되어 많은 치유의 역사를 경험하게 되었다. 환자들은 그가 기도할 때 회복되어 갔고 소문이 퍼지면서 그의 교회는 부흥되었다. 하지만 긍정적인 결과만이 있는 것은 아니었다.

어떤 앉은뱅이 자매가 있었다. 그녀는 젊은 처녀였지만 그러한 불구의 몸으로 결혼을 할 수는 없었다. 그래서인지 그녀는 교회에서 신앙생활에 몰두하며 기도와 믿음으로 사는 편이었다.

그런데 이 목회자가 그녀에게 집중적으로 자주 기도하고 안수를 하는 과정에서 점점 회복되어 가더니 나중에는 정상인과 같이 걸어 다니고 생활을 할 수 있게 되었다.

자, 이것은 좋은 열매인가? 그렇다. 그 자체만 놓고 생각하면 그렇다. 그러나 건강을 찾게 되자 그녀는 어떤 사람과 사랑에 빠지게 되었으며 결혼도 하게 되었다. 그리고는 더 이상 교회에 나오지 않았다. 건강한 몸이 그녀에게서 신앙을 빼앗아 가버린 것이다. 자, 이런 경우에 그녀가 치유된 것은 과연 복이었을까? 그것은 알 수 없는 일이다.

상황이 어려울 때는 기도와 신앙에 매달리고 상황이 나아지게 되면 기도와 신앙을 떠나는 경우는 참 많이 있다. 나도 목회를 하면서 그러한 경우를 참으로 많이 접했다.

개인적인 소송으로 고통을 겪고 있을 때, 자녀의 대학입시 문제나 경제적인 고통, 가정불화 등으로 어려움을 겪고 있을 때 사람들은 흔히 교회에 와서 상담을 요청하고 기도 받기를 요청하고 간절히 사모한다.

그러나 문제가 해결되면 그들은 떠나간다. 목회자뿐이 아니라 몸을 치유해주는 의사라든지, 사람을 돕는 일을 하는 사람들은 예수님의 열 문둥이 이야기가 바로 현실 그대로인 것을 누구나 경험한다. 즉 열 명의 문둥이 중에서 치유로 인하여 감사하기 위해서 돌아온 이는 오직 단 한사람이라는 것을 말이다.

개인적인 어려움으로 몹시 고통 받고 있던 분이 있었다. 6개월의 상담과 기도와 도움 이후에 그녀의 문제는 해결되었다. 그러자 그녀는 교회에 찾아와 넥타이 하나를 감사의 의미로 선물하고는 떠나갔다. 넥타이만 혼자 남겨둔 채 교회와 기도와 신앙과 주님을 떠난 것이다. 그녀의 경우, 문제가 해결된 것은 과연 좋은 일이었을까? 오직 주님만이 그 해답을 알고 계시리라.

〈죽기 아니면 까무러치기〉라는 코믹 영화를 본 적이 있다. 웃기는 영화이지만 메시지도 있다고 생각한다.

주인공은 이제 정년을 얼마 남기지 않은 나이 많은 경찰이다. 그는 강력계를 맡고 있기는 하지만 유능한 것과는 거리가 먼 경찰이다. 사건의 해결에 심혈을 기울이기보다는 무사안일주의로 어영부영 시간을 때우면서 그저 월급이나 연금에만 관심을 가지고 있는 경찰이다. 더러 악당을 쫓는 일도 있지만 그런 경우에도 그는 최대한 자신의 안전을 지키려고 노력하며 위험한 일에는 항상 맨 마지막에 선다. 그러니 제대로 공로하나 세운 적이 없다.

그런 그에게 우연한 사고가 생긴다. 정기적으로 경찰은 건강 관련 검진을 받아야 하는데 그의 건강 검진 보고서가 다른 사람과 바뀌어져 버린 것이다.

문제는 바뀐 사람의 보고서가 심각한 질병을 보여주고 있다는 데에 있었다. 의사는 그의 보고서를 보고 난처한 모습으로 그에게 통보를 한다. 당신은 지금 가망이 없는 급성 질병에 걸렸으며 이제 살 날이 얼마 남지 않았다는 것이다.

날벼락을 맞은 주인공은 어찌할 줄을 모른다. 평생을 안일하고 게으르고 성실하지 않은 삶을 살아오다가 갑자기 너무 심한 충격을 받은 것이다. 그는 자신의 인생을 돌아보게 된다. 그리고 여태까지의 삶이 한 가정을 이끌고 있는 가장으로서 너무나 불성실했었다고 자인하게 된다.

그는 달라지기 시작한다. 그는 이러한 결정을 내린다. 이제 조금 있으면 퇴직이다. 그런데 퇴직이전에 순직을 하게 되면 막대한 위로금을 퇴직금과 함께 받게 된다. 그는 어차피 죽을 수밖에 없는 상황이라면 업무 수행 중에 강력계로서 사건을 해결하다가 순직을 하기로 결심한다. 여기서부터 그의 활약이 시작된다. 항상 비겁하고 안이하게 살았던 그의 모습이 아주 용감한 경찰로 바뀌게 되는 것이다.

여기서부터 코미디 영화의 본색이 나타나게 된다. 그는 많은 사건과 악당들을 만나게 되고 그들을 상대로 싸운다. 그 싸우는 목적이 그들을 체포하려는 것에 있지 않고 그들의 총에 맞아 죽으려고 하는 데에 있으니 그는 용감할 수밖에 없는 것이다.

그런데 살려고 하는 자는 죽지만 죽고자 하는 자는 죽지 않는 것인지 그를 향한 총알은 모두 빗나가고 그는 그의 의도와 달리 계속 악당을 잡고 공을 세우기 시작한다. 그는 계속 사건에 도전하지만 죽음은 계속 그를 피해가고 그는 계속 공을 세운다. 죽기를 원하지만 죽지 못하는 경찰, 그는 왜 이렇게 죽기가 힘드냐고 투덜거린다. 상황이 그렇게 되어 그는 계속 표창장을 받게 된다. 당연히 모든 동료 경찰들은 놀란다.

그의 변화는 업무에만 있는 것이 아니다. 그는 가족들과의 대화를 거의 하지 않았었다. 그러나 그는 이제 삶에 대해서, 인생에 대해서 아내와 자녀들과 대화를 시작한다. 그의 이러한 변화에 대해서 아내는 믿지 않는다. 그는 가족들에게도 이기적이고 자기중심적인 사람이었다. 아내는 그에 대해서 거의 포기 상태에 있다가 그의 이러한 변화를 보고 놀라고 기뻐한다.

사건은 어떻게 끝나는가? 그의 변화로 인하여 가장 충격을 받은 사람은 그의 아내가 아니고 대부분의 시간을 그와 같이 보내는 경찰 파트너이다. 그는 안이하고 타락한 쪽에 가까운 그의 파트너가 갑자기 달라지자 어처구니가 없어 했다. 그는 파트너의 모든 행동이 다 이상하게 느껴졌다. 파트너는 갑자기 신을 믿느냐고, 인생에 대해서, 죽음에 대해서 어떻게 생각하느냐고 묻기도 한다. 혼자서 공연히 눈물을 흘리기도 하고 난데없이 손을 잡고 사랑한다고 말하기도 한다. 그런 그가 또한 갑자기 용감해져서 죽기 살기로 악당들과 싸우는 것을 보고 그의 파트너는 무엇인가 문제가 있다고 생각한다.

그는 조사를 하다가 파트너의 변화가 결국 바뀐 한 장의 건강 검진 보고서임을 알게 된다. 그는 급하게 파트너를 찾아 나선다. 그 때 주인공은 건물의 꼭대기에서 거꾸로 매달려 악당과 사투를 벌이고 있는 중이다. 지금이야말로 죽을 수 있는 찬스라고 생각하면서.

그 때 파트너는 그에게 외친다. 검진 보고서가 바뀌었으며 당신은 죽지 않는다고.. 죽을 필요가 없다고..그 외침을 주인공이 듣는다. 그는 정신이 번쩍 든다.

그래서 어떻게 되었느냐고? 그는 순식간에 예전의 비겁한 모습으로 돌아간다. 그래서 사람 살리라고 비명을 지르며 아우성친다. 그러나 이제는 다시 살려고 하니 사는 것이 아주 힘들다. 그는 살기 위해 온갖 몸부림을 친 끝에 간신히 살아남고 영화는 끝난다.

이 영화가 만일 실화라면 그는 과연 어떻게 살았을까. 순간의 착오로 인한 해프닝이라고 생각하고 다시 과거와 같은 삶을 살았을까? 항상 자기중심적인 삶으로 남들에게 피해를 주는 사람으로 다시 살게 되었을까?

아니면 착오로 인한 충격이기는 하지만 그 당시의 깨달음을 귀하게 간직하고 자신을 돌아보며 진지하고 성실한 삶을 살게 되었을까? 나는 후자에 더 가깝지 않을까 싶다.

중간에 이러한 모습이 나온다. 이웃집에 사는 한 꼬마 소년이 짝사랑에 빠졌는데 그의 사랑을 고백해야 할지, 말아야 할지 그에게 조언을 요청한다.

예전 같으면 그는 그러한 이야기를 웃어넘겼을 것이다. 그러나 이제 변화된 그는 진지한 모습으로 말한다. 그녀에게 사랑을 고백하라고. 인생에서 기회는 그리 많지 않다고.. 우리가 살아가는 데에 있어서 사랑을 고백하는 것처럼 중요한 것은 없다고.. 그의 말을 듣고 소년은 그대로 실천한다.

웃기는 코믹영화지만 이 영화는 이것을 이야기하고 싶었으리라. 살아있을 때 가장 중요한 것은 사랑한다고 고백하는 것이라고. 그리고 죽음 앞에 직면했을 때 비로소 사람은 자기 삶에서 가장 중요한 것이 무엇인지 자문하게 되는 것이라고.

개인적으로 죽음 앞에 직면하게 되는 경험은 고통스러운 경험일 것이다. 그러나 그러한 경험이 단순히 고통스럽고 충격적인 것을 지나서 자신의 삶을 새롭게 돌아보고 평가하고 반성할 수 있는 기회가 되기도 한다. 그것은 아름다운 기회이다.

죽음은 사람을 모두 순수하게 만든다. 육체가 있을 때에 서로 미워하고 욕심을 가지고 싸우며 서로 비난하는 것이지 그 육체가 사라지는 데에 그것이 무슨 의미가 있을까. 그래서 죽음은 사람을 아름답고 풍성하게 만드는 것이다.

나는 평생 아버지에 대해서 자랑스럽게 느껴본 적이 없었다. 항상 슬프고 무섭고 부끄럽게 여겼었다. 아버지와 대화다운 대화를 나눈 기억은 거의 없으며 나의 기억 속에 있는 어린 시절의 가정은 항상 분노, 고함소리, 싸움, 요란함.. 등이었다. 나는 언제나 가정이 싫었다.

하지만 나는 아버지의 임종은 참으로 아름다웠다고 생각한다. 처음으로 나는 아버지의 진심어린 이야기들을 들었다. 자신의 삶을 반성하고 후회하는 이야기를 들었다.

그는 아내와 자녀들과 모든 이들에게 용서를 구했다. 우리들은 모두 울었으며 나는 그에게 연민이 포함된 진한 애정을 느꼈다. 나는 죽음이 그의 안에 오래 동안 숨겨져 있었던 아름다운 본성을 깨우고 보여준 것이라고 믿는다.

우리 안에는 많은 아름다움들이 있다. 비록 겉으로는 거칠고 악하고 이기적이고 그러한 모습이 드러날지 모르지만 속에는 모두가 다 아름다운 영혼의 모습을 가지고 있다. 그런데 죽음에 직면하는 경험이나 여러 가지 재난이나 삶의 위기, 고통들이 우리 안에 숨겨져 있는 영혼의 아름다움을 드러내는 것은 아닐까..

무엇을 이루기 위해서 열심히 좇아가다가도 모든 것이 실패하고 다 포기하게 되면서 비로소 얻게 되는 평안함.. 그것이 바로 영혼에서 오는 평안함이 아닐까..

사람은 누구나 본능적으로 편안한 삶을 원한다. 고통을 싫어하며 편안한 것을 좋아한다. 살아있는 생물이라면 다 그렇다. 벌레를 펜으로 찔렀을 때가만히 있는 것들은 없다. 다들 고통을 피해서 도망친다.

하지만 우리가 삶을 경험하다보면 이상하게도 그것을 넘어선 법칙을 배우게 된다. 우리는 고통을 통해서 더 나은 결과를 얻게 될 때가 있다. 또한 우리가 기대하고 바랐던 즐거웠던 일들이 막상 이루어지고 나면 별것 아니며 오히려 우리를 허무하고 비참하게 만들기도 한다는 것을 우리는 배우게 되는 것이다. 바울은 그의 육체에 있는 가시에 대해서 주님께 간절하게 기도했다. 그의 가시가 무엇일까? 아마 어떤 질병일 것이다. 그는 기도한다.

"오, 주님.. 이것만 없으면 얼마나 좋을까요. 그러면 주님을 위해서, 복음을 위해서 더 헌신할 수 있을텐데요.."

그러나 주님은 그의 원함을 허락하지 않으신다.

주님은 말씀하신다.

"내 은혜가 네게 족하도다.
이는 내 능력이 약한 데서 온전하여짐이라" (고후 12:9)

바울은 주님의 응답을 듣고 크게 깨닫는다. 그의 소원은 이루어지지 않았지만 바울은 오히려 더 기뻐한다. 그는 주님의 능력이 역사하는 새로운 법칙을 배웠기 때문이다. 그는 약함이 오히려 주님을 방해하는 것이 아니라 그 약함을 통해서 주님의 능력이 나타나는 법칙을 깨닫는다. 그는 기뻐하여 말한다.

"이러므로 도리어 크게 기뻐함으로 나의 여러 약한 것들에 대하여 자랑하리니 이는 그리스도의 능력으로 내게 머물게 하려 함이라
그러므로 내가 그리스도를 위하여 약한 것들과 능욕과 궁핍과 핍박과 곤란을 기뻐하노니 이는 내가 약할 그 때에 곧 강함이니라" (고후 12:9,10)

강할 때는 자기의 힘으로 움직이게 된다. 그러나 약할 때는 기도하게 되며 주님을 의지하게 된다.

당신은 어떤 사람이 연설을 하게 되었을 때 그 연설을 위해서 기도로 준비하는 사람은 어떤 사람일 것이라고 생각하는가? 연설의 귀재가 기도할까? 아니면 많은 사람 앞에 서는 것이 두려운 사람이 기도할까? 당연히 후자일 것이다.

당신은 전도를 하러 갈 때 어떤 사람이 기도할 것이라고 생각하는가? 말을 잘 하며 사람을 대하는 지혜와 자신감이 있는 사람이 기도할까? 아니면 사람을 설득할 자신이 없는 사람이 기도할까? 역시 후자일 것이다.

능력이 있는 사람은 자신의 힘을 의지한다. 그러므로 힘이 없을 때 불안해한다. 그러나 원래 능력이 없는 사람은 그의 힘의 근원으로서 주님을 의지할 수밖에 없다.

이것을 깨달은 바울은 이제는 육체의 약함뿐만 아니라 그가 처한 모든 연약함을 인하여 기뻐하고 있는 것이다. 환란도, 궁핍도, 곤란도, 주님의 은총과 능력이 나타나는 통로가 될 수 있음을 깨닫고 기뻐하고 있는 것이다. 그러니 그가 감옥에서 기뻐하는 것도 무리가 아니다.

나의 경우에도 그렇다. 나는 어릴 적부터 항상 피곤하고 체력이 딸렸었다. 학교에도 자주 빠졌다. 길을 가다가 어지러워서 길에 누운 적도 많았다. 나이가 들고 체력이 많이 약해져서 최근 몇 년 전부터는 거의 외출을 안 하고 있다. 집회 요청도 많고 상담이나 면담 요청도 수없이 많지만 거의 응하지 못하고 있다. 거의 은둔생활에 가깝게 산지가 오래 되었다.

나를 아는 많은 이들이 그래서 많이 안타까워한다. 나를 한번 보는 것이 평생소원이라고 하는 이들도 많다. 그들은 나를 보고 제발 건강관리를 잘 하시라고 부탁한다.

체력이 약하다는 것은 여러 모로 불편한 일임에 틀림이 없다. 하지만 나도 이를 통해서 여러 귀한 유익을 많이 누리고 있다. 작은 일을 하나 하려고 해도 많은 기도와 주님을 의지하는 것이 필요하다. 무엇보다 더 주님의 통제 속에서 움직이려고 하게 된다. 스스로는 아무 것도 할 수 없기 때문이다.

나도 연약함을 통해서 많은 영적인 실제에 대해서 배웠다. 그러한 것들은 내가 마음대로 여기 저기 갈 수 있고 움직일 수 있었다면 배우기가 쉽지 않은 것들이었다.

우리의 삶에는 표면적으로 보기에 좋지 않은 많은 일들이 있다. 그리고 그러한 일들이 우리에게 생길 수 있다. 하지만 그것이 단순히 나쁜 것일 뿐인가. 그것은 그렇지 않다.

그것은 아직 우리가 알지 못하고 있는 어떤 영적 유익을 우리에게 줄 수 있다. 우리가 알지 못하는 사이에 주님께서는 그러한 불편함을 통하여 우리 안에서 일하시고 있을 수도 있다. 그러한 모든 것들은 주님의 허락 속에서 우리에게 주어져 있는 것이다.

그러므로 우리는 실패나 어떤 것도 두려워할 필요가 없다. 우리에게 오는 재난들이 주님이 아닌 악한 영들로부터 오는 것이라면 우리는 그것을 분별하고 주의 이름으로 대적하여 쫓아내야 할 것이다. 그것이 주님이 허락하신 것인지, 아니면 악한 영들로부터 오는지 어떻게 분별할 것인가? 우리가 주님의 성품을 알아가고 주님의 빛과 진리 가운데 자라갈수록 우리의 분별력은 증가될 것이다. 다만 주님은 사랑이시며 인격적으로 우리를 대하시며 따뜻하시며 포근하신 분이심을 알 필요가 있다. 그것만으로도 많은 묶임들을 우리는 분별할 수 있을 것이다.

우리의 삶에 많은 불편함과 재난으로 보이는 것이 있을 수도 있다. 하지만 그것을 너무 두려워하거나 미워하거나 조급한 마음을 먹지 말라. 우리는 주님께서 우리에게 말씀하실 어떤 가르치심이 있다면 그것이 우리에게 이루어지도록 구해야 한다. 그리고 어떤 어려움이 있다 할지라도 결국 그 모든 것들은 주님의 손 안에서 아름답고 풍성한 열매를 맺는 과정인 것을 신뢰해야 한다.

당신에게 지금 재난으로 보이는 것이 있는가? 그리고 그것 때문에 당신은 괴로워하고 있는가? 혹시 주님이 당신을 싫어 하신다거나 당신이 잘못해서 벌을 받고 있다고 생각하는가? 아직 단정하지 말라. 우리는 아직 모른다. 아직 끝이 난 것이 아니다. 그러므로 주님을 바라보고 감사하라. 그리고 오직 주님만을 의탁하라.

혹시 누가 아는가? 당신도 영화의 주인공처럼 잘못된 정보를 통해서 고민을 하고 있는 것일지..그리고 설사 당신이 잘못된 정보를 통해서 괴로움을 겪고 있다고 할지라도 사랑의 주님은 그것을 당신의 성장을 위하여 아름답게 사용하실 것이다.

기억하라. 우리에게 재난은 재난이 아니다. 그것은 더욱 더 풍성한 삶, 깨달음과 자유의 세계로 가는 하나의 길일뿐이다. 우리는 그것들을 통해서 더욱 더 아름답고 풍성하게 자라갈 수 있을 것이다. 할렐루야.

## 10. 남의 인생을 짊어지고 살지 말라

　그리스도께서는 우리의 수고하고 무거운 모든 짐을 주님께 가지고 오라고 말씀하셨다. 그리고 그렇게 자기의 짐을 맡긴 자에게 안식을 주겠다고 약속하셨다.
　이것은 아주 실제적인 약속의 말씀이다. 이것은 관념이 아니다. 짐을 어깨에 짊어지고 가는 여행과 그 짐을 내려놓고 빈 몸으로 걸어가는 여행은 가벼움과 자유함에 있어서 엄청난 차이가 난다.
　만약에 그리스도인들이 여전히 자기의 짐을 주님께 의탁하지 않고 스스로 지고 간다면 어떨까. 그것은 믿지 않는 이와 별로 차이가 없는 삶일 것이다.
　그러므로 그리스도인들과 불신자들과의 가장 큰 차이점을 들자면 그리스도인들은 짐을 맡길 대상을 가지고 있다는 점이며 불신자들은 오직 스스로의 힘으로 짐을 지고 이 불확실성의 인생을 걸어가야 한다는 것이다.
　하지만 문제가 있다. 실제로는 많은 그리스도인들이 여전히 자신의 문제를 주님께 의탁하지 않고 스스로 짊어지고 있는 것이다. 그런데 그것으로도 모자라 남의 짐까지 짊어지고 가고 있는 경우도 많이 있는 것이다. 이래서야 그리스도인들의 특권을 제대로 누리고 있다고 할 수 있을 것인가?
　다른 사람의 짐을 짊어지고 사는 대표적인 케이스가 바로 부모들이다. 그들은 항상 자녀들의 짐을 지고 있다. 그리고 그것을 당연한 것으로 안다. 부모들은 항상 자식들의 걱정을 한다. "이 나이에 내가 소원이 뭐가 있겠어.. 자식이 잘 돼야지.." 하고 말한다. 별로 나이가 많지 않은 사람들도 그렇게 이야기하는 경우가 많다.

그런데 그나마 자녀들을 위해서 걱정하는 내용도 다 물질적이고 유한한 문제들이다. 주로 대학입시 걱정, 취직 걱정, 결혼 문제에 대한 걱정.. 등이다. 자녀의 영혼이 발전하고 의식이 발전할 것에 대하여 걱정하는 이들은 드물다.

사람의 미래를 만드는 것은 의식의 수준이며 영혼의 수준이다. 그러므로 어떤 아이가 아무리 공부를 잘하고 성적이 좋아도 그의 의식 수준이 낮고 어둡다면 그의 삶은 잘 풀려나갈 수 없다. 아무리 유명한 대학에 가고 안정된 직장을 얻어도 그의 삶은 풍성하기 어렵다.

하지만 부모들이 이러한 부분에 깨어있어서 자녀들의 의식이 깨어나고 발전하기를 기도하고 소원하는 경우는 드물다. 자신들도 그러한 상태가 되지 않아 그러한 것이 무엇인지 모르기 때문이다. 영혼이 깨어나고 진정한 것이 무엇인지 볼 수 있는 부모만이 그 귀한 것들이 자녀들에게 임하기를 기도하게 된다. 그러나 부모들의 영적 발달 수준이 돈과 편안한 환경이 행복의 조건이라고 믿는 수준에서는 다른 소원과 기대를 가지기 어려울 것이다.

좌우간, 자녀의 건강을 염려하든 대학입시를 염려하든 그것은 자녀를 더 괴롭히는 것이다. 자녀의 상황을 더 악화시키는 것이다. 그것은 부모들이 가지고 있는 염려와 어두움의 기운이 악한 에너지가 되어 자녀를 누르기 때문이다.

몸이 약한 자녀에게 어머니가 이야기한다고 하자.

"제발. 부탁이니 아프지 말아라.."

그 결과는 어떻게 될까? 자녀는 더 아프게 된다. 질병에 대한 두려움의 기운은 자녀를 억압하게 된다. 부모의 영이 강하다면 그의 강한 어두움의 영력 때문에 자녀들의 몸은 더욱 더 약해지게 된다.

부모가 자녀들에게 도움이 되기 원한다면 그들은 밝고 맑은 사람이 되어야 한다. 부모가 자녀들을 생각할 때 기쁨과 즐거움과 행복감이 느껴진다면 그러한 영적 에너지는 자녀들에게 임한다. 그래서 자녀들은 부모를 통해서 신선한 에너지를 공급받게 된다. 영적 에너지는 물리적인 거리와 상관없이 움직인다는 사실을 이해할 필요가 있다.

부모들은 일체 자녀들에 대해서 근심하면 안 된다는 말인가? 그렇다. 자녀를 망치기 싫다면 그래야 한다. 하지만 그럼에도 불구하고 자녀들에 대한 염려와 근심이 떠나지 않으면 어떡하는가? 성경에도 복음서에도 자녀들의 문제를 가지고 주님께 나아온 사람들이 있지 않은가?

이 부분을 조심하여 듣기 바란다. 당신이 지금 자녀들에 대하여 어떤 근심이나 염려나 걱정을 가지고 있다면 지금 당신이 가지고 있는 그 생각과 에너지는 분명히 파괴 에너지라는 것이다. 그것은 창조 에너지가 아니고 파괴에너지이다.

생각을 해 보라. 당신이 그러한 근심에 잠겨 있을 때 당신은 밥맛이 좋은가? 일이 잘 되는가? 잠이 잘 오는가? 아마 그렇지 않을 것이다. 그것은 당신이 가지고 있는 에너지가 파괴 에너지이기 때문이다.

그런데 문제는 당신이 자녀에 대해서 그러한 근심과 파괴 에너지를 담은 생각을 가지고 있을 때 그 에너지가 자녀들에게도 전달된다는 것이다. 왜냐하면 생각 에너지, 마음 에너지는 시간과 공간을 초월하기 때문이다. 당신이 서울에 있고 자녀는 미국에 있어도 당신의 근심은 자녀를 파괴하고 있는 것이다.

당신이 우울하고 어두운 사람이라면 이것을 기억해야 한다. 당신은 평생 다른 이들에게 파괴 에너지를 공급하며 살았다는 사실을 말이다. 이 말이 가혹하게 들리는가? 하지만 그것은 사실이다. 당신이 가는 곳마다 우울하고 슬프고 가라앉은 분위기는 퍼졌을 것이다. 그것은 창조 에너지가 아니다.

그러므로 당신이 자녀들에게 대한 근심을 가지고 있는 상태에서 그대로 머물러 있으면 그것은 악영향을 끼친다는 것을 반드시 기억하기를 바란다.

그러나 당신이 그것을 가지고 주님께 나아가서 기도한다고 하자. 당신은 기도의 응답과 확신을 가지게 되었다. 그리고 주님께서 이 문제를 맡아주신 것을 알게 되었다. 그리고 당신의 영은 자유롭게 되었으며 마음속에 기쁨과 감사가 충만해졌다.

이것은 무엇을 의미하는가? 당신의 안에 있던 파괴 에너지가 창조 에너지로 바뀌게 된 것을 의미하는 것이다. 이제 당신은 자녀를 파괴하는 부모가 아니고 긍정적인 에너지를 주는 통로가 된 것이다. 조금 전까지 자녀에게 지옥을 주는 부모이었으나 이제 비로소 천국의 통로가 된 것이다.

당신은 자녀에게 말할 것이다. "걱정하지 말아라. 우리가 기도했단다. 너는 잘 될 것이다." 당신은 기쁨과 확신 속에서 말할 것이다.

그리고 그렇게 말할 때 빛과 건강의 에너지가 자녀들에게 전달되게 될 것이다.

이 부분은 이 장의 주제가 아니다. 그러므로 그만 넘어가기로 하자. 다만 중요한 것은 당신이 누구를 향하여 근심하고 염려할 때 당신의 그 에너지가 상대방에게 영향을 준다는 것을 기억하기 바란다.

그러므로 당신이 만약 다른 이들에게 좋은 영향을 주기 원한다면 당신은 항상 기뻐하는 사람이 되어야 하는 것이다. 당신의 마음 속에 걱정과 염려가 남아있는 한 그것은 항상 파괴적인 에너지로 쓰인다는 것을 기억해야 한다.

이 장에서 다루고 싶은 부분은 이것이다. 항상 남의 인생을 짊어지고 사는 인생, 특히 자녀의 인생을 짊어지고 사는 인생 - 그것은 바른 것인가? 하는 것이다. 물론 그것은 바른 것이 아니다.

부모와 자녀는 하나의 인생인가? 아니다. 그들은 다른 인생이다. 그들은 남이다. 주님께서 특별한 목적을 위해서 이 땅에서 부모와 자녀라는 하나의 역할을 주셨다. 그러나 각자에게 맡겨진 연기와 역할에 충실하면 될 뿐 그들은 남이며 다른 인생이다.

부디 자녀를 당신과 하나라고 생각하지 말라. 그들은 남이다. 분명히 기억하라. 이것이 매정하게 들리는가?

인간은 혼자 태어나고 혼자 죽는다. 각자가 주님께 부름 받았고 각자 주님의 원하는 시간에 가고 심판을 받는다. 아무리 자녀의 영혼이 발전하고 주님께 속한 종이었다고 하더라도 부모들이 자녀 프리미엄을 받는 것은 없다. 자신이 악하면 그것은 소용없는 것이다.

자녀가 부모가 일생동안 기도한 대로 주님께서 사용하시는 아름다운 그릇이 되었다고 하자. 그런데 부모는 일생의 훈련동안 영혼이 별로 발전하지 못했다. 그래서 성질 급함과 이기심, 욕망 등에서 벗어나지 못했으며 영계의 아주 낮은 수준에 있다. 그는 분노와 음란과 아집과 탐심으로 가득하다. 그러면 어떻게 되겠는가?

부끄러운 구원이야 받겠지만 천국의 성문 안으로 들어가지는 못할 것이다. 자녀 문제에 신경을 쓰느라고 자신의 영혼은 전혀 돌보지 않았기 때문이다. 그것이야말로 정말 비참한 일이 아닌가? 자녀들은 주님께 아주 가까이 있고 자신들은 아주 멀리 떨어져 있다면 그게 무슨 의미가 있는가?

흔히 기쁨의 비결은 첫 번째가 주님이요, 두 번째가 다른 사람이며, 마지막으로 자신을 돌보아야 한다고 말한다. 그것은 섬김의 정신에 대해서 말하고 있는 것이다. 영혼 구원과 발전의 순서를 말하고 있는 것이 아니다. 먼저 남을 구원시킨 후에 자신이 구원받을 수 있는가? 먼저 남의 영혼을 깨어나게 한 후에 자신의 영혼이 깨어날 수 있는가? 물론 그렇지 않다.

항상 먼저 자신이 깨어나고 자신이 눈을 뜨고 그 후에야 다른 이의 눈을 뜨게 할 수 있다. 그러므로 먼저 자신의 영혼을 돌보고 자신의 영혼이 하늘의 기쁨과 영광을 맛보아야 하는 것이다.

늙은 할머니들도 항상 자녀들을 위해서 기도한다. 그것은 좋은 일이다. 하지만 분명히 알아야 할 것은 자신의 영혼에 하늘의 햇살이 충만하며 주의 그 영광 가운데 거하는 삶을 알지 못하는 이들은 많이 기도해도 별로 응답이 없으며 그들의 기도는 자녀들에게 별로 도움이 되지 않는 다는 것이다.

좀 더 눈을 떠야 무엇을 기도해야 하며 어떻게 주의 통로가 될 지에 대해서 알게 된다. 먼저 그 영광의 구름이 자신에게 임해야 하는 것이다.

주님께서 부모들에게 자녀를 주셨다. 부모들은 자녀들의 의식이 깨어나고 성인이 되어 자신들의 자유 의지를 사용할 때까지 그들을 보호하고 인도해야 한다. 하지만 언젠가 그들이 성인이 되면 그들의 인생과 미래는 그들이 선택해야 한다. 부모는 그것을 강요할 수 없다.

성경에 있던 위대한 영성인들의 가족을 보라. 모세의 자녀들은 어떠했는가? 다윗의 자녀들은 어떠했는가? 사무엘의 자녀들은 어떠했는가? 그들은 부모의 신앙과 영성을 이어 받았는가? 영성은 대물림되는가? 그럴 수도 있지만 그렇지 않을 수도 있다. 그것은 각자에게 달린 것이다.

부모들은 주님이 허락하시는 범위만큼 자녀를 다스리고 섬겨야 한다. 하지만 그 한계를 넘어서는 안 된다. 그들은 점차 자녀들을 떠나보내는 준비를 해야 하며 그들 자신의 선택을 존중해야 하고 그들의 의지를 깨워야 한다.

그들을 위해서 권면하고 기도해야 한다. 하지만 그들의 인생과 선택을 존중해야 하며 그들의 인생을 짊어지고 살아서는 안 된다. 그것은 일종의 우상이다.

부모들에게 "지금 소원이 뭡니까?" 하고 물으면 하나같이 "우리 아이가.." 하는 것을 보았다. 그것은 자신의 인생을 살지 않고 자녀의 인생을 살고 있는 것이다. 그것은 바른 것이 아니다. 우리는 자신의 삶을 살도록 부름을 받은 것이지 자녀의 인생을 살도록 부름 받은 것이 아니다. 그러므로 "내가 이 나이에 무슨 소원이 있겠습니까.." 하고 말하는 것은 아직 진리를 깨닫지 못하고 있는 것이다. 우리는 살아있는 한 언제나 우리의 변화와 영적 성장을 추구해야 한다. 그것이 우리의 영원한 미래를 결정하는 것이다.

우리의 영혼이 깨어나고 변화된다면 우리는 행복할 것이다. 그러나 우리가 깨닫지 못한다면 우리는 불행할 것이다. 자녀의 상태에 따라서 우리가 행복하고 불행하게 느낀다면 그것은 깨달은 것이 아니다.

행복과 불행은 자신의 영혼의 상태에서 나오는 것이다. 다만 무지와 미망 속에 사로잡혀 있을 때는 그것이 환경에서 나온다고 착각하게 되는 것이다. 그래서 끊임없이 자녀 때문에 한숨이 나오며 남편 때문에 한숨이 나온다고 믿게 된다.

오. 그것이 아니다. 그 한숨은 당신의 영혼에서 나오는 것이다. 질식 상태에 있는 영혼이 안타까워서 한숨을 내쉬는 것이다. 깨달을 때 그 한숨은 사라진다.

부디 당신의 자녀 때문에 근심과 염려를 가지고 살지 말라. 그것은 어두움의 삶이다. 자녀의 문제를 주님께 의탁하고 즐겁고 기쁘게 살라. 그럴 때 당신은 자녀에게 빛의 에너지를 공급할 수 있다.

자녀 때문에 괴롭다고 절대로 착각하지 말라. 당신의 영혼이 깨어나고 주님과 가까운 교제의 상태에 있으면 당신은 자녀와 상관없이 절대적으로 평안한 상태에 있게 된다. 괴로움의 상태는 당신 영혼의 상태이지 절대로 환경에서 다른 사람에게서 오는 것이 아니다. 그것은 너무나 많은 사람들이 착각하고 있는 것이지만 당신의 영적 기능이 깨어난다면 이 말이 사실인 것을 알 수 있을 것이다.

조금 더 설명을 해보자. 인도의 성자 썬다 싱의 천국 체험 가운데 이러한 이야기가 있다. 천국에 있는 어떤 가족들이 주님의 허락으로 지옥을 방문하게 되었다. 거기에서 구원받지 못한 가족들의 비참한 모습을 보게 되었다. 그들은 슬픔에 잠겨 다시 천국으로 돌아가게 되었다.

썬다 싱은 말한다. 당신은 그 사람들이 천국에 가서도 지옥에 있는 가족들의 생각 때문에 천국에서 잘 지낼 수 있을까 생각하느냐고. 그는 그렇지 않다고 말한다. 그들은 천국의 문 앞에 이르는 순간에 지옥과 과거의 모든 고통이 사라져버리고 다시 찬란한 기쁨 속에 들어가게 된다는 것이다.

이 땅에 살아있을 때 우리는 천국의 영과 지옥의 영이 수시로 우리 안에 들어왔다 나갔다 하는 것을 경험한다. 그것의 통로는 생각이다. 그래서 우리 안에는 지옥의 근심과 슬픔과 염려가 언제든지 틈타고 들어올 수 있는 것이다.

모든 슬픔이 다 지옥에서 온 것이라고 볼 수는 없지만 대체로 슬픔과 근심과 두려움과 분노는 지옥에서 오는 것이다. 그런데 영혼이 어둡고 낮은 차원에 있는 사람일수록 그러한 지옥의 생각들을 잘 받아들이게 된다.

그러나 영적으로 발전하고 올라갈수록 그러한 어두움의 영계와 멀어지게 된다. 그래서 환란 속에서도 감사하며 다른 이들을 사랑하고 포용하고 용서하게 되는 것이다. 그것이 영성의 수준이며 실력이라고 할 수 있는 것이다.

그러나 우리의 육체가 이 땅을 떠나게 되고 완전히 천국에 속하게 되면 그 다음부터는 분노와 두려움과 혼란과 같은 지옥의 영들, 지옥의 생각이 우리 안에 침투할 수가 없는 것이다. 그것은 원천적으로 봉쇄가 된다. 그래서 천국이 되는 것이다.

아무튼 근심과 두려움은 좋지 않은 것이다. 또한 남의 인생을 짊어지고 사는 것도 좋지 않은 것이다. 우리 분량을 넘어선 그러한 걱정은 일종의 우상이며 집착과도 같은 것이다. 거기에서 벗어나야 한다. 자녀에게는 그들을 위한 주님의 인도하심이 있으며 우리는 신뢰하는 마음으로 주를 의뢰하며 그 인도하심에 자신을 드려야 한다.

남의 인생을 짊어지는 것은 아니지만 이와 비슷하게 남의 인생을 사는 이들이 있다. 그것은 다른 사람에 의해서 나의 삶, 나의 영혼이 영향을 받는 것이다.

사랑에 빠진 남녀들이 흔히 이러한 상태가 된다. 즉 상대방의 자세나 태도에 의해서 자신의 영혼이 흔들리는 것이다. 상대방이 자기에게 잘 해주느냐, 못해주느냐에 따라 기분이 좋아지기도 하고 살기가 싫어지기도 한다. 이러한 삶은 무엇인가? 바로 노예와 같은 삶이다. 로봇과 같이 수동적이고 피동적인 삶인 것이다.

이것이 바른 삶인가? 물론 잘못된 삶이다. 바람에 움직이는 갈대와 같이 그러한 삶은 정함이 없다. 자신의 인생은 자신이 결정하고 움직여야 하는데 이들은 타인의 상태에 의해서 피동적으로 움직여지는 것이다.

통계에 의하면 아주 사이가 좋았던 잉꼬부부들이 한 쪽이 먼저 하늘나라에 가게 되면 재혼의 비율이 높다고 한다. 이것은 일반적인 예상과는 다른 의외의 결과인데, 그것은 상대에 대한 의존도가 아주 높아서 그 공허한 빈자리를 견디기가 힘들기 때문에 그렇다는 것이다.

흔히 말하기를 결혼이란 두 개의 반원이 합쳐져서 하나의 원으로 되는 것이라고 한다. 그러나 과연 그럴까? 그것은 별로 좋은 상태가 아니다. 나는 생각한다. 결혼이란 작은 두 개의 원이 서로 섬기며 사랑하고 발전해 가는 가운데 좀 더 아름답고 온전한 두 개의 원이 되어 가는 것이라고. 두 사람이 서로 도움으로써 다 지혜와 사랑과 모든 면에서 온전하게 발전해 가는 것 - 그것이 결혼이라고 생각한다.

상대방에 대한 의존도가 높아서 상대가 없으면 아무 것도 할 수 없는 상태 - 그것은 건강한 상태라고 보기 어렵다. 그것도 일종의 묶임이라고 할 수 있는 것이다.

우리들은 독립된 영혼이다. 그러므로 독립된 상태에서 더 아름답고 지혜롭고 풍성하게 발전해 가야 한다. 그것이 영적 성숙을 이루어 가는 것이다. 그러므로 다른 이들의 태도나 상태에 의해서 우리의 마음과 영혼이 요동되어서는 안 된다.

어떤 이들은 다른 사람의 무례한 태도나 불합리한 언행 때문에 마음이 상하고 영혼의 평화를 상실하기도 한다. 하지만 그것도 역시 바르지 않은 것이다. 악하고 어둡고 낮은 차원의 사람은 어디에나 있다. 우리는 다른 사람 때문에 우리의 영혼이 어두운 데로 떨어져서는 안 된다. 그것도 역시 의존이며 묶임이다.

오늘날 세상은 요동친다. 정치도 악하고 경제도 악하며 문화에도 교육에도 많은 악이 자리 잡고 있다. 많은 사람들이 경우가 없으며 무례하고, 많은 근심과 염려와 분노가 우리의 영혼 속으로 우리의 마음속으로 비집고 들어오려고 애를 쓴다. 그들은 우리 안에 지옥을 집어넣으려는 것이다.

그러나 우리는 거기에 굴복해야 하는가? 그럴 필요는 없다. 우리는 마음의 평화를 지킬 수 있다. 우리는 언제 어떠한 상황에서도 기뻐할 수 있으며 즐거워할 수 있다. 사랑할 수 있으며 희망을 가지고 내일을 창조할 수 있다.

우리가 천국에 속한 사람이라면 그것은 가능하다. 우리는 세상의 지옥에 영향을 받지 않는다. 우리는 지옥의 사람들에게 영향을 받지 않는다. 우리는 천국의 빛을 경험하고 천국의 빛을 나누어 줄 수 있다.

우리는 고유한 영혼이다. 이것을 기억하기 바란다. 우리는 남들에게 부정적인 영향을 받을 필요가 없다. 우리는 세상에서 부정적인 영향을 받을 필요가 없다. 우리는 남의 인생을 짊어지고 스스로 어두운 곳에 떨어지려 할 필요가 없다.

우리는 고유한 영혼이다. 우리는 천국에 속해있다. 우리는 주님의 사람들이다. 우리는 언제 어디서든지 주님의 손 안에 있을 것이다. 그러므로 부디 쓸데없는 짐을 지고 고난의 삶을 자처하지 말라. 그것은 당신의 선택에 달려 있다.

부디 천국의 빛 속에 거하라. 자유함의 삶을 살라. 그리스도인들은 자유한 사람들이다. 그것을 구하는 자들에게 주님의 더 풍성하고 자유로운 삶을, 천국의 빛을 허락하여 주실 것이다.

## 11. 위로 중독에서 벗어나라

삶에는 피곤한 일이 많다. 우리는 때때로 지치고 피곤하여 누군가의 위로가 그리울 때가 있다. 사랑과 격려와 위로, 그것은 피곤한 삶에 있어서 비타민과 같이 하나의 활력소가 될 수 있다.

하지만 조심해야 할 것이 있다. 우리는 그러한 위로를 지나치게 기대해서는 안 된다. 심하면 그것도 중독이 된다. 나중에는 공공연히 위로를 요구하고 기대하게 되고 자기를 위로하지 않는 이들에 대해서 서운한 마음을 가질 수도 있게 된다. 그것은 또 하나의 중독이다.

오래 전의 일이다. 어느 날 나는 지하철을 타기 위해서 지하도를 걷고 있다가 웬 할머니의 요란하기 짝이 없는 목소리를 듣고 정신이 들었다. 놀라서 그 소리가 나는 곳을 바라보니 어떤 할머니가 온 동네가 떠나갈 것 같은 목소리로 공중전화에서 전화를 하고 있는 중이었다. 그 전화의 내용은 이런 것이었다.

"지금, 내 마음이 어떤 줄 알아? 내 마음은 주님 밖에 몰라. 위로? 위로 필요 없어. 나한테는 주님 밖에 없어. 너희들이 알긴 뭘 알아. 누군 들어가기 싫어서 이러는 줄 알아? 오직 주님만이 내 마음을 아셔."

말씀의 내용은 경건하기 짝이 없었는데 그 말씀을 외치는 태도는 살벌하기 짝이 없었다. 통화 내용으로 미루어 짐작하건대 아마 할머니가 서운하신 일이 있어서 집을 나오신 모양이다. 집으로 들어오시라고 가족들이 달래고 있는 것 같은데 이 할머니는 그 요구와 위로를 거절하며 오직 주님께만 위로를 받겠다고 하시는 것이다.

그런 생각이 들었다. 이 할머니는 정말 모든 인간의 위로를 거절하고 주님의 위로만을 받기를 원하는 것일까? 세상에는 아무도 그녀의 마음을 알아줄 사람이 없기 때문에 주님께만 의지하기로 정말 작정한 것일까?

정말 그렇다면 주님께만 위로를 받으면 될 것이지 왜 집으로 전화를 걸어서 위로하지 말라고 소리를 지르는 것일까? 굳이 위로가 필요 없다고 외치는 이유는 무엇일까? 사실 그러한 행동 자체가 위로를 간절히 구하고 있는 것이다.

물론 그것을 나쁘다고 할 수는 없다. 다시 말하지만 위로를 기대하는 것은 당연한 사람의 본능이다. 다만 거기에 빠지지 않도록 조심해야 하며 그 차원을 벗어나려고 해야 한다.

나는 위로가 듬뿍 담긴 기도를 참 많이 들어보았다. 주로 이런 식의 기도 말이다.

"오, 주님.. 우리 집사님을 기억하여 주시옵시고.. 그 동안 얼마나 눈물의 세월을 보내고 십자가를 지고 살았는지.. 주여.. 그 마음을 위로하여 주시옵시고.."

이러한 기도를 듣고 있는 당사자는 눈물을 훔친다. 엄청나게 위로를 받으면서 말이다. 하지만 그것은 기도라고 하기가 조금 애매하다. 위로가 그렇게 하고 싶으면 자기가 하면 되지 굳이 주님께 위로해달라고 할 필요가 있는가? 물론 이런 식의 기도도 많다.

"주여.. 사람은 그 마음을 위로할 수 없지만 주님께서는 하실 수 있사오니.."

하지만 꼭 그런 것은 아니다. 사람도 위로할 수 있다. 그저 손을 잡고 '힘내세요.' 할 수 있다. 나름대로 열심히 드리는 기도에 대해서 누가 폄하할 수 있겠는가. 그러나 기도란 주님께 드리는 것이다. 자기가 하고 싶은 이야기를 상대방이 들으라고 하면서 그것을 하나님께 드리는 기도라고 해서는 곤란하다.

"주여.. 우리.. 집사님이 깨닫게 해 주시옵시고.."

이런 것은 자기가 하고 싶은 이야기를 기도라는 형식을 빌어서 하는 것에 불과하다. 그리고 그것은 비겁하다. 차라리 직접 '집사님. 깨달으세요.' 하고 말하는 것이 낫다.

아무리 기도의 형식을 갖추고 있다고 해서 다 기도라고 할 수 있는 것은 아니다. 스스로 도취하고 흥분하여 눈물을 흘리고 웅변적으로 외친다고 기도가 되는 것은 아니다. 상대방이 들으라고 하는 이야기는 기도가 아니다.

어떤 이들은 기도라는 형식을 통해서 사람들에게 자기가 하고 싶은 온갖 연설을 한다. 그러한 이들은 평생을 기도했을지 모르지만 실제로는 거의 기도한 것이 아니다.

이런 기도를 들어본 적도 있다. "주님. 오늘 이 시간에 세 가지는 꼭 짚어놓고 가야겠습니다. 첫째로.."

그것이 기도인가? 그것이 주님께 드리는 기도라면 그는 주님을 상대로 가르치고 있는 것이다. 그것은 버릇이 없는 일이다.

그렇다면 상대방에게 주님의 위로를 구하는 기도는 할 수가 없단 말인가? 아니다. 할 수 있다. "주님. 이 사람에게 주님의 임재와 평강이 임하시기를 원합니다." 하고 기도할 수 있다.

만약 기도하는 사람이 주님의 통로가 될 수 있으며 기도를 받는 사람이 그 임재와 평강을 받을 만하면 주님의 빛과 영광과 위로가 임할 것이다. 다만 주님의 평강과 임재가 실제적으로 임할 것을 기대하지도 않으면서 자신의 언어 표현을 통해서 상대방의 마음을 달래주기를 원한다면 그것은 기도가 아니라는 것이다. 기도는 주님과의 대화이며 상대방과의 대화가 아니기 때문이다.

이것은 그것이 잘못되었다는 것이 아니다. 다만 그것은 기도가 아니라는 것이다. 그는 주님과 대화를 나눈 것이 아니고 상대방과 대화를 나눈 것이니까 말이다.

이것을 기억하기 바란다. 당신은 심각한 슬픔에 빠져 있을 수도 있다. 그래서 누군가의 위로를 기다릴 지도 모른다. 하지만 이것을 기억하라. 당신이 누군가의 위로를 기다릴 때 당신은 묶이기 시작한다는 것이다. 당신은 그 사람에게 묶이기 시작한다.

당신은 전에 어떤 사람에게 위로를 받았다. 그리고 지금 다시 위로가 필요한 상황이다. 그런데 그 사람은 당신을 위로하지 않는다. 그래서 당신은 마음이 상한다. 이것이 무엇인가? 하나의 묶임이다. 그는 당신에게 그리스도가 되어 있는 것이다.

사람들은 위로를 구한다. 내 마음은 아무도 모르고 위로도 전혀 필요 없다고 말하면서 위로를 구한다. 하지만 그것은 묶임을 향해서 가는 길이다.

〈성 프란시스코의 잔 꽃송이〉를 보면 프란시스코와 그의 제자들의 일화가 나온다. 거기서 재미있는 이야기가 있는데 그것은 그들이 어려운 일을 겪은 이들에게 하는 말이다.

그들은 어려움을 당한 이들에게 "오, 그러면 주님의 크신 위로를 받으셨겠군요!" 하고 말하는 것이다. 마치 부러워하는 듯이 말이다. 다시 말하자면 그들은 힘든 일을 겪은 동료들에게 그 힘든 일보다도 그 일을 위로하기 위해서 임하신 주님의 은총과 위로는 얼마나 놀라왔을까! 하고 부러워하는 것이다.

힘들 때 우리의 위로는 무엇인가? 바로 주님 자신이며 주님 자신의 위로이다. 그것을 통해서 우리는 주님과 더욱 더 가까워지며 주님의 사람이 되어간다. 그래서 우리는 사람의 위로를 기대하지 않고 주님의 위로를 기대해야 하는 것이다.

신학대학을 다니고 있던 시절, 신대원을 다니고 있던 신혼 시절에 나는 몹시 가난했다. 등록금이나 생활비나 모든 것이 어려웠다. 틈틈이 아르바이트를 했지만 등록금이나 생활비는 부족할 뿐이었다. 나는 이 때 하나님의 살아 계심을 경험하기를 원했다. 그래서 필요에 대해서 구체적으로 주님께 많이 구했다. 나는 필요한 부분을 주님께서 직접 채워주시는지가 궁금했다.

그런데 어떤 물질의 공급이 왔을 때 나는 이것이 인간적인 도움인지 아니면 하나님께로부터 온 것인지 분간하고 싶었다. 그래서 나는 나의 필요를 아무에게도 알리지 않았다. 오직 주님께만 나의 필요한 액수를 말했다. 혹시 어떤 사람이 내게 도움을 줄 것 같이 보이면 나는 필요 없다고 대답했다. 나는 오직 주님으로부터 도움을 받고 싶었다.

그런데 그 결과 나의 필요를 전혀 모르는 사람들이 정확한 시간에 정확한 금액을 주는 것을 많이 경험했다. 그래서 알게 되었다. 그것은 주님께로부터 온다는 것을 말이다. 사람에게 이야기하지 않아도 오직 주님께 이야기하면 된다는 것을 나는 경험으로 알게 되었다. 그리고 그러한 직접적인 경험은 내게 있어서 백 권의 책보다 더 유익했다.

우리가 진정 주님께로부터 오는 위로를 받고 싶다면 우리는 동네방네 떠들면서 아무도 내 마음을 모르며 나는 아무 위로를 구하지 않는다고 외칠 필요가 없다. 주님이 그것을 아시기 때문이다. 우리는 주님께 그렇게 말하면 된다. 그리고 주님은 조용히 말해도 알아들으신다.

사람을 구할 때 주님은 오시지 않는다. 그러나 사람에게서 아무 것도 얻기를 기대하지 않고 포기할 때 주님은 임하신다. 사람에게 위로를 기대하는 것이 왜 좋지 않은지 알겠는가? 그것은 우리를 사람의 종으로 만든다. 그러나 우리가 오직 주님의 위로와 사랑과 은혜를 기다리고 있을 때 그것은 우리를 주님의 종으로 만드는 것이다.

우리가 주님의 위로를 기다릴 때, 때로는 사람이 우리에게 도움과 위로를 줄 때도 있다. 전혀 기대하지 않았던 사람이 우리에게 힘이 될 때도 있다. 그것도 주님의 방법이다. 그럴 때 우리는 주님께 감사한다. 하지만 그 사람에게 다시 기대를 하지는 않는다. 그는 잠시 쓰인 주님의 도구였을 뿐이니까 말이다. 만약 또 다시 그에게 기대한다면 그는 우리의 그리스도가 될 수 있는 것이다.

대학 시절 어떤 캠퍼스에서 복음을 전하고 있을 때 하루 종일 한 영혼도 건지지 못하고 아무 열매도 없이 몹시 지쳤던 적이 있었다. 그 날은 이상하게도 정말 눈물이 날 정도로 피곤하고 외롭고 허무했다.

지쳐서 마지막으로 한 번 더 어떤 사람에게 접근했는데 그는 믿는 사람이었다. 그 형제는 내가 낙심한 것을 알았는지 나에게 위로를 해주었다. 복음 전파는 힘든 것이라고. 그리고 낙심하지 말라고. 그리고 열매가 없더라도 주님이 기억하실 것이라고.. 나는 울지는 않았지만 정말 속으로는 너무 감동이 되어서 울고 싶은 마음이었다. 나는 그 때 주님께서 이 사람을 보내서 내게 위로를 한 것이라고 느꼈다.

나는 당시에 성도수가 몇 천 명이던 교회에 다니고 있었다. 그런데 재미있었던 것은 내가 예배드리는 의자의 바로 앞자리에 어제의 그 형제가 앉아있는 것이었다. 나는 그가 나와 같은 교회에 다니리라고는 전혀 생각지 못하고 있었다. 나는 그와 반갑게 인사했으며 어제의 일이 주님의 인도하심과 위로라는 사실을 더욱 더 확인할 수가 있었다.

대학에 갔을 때 두 번째 등록금을 낼 때가 되었다. 첫 번째는 주님의 기적적인 응답으로 해결이 되었다. 하지만 두 번째는 아무리 기도해도 대책이 없었다. 기도하고 기도해도 불안했고 마음에 확신이 오지 않았다.

드디어 등록금 납부기간이 지났다. 그전까지는 내가 항상 무엇인가를 구하면 기한이 되기 전에 응답이 되곤 했었다. 그런데 이번에는 지나가 버린 것이다. 나는 너무 마음이 슬프고 괴로웠다. 나는 절망적인 마음으로 교회에 갔다. 나는 밤마다 가까운 교회에서 기도하는 습관을 가지고 있었다.

그 날 같이 기도하는 형제 가운데 신학 대학에 먼저 들어간 형제가 있었다. 그에게 등록을 했느냐고 묻자 그는 여유 있게 대답했다.

아직 안 했다고.. 내가 놀라서 그럼 어떻게 하냐고 묻자 그는 대답하는 것이었다. 2차 등록이 기간이 또 있다고. 그러면서 2차 등록기간이 있어야지 우리 같은 가난한 사람이 살지 않겠느냐고 하면서 웃는 것이었다.

그런데 그 순간에 나는 갑자기 마음이 평안해졌다. 나는 그 때까지 정말 절망스러운 상태였다. 나는 하나님이 나를 버리신 것처럼 느껴졌었다. 이제 끝이라고 생각했다. 그런데 그렇지 않다고 생각하니 이제는 살 것 같은 느낌이었다.

그 날 내가 어떤 기도를 드렸는지는 잘 기억이 나지 않는다. 중요한 것은 내 마음 속에 기쁨과 감사가 가득 차게 되었다는 것이다. 나는 더 이상 등록금을 구하지 않고 그냥 감사 기도만 드린 것 같다. 나를 버리지 않으셔서 감사하다고. 그저 눈물로 그렇게 기도를 드렸었던 것 같다.

마음에 평화가 왔을 때는 모든 것이 아무런 문제도 없다. 등록금은 며칠 후에 극적으로 또 해결되었다.

나는 그 때, 그 날 밤의 느낌을 선명하게 기억한다. 그 친구의 음성.. 그것이 내게 얼마나 위로와 힘이 되었는지! 그것은 아무 것도 아닌 평범한 이야기였는지 모르지만 나는 그 이야기를 들을 때 살았다! 하는 느낌이었다. 주님께서는 아주 평범한 만남이나 우연한 대화를 통해서도 얼마든지 사람에게 위로와 힘을 공급할 수 있는 것이다.

한나의 이야기에서 이 사실은 명백해진다. 한나는 자식을 낳기 위해서 정말 간절하게 주님께 기도한다. 심지어 술이 취한 여자로 보일 정도로 그녀는 온 몸의 진액을 토하면서 기도를 드렸다. 처음에 그녀를 오해하던 제사장 엘리는 나중에 그녀의 진심을 알게 되고 그녀를 축복한다. 그런데 그녀는 그 후부터 얼굴에 수심이 사라져 버렸다. 그것은 왜일까? 바로 한나가 엘리 제사장의 말을 하나님의 기도 응답으로 받아들였기 때문이다. 그녀는 간절하게 기도했으며 엘리 제사장을 통해서 하나님께서 그녀에게 말씀하셨다고 믿었다.

엘리 제사장이 신령해서 응답의 통로가 되었다고 생각하지 말라. 그는 잘난 것이 하나도 없는 사람이었다. 사무엘이 들은 첫 번째 하나님의 음성이 엘리의 죄를 지적하는 것이었다.

그러나 그러한 엘리 제사장도 주님의 통로, 주님의 위로와 응답의 통로가 될 수 있다. 그것은 하나님의 마음에 달려있는 것이다. 우리는 한심스러운 사람들이지만 그러나 주님께서는 우리와 같은 사람도 사용하실 수 있으시다.

우리에게 위로가 필요할 때 주님께서는 누구를, 무엇을 사용하실지 모른다. 그러나 분명히 주님은 우리의 기도를 들으시며 우리의 마음을 아시며 그분의 위로를 나타내신다. 우리는 바로 그것을 구해야 한다.

성경의 많은 위인들은 바로 어려움과 극한 상황 속에서 주님의 위로를 받은 사람이었다. 그들에게는 카운셀러가 없었다. 그들은 치유 학교에 다닌 적이 없다. 하지만 그들은 하나님의 위로가 무엇인지 알았다. 그것은 그들의 경험이었다.

모세는 이스라엘 백성이 속을 썩일 때 산에 올라가서 하나님께 간구했다. 주님.. 당신의 형상을 보여주소서.. 그는 왜 주님의 형상을 구했는가? 하나님의 임재, 하나님의 영광. 그것만이 진정한 힘이며 위로이며 낙심과 절망 속에서 일어날 수 있는 근원이 되었기 때문이다.

다윗처럼 많은 눈물과 절망과 위험 속에서 살았던 사람이 또 있을까. 그런데 그의 많은 눈물과 한숨과 절망 속에 위로자가 있었다. 그는 바로 주님이셨다. 누구보다도 더 주님의 위로를 받은 사람 다윗.. 그는 진정 하나님의 마음에 합한 자가 될 수 있었다.

사람이 우리에게 위로가 될 수도 있다. 하나님께서 사람을 사용하실 수 있다. 그러나 가능하면 사람을 바라보지 말라. 그가 내게 와서 위로의 부드러운 말을 건네고 위로의 기도를 눈물로 드려줄 것을 기대하지 말라. 그것은 묶임을 낳는다.

오직 하나님을 기대하라. 주님의 위로를 기대하라. 주님만이 가장 온전하고 풍성하며 생명과 빛이 가득한 위로를 우리에게 주실 수 있다.

죽음과 암흑과 말로 형용할 수 없는 절망을 겪은 수많은 하나님의 종들이 있었다. 그러나 주님의 위로는 그 모든 것들을, 죽음과 절망과 파멸을 다 잊어버리고 생명으로 가득하게 하는 힘이 있었다.

부디 그 위로를 구하시기를 바란다. 그 놀라운 하나님의 위로를 얻으시기를 바란다. 그 놀라운 위로 가운데 들어가면 들어갈수록 당신은 하나님의 사람이 될 것이다. 세상에 아무리 절망과 고난과 상처가 많을지라도 당신은 그것을 넉넉히 이기며 진정한 자유와 행복 속에서 살아갈 수 있을 것이다.

사람에게 중독될 때 그것은 자유를 억압하지만 주님께 중독될 때 그것은 진정한 자유를 준다. 오직 주님의 위로를 구하라. 그것이 참된 생명과 평화의 길인 것이다.

## 12. 말이 통하지 않는 사람과 굳이 말하려고 하지 말라

앞에서 이와 비슷한 주제로 이야기한 적이 있다. 그러나 이것이 매우 중요하기 때문에 좀 더 언급하려고 한다. 이것은 평화로운 삶을 위하여 아주 중요한 원리가 되기 때문이다.

말이 통하지 않는 사람들끼리 상대방을 설득하려고 논쟁을 벌이는 것을 많이 볼 수 있다. 일상의 삶에서도 TV프로에서도 많이 본다. 그러한 일은 평화를 가져오는가? 물론 아니다. 그것은 스트레스와 분노를 일으킬 뿐이다.

논리를 통하여 상대방을 꼼짝 못하게 굴복시키거나 상대를 설득하는 것은 많은 이들에게 매력적인 일인 모양이다. 그래서인지 서점가에서는 상대방을 잘 설득할 수 있는 설득의 기술이나 원리에 대한 책들이 베스트셀러가 되기도 한다.

하지만 나는 그 모든 일들이 부질없는 짓이라고 이야기하고 싶다. 구태여 의견이 다른 사람을 설득하려고 하지 말 것이며 그러한 논쟁의 장에서는 가급적이면 물러서 있으라고 권하고 싶다. 아주 싸움을 좋아하는 성격이 아니라면 말이다.

그러니까 상대방을, 다른 사람들을 설득할 생각을 아예 하지 말라는 이야기다. 나는 그러한 설득이 결코 좋은 일이 아니라고 믿는다. 일시적으로 상대를 굴복시킬 수 있다고 할지라도 말이다.

오래 전 전도사 시절에 안면이 있는 자매가 중요한 일이 있으니 꼭 자기 집에 놀러오라고 한 적이 있었다. 그녀의 남편과도 친한 사이였고 자주 놀러가던 사이이기 때문에 나는 별 생각 없이 그 집에 갔었다. 그리고 그 집에 도착한 나는 즉시 내가 가지 않았어야 할 것을 깨달았다.

그녀의 어머니는 이상한 이단에 빠져있었다. 누군가 자기를 보혜사라고 주장하는 사람이 있는 모양인데 거기에 빠져서 다니고 있었던 것이다. 자매는 그 어머니를 설득해 달라는 것이었다. 그래서 나를 초청한 것이다.

내가 도착해보니 그녀의 어머니가 다니는 그 이상한 교회의 여전도사도 와 있었다. 그녀의 어머니는 자기를 설득하기 위하여 전도사가 온다는 이야기를 듣고 한판 승부를 위해서 자기가 다니는 교회의 전도사를 불러온 것이다. 그 여전도사는 나와 한판 붙으려고 전의를 다지고 있는 중이었다.

나는 어처구니가 없었다. 그녀의 어머니를 설득하라니. 그게 설득인가? 나는 내가 마치 투견장에 끌려나온 개가 된 것 같은 느낌이었다. 살기등등하던 그 여전도사님은 성경을 가지고 따져보자며 피스톤처럼 성경구절을 쏟아놓기 시작했다. 그녀는 비슷한 경험이 많이 있는 듯 익숙하게 정말 피스톤처럼 성경을 쏟아놓았다. 대화가 되겠는가? 그것은 쓸데없는 시간낭비이며 싸움일 뿐이었다.

토론이나 논쟁에는 기본적인 원칙이 있다. 서로 균등하게 대화의 기회를 가져야 하며 상대방의 이야기를 주의 깊게 들어야 한다. 상대방의 주장을 논리적으로 반박할 수는 있되 감정적인 표현이나 인신공격과 같은 것은 피해야 한다. 그러니까 상대방에 대한 존중이 필요하다는 것이다. 그러한 기초적인 룰이 지켜지지 않는다면 토론은 성립되지 않는다. 그런데 이단에 빠진 이들과 그러한 대화가 가능하겠는가?

그녀는 애당초 이쪽의 이야기는 듣지도 않았다. 말을 하려고 하면 순식간에 가로막고 자기의 이야기를 쏟아 부었다. 성경에 대한 피상적이고 아전인수적인 해석을 늘어놓으면서 그저 한 가지 피스톤처럼 빠른 속도로 말을 쏟아내고 있을 뿐이었다. 그녀는 많은 성경구절을 빠른 속도로 많이 이야기하기만 하면 모든 이들이 감동을 받고 설득을 당할 것이라고 믿는 것에 틀림없었다.

애당초 대화가 되지 않는 상대였기 때문에 나는 대화를 포기했다. 그리고 옆에서 참고 그 이야기를 듣고 있던 친구가 화가 나서 그녀와 싸움에 가까운 논쟁을 시작했기 때문에 나는 그 자리에서 빠져 나올 수 있었다.

대화에는 룰이 필요하다. 인격이 필요하다. 상대에 대한 존중이 필요하다. 그렇지 않으면 대화는 불가능하다. 상대방이 크게 소리를 지르며 욕을 한다면 대화가 가능하겠는가? 그러한 이들과는 아무런 대화도 나눌 수가 없다.

나에게 그와 비슷한 도움을 요청하는 이들이 많이 있었다. 아는 사람이 이단에 빠졌는데 그들을 좀 설득해달라는 것이었다. 그리고 그들을 어떻게 설득해야 하느냐는 것이었다.

하지만 나는 그런 요청을 하는 이들의 사정이 딱하기는 하지만 그런 자리에는 가급적이면 가지 않도록 권하는 편이다. 그리고 중요한 것은 그러한 이들을 어떻게 설득하느냐 하는 설득의 원리와 방법이 아니다. 중요한 것은 그들이 거기에 어느 정도 빠져 있느냐 하는 것이다.

만약 그들이 거기에 확신을 가지고 있으며 맹목적으로 빠져 있다면 우리는 그들을 설득할 방법이 없다. 그것은 어떠한 영에 잡혀 있는 것이며 대화로 해결할 수 있는 문제가 아니다. 당신은 알콜 중독이나 도박에 빠진 사람을 대화로 설득해서 정상으로 고칠 수 있는가? 그럴 수 있다면 설득이 가능할지 모른다. 그러나 쉽지 않을 것이다. 그것은 영의 문제이다. 영에게 잡힌 것이다.

그러나 만약 어떤 사람이 귀가 얇은 편이고 그 쪽 이단에 확실하게 빠져 있는 것이 아니라면, 아직 다른 이들의 말을 들을 수 있는 상태라면 그 때는 어느 정도 권면이 가능할 것이다. 요컨대 설득이 가능 하느냐의 여부는 그 사람이 어느 정도 깊이 들어갔느냐에 따라 달린 것이다. 어떤 이가 자기의 의지로 그것을 굳게 원한다면 그것을 바꿀 방법은 없다.

하나의 방법은 있다. 만약 당신이 영적 세계에 대해서 어느 정도 알며 영적 권능을 경험하고 영의 싸움에 대해서 조금 안다면 그 영들을 결박할 수 있다. 예수 이름으로 이단에 빠진 이들의 배후에 있는 영을 묶을 수 있다는 것이다.

그렇게 되면 그들은 몸의 여기저기가 자꾸 아프게 된다. 그리고 무기력해지게 된다. 그것은 영이 약해지는 과정인데 그렇게 반복하면서 그들의 영들을 부수고 그 사람을 약하게 만들어서 많이 약해지면 그들을 설득하거나 도울 수 있기는 하다.

하지만 기억하기 바란다. 그러한 방법은 그리 영속적인 것이 아니다. 그들은 몸이 회복되면 다시 그 영들에게 잡히게 될 것이다. 사람의 마음은 근본적으로 힘이나 강제를 통해서 바뀌지는 않는다. 설득을 통해서 굴복당하고 마음이 바뀌지는 않는다.

그러므로 나는 누가 다른 사람을 설득해서 그들을 변화시키겠다고 마음을 먹는 사람이 있다면 말리고 싶다. 그것은 별로 자연스러운 방법이 아니다. 복음전도란 상대방을 설득하는 것이 아니며 준비된 사람들에게 복음을 전하는 것이다. 그것은 전달이지 논쟁이 아니다.

TV에서 하고 있는 정치 토론을 가끔 본 적이 있는데 그것은 정말 살벌한 싸움과 같았다. 초청 받은 사람들은 일방적인 자신의 주장을 펼 뿐 상대방을 배려하는 부분을 보기가 힘들었다. 감정을 자제하지 못하거나 상대방에 대한 비난으로 이어지는 경우도 많았다. 그런 토론은 상대방을 변화시킬 수 있는가? 물론 없다. 그것은 서로의 감정을 상하게 할 뿐이다. 그리고 그것을 보고 있는 사람의 마음도 같이 상하게 할 것이다.

사람은 논리에 의해서 설득되는가? 아니다. 사람은 자기가 좋아하는 것에 의해서 설득된다. 그러므로 똑같은 논리에 의해서도 결론은 다르게 나게 된다.

사람은 자기가 좋아하는 사람이 도둑질을 했다면 그가 얼마나 상황이 힘들었으면 도둑질을 했겠느냐고 생각하여 그를 더 좋아하고 불쌍히 여기게 될 것이다. 또한 싫어하는 사람이 도둑질을 했다면 그는 정말 나쁜 사람이라고 여기며 더 싫어할 것이다.

그렇기 때문에 어떠한 사실도 어떠한 논리도 사람을 설득할 수 없다. 사람은 자기의 성향에 따라 좋아하는 것을 좋아하고 싫어하는 것을 싫어한다. 그 성향을 설득할 수는 없다.

어떤 사람이 논리에 의해서 꼼짝 못하고 케이오 패를 당했다고 하자. 그는 진정 굴복될 것인가? 아니다. 그는 더욱 더 적개심으로 가득 차게 된다. 예수께서 바리새인과 서기관들이 속으로 악한 생각을 하는 것을 아시고 지적할 때 그들이 깨달았을까? 아니다. 그들은 밖으로 나가서 어떻게 하면 예수를 죽일까 의논했다. 바른 지적을 받는다고 사람이 변화되는 것이 아니다. 그것은 각자의 성향과 선택에 달려 있는 것이다.

어떤 칼럼니스트의 글을 읽어본 적이 있다. 그 칼럼니스트는 예리하면서도 선명한 논리로 많은 이들의 속을 후련하게 한다는 평을 듣고 있는 사람이다. 그 글은 어떤 사람의 잘못된 것을 하나하나 조목조목 짚어서 비판하는 글이었는데 그 글을 읽고 이런 생각이 들었다.

'이 말은 다 옳다. 그런데 만약 이 글의 대상이 이 글을 읽는다면 어떻게 생각할까? 이 논리에 굴복해서 자신의 과오를 뉘우칠까? 아니면 원수처럼 생각하게 될까?' 나는 아마 두 번째일 가능성이 많다고 생각했다.

그것은 대부분의 사람이 그럴 것이다. 우리를 향해서 날카롭고 변명의 여지가 없는 논리의 공격이 있을 때 우리들은 아마 그 말에 굴복하는 것보다는 분노하는 것이 더 쉽지 않겠는가.

사람은 논리에 의해서 굴복되지 않는다. 오직 사랑에 의해서 굴복된다. 사람은 자기가 좋아하는 것에 굴복되며 또한 자기를 좋아하는 사람에 의해서 굴복된다. 그러므로 우리가 어떤 사람을 좋아하고 사랑하고 사랑스러이 여기지 않는 한 우리는 그 사람을 굴복시킬 수 없을 것이다. 설득이나 논쟁은 정말 좋지 않은 것이다. 그것은 일시적으로 성공했다고 하더라도 반드시 다른 후유증을 낳게 된다. 상대를 바꾸려고 하는 것보다는 상대를 바르게 파악하려고 하는 것이 훨씬 더 좋다. 상대와 싸우기보다는 상대를 이해하는 쪽이 더 나은 것이다.

　일본에 전설적인 무사가 있었다. 이 사람은 신기에 가까운 칼 솜씨를 가지고 있었다. 이 무사가 어느 날 배를 타고 강을 건너고 있었는데 어떤 불량배가 배에서 난동을 부리는 것이었다. 무사가 다가가서 제지하려고 하자 그는 노려보면서 칼을 뽑았다. 무사는 말했다.

　"여기서 싸우면 사람들이 다칠 것이다. 여기서 조금 가면 무인도가 나오니 거기서 한 판 붙는 것이 어떠냐?"

　불량배는 좋다고 말했다. 그들은 서로 노려보고 있었다. 이윽고 배가 무인도에 도착했다. 불량배는 배가 땅에 도착하기도 전에 날듯이 뛰어서 가볍게 땅으로 뛰어내렸다. 날렵한 솜씨. 한 눈에 보기에도 보통 솜씨가 아닌 듯이 보였다.

　그가 내리자 무사는 긴 막대기로 땅을 힘껏 밀었다. 그러자 배는 스스로 미끄러져 다시 강으로 향하기 시작했다. 불량배를 무인도에 혼자 남겨두고 가는 것이다. 섬에 혼자 남겨진 불량배가 뒤에서 '야, 이 비겁한 놈아!' 하고 소리소리 질렀지만 그는 뒤도 돌아보지 않았다.

　이 이야기가 보여주는 것은 무엇인가? 그것은 싸우지 않고 이기는 것이 가장 좋은 승리라는 것이다. 열심히 싸우고 피를 흘리고 논쟁을 하고 서로의 감정에 상처를 주고받고.. 그것은 진정한 승리라고 할 수 없는 것이다.

　인터넷의 발달로 인하여 많은 네티즌들이 여기저기서 많은 글들을 올린다. 의견이 다른 이들은 다른 이들의 의견을 반박하는 글들을 올린다. 그러나 익명으로 글을 쓰기 때문인지 상대방에 대한 존중을 찾아보기란 매우 어렵다. 상호 인신공격과 욕설, 비방이 난무하는 그야말로 무법천지와 같은 분위기다. 어떤 소수 의견이 있으면 벌 떼처럼 달려들어서 온갖 테러에 가까운 공격을 해댄다. 다른 이들의 의견을 존중하는 분위기는 찾아보기 어렵다.

가끔 이러한 곳에서 복음을 전하는 이들을 볼 수 있다. 당연히 이러한 이들은 광신도로 매도되어 엄청난 공격에 직면하게 되는데 이는 실로 안타까운 일이다.

우리는 이 사실을 알아야 한다. 복음이란 너무나 귀하고 아름다운 보석과 같은 것이며 아무 데서나 함부로 전할 수 있는 것이 아니라는 것이다. 흥분하고 격앙된 상태에서는 복음과 같이 귀한 것을 우리의 영혼이 흡수할 수 없다.

사람은 잔잔하고 편안한 상태에서 마음이 열리게 되며 진리를 받아들일 수 있는 상태가 되는 것이다. 그렇기 때문에 복음을 전하기 전에 먼저 사람의 마음을 열어야 하는 것이다. 이것을 꼭 기억해야 한다. 분위기가 아닌 곳에서, 자연스럽고 따뜻한 대화가 되지 않는 분위기에서 복음을 전하는 것은 좋은 일이 아니라는 것이다.

말이 통하지 않는 사람이 있다. 말이 통하지 않는 상황이 있다. 어떤 이들은 그러한 사람에게도 억지로 말을 통하게 하려고 한다. 그것이 좋은 일인가? 그것은 좋지 않다.

어떤 거친 남자가 내게 이렇게 말한 적이 있다. 자기 아내가 워낙 성격이 제멋대로여서 사람을 만드느라고 엄청 많이 두드려 팼다는 것이다. 그래서 지금은 사람이 되었다고. 나는 원래 강아지로 태어났으나 워낙 많이 맞았기 때문에 사람이 되었다는 말을 들어본 적이 없다. 도대체 때려서 사람을 만든다는 것이 가능한 일인가? 나는 그의 부인이 과연 사람이 되어서 그에게 고분고분한 것인지 아니면 폭력이 두려워서 침묵을 지키고 있는지 알 길이 없다. 하지만 내가 아는 것은 이것이다. 자기 말을 듣게 하려고 폭력을 행사하는 사람은 잘못된 사람이라는 것이다. 말이 통하지 않는다고 폭력을 사용해서 되겠는가?

물리적인 폭력보다야 낫겠지만 논리적인 폭력도 나쁜 것은 마찬가지다. 논쟁을 즐기는 사람이 있다. 논리를 통해서 사람을 공격하는 사람이 있다. 그들은 사람을 몰아세우는 것을 좋아한다. 상대가 꼼짝 못하도록 논리의 칼을 휘두르는 것을 좋아한다. 그리하여 상대방이 싫어하더라도 반대할 수 없는 논리를 내세워 그들의 의견을 따르게 한다. 그것이 좋은 일인가? 그것 역시 독재이며 폭력이다.

아무리 옳은 일이라도 내가 하기 싫은 일이 있다. 싫으면 안하면 그만이다. 그런데 여러 가지 당위성을 내세워 그것을 시킨다면 그것은 피곤한 일일 것이다. 그것은 강요다. 우리는 원치 않는 것을 강요당할 이유가 없다.

대화가 안 되는 사람들이 있다. 그들은 대화의 룰을 지키지 않는 사람이다. 그들은 상대방의 의견을 인정하지 않으며 자신만이 옳다고 생각한다. 그들은 이쪽의 말을 들어주지 않으며 그들의 말만을 강요한다. 우리가 원하지 않는 것을 자꾸 요구한다.

우리는 그들을 참아야 하는가? 우리는 억지로 계속 대화를 해 나가야 하는가? 그러다 보면 언젠가는 서로 통하는 것이 나오게 되는가?

나는 꿈을 버리라고 충고하고 싶다. 대화가 되지 않는 사람하고는 오래 이야기하고 있어야 서로 피곤할 뿐이라는 것을 이야기하고 싶다. 그러니 시간을 낭비하지 말고 대화가 되는 사람과 대화를 하는 것이 좋은 것이다.

바리새인들과 서기관들은 주님과 많은 시간 논쟁을 벌였다. 주님께 많은 것을 물어보고 주님은 그들에게 대답하셨다. 그들은 변화되었는가? 변화되지 않았다.

주님의 설교가 모자랐는가? 주님의 진리가 부족한 면이 있었는가? 그것은 온전한 것이었다. 그러나 그들은 변화되지 않았다. 그 이유는 그들이 변화를 원하지 않았기 때문이었다.

모세를 통해서 살아 계신 하나님의 능력을 본 애굽 왕 바로는 변화되었는가? 그는 전 애굽이 하나님의 능력에 의해서 무너져가고 있는 것을 보았다. 그는 하나님을 경외하여 그 앞에서 엎드러졌는가? 그는 그렇게 하지 않았다. 그것을 원하지 않았기 때문이다.

기적도 주님의 진리의 말씀도 사람을 변하게 하는 것은 아니다. 오직 자신의 변화를 원하는 이들만이 변화와 생명을 경험한다. 그러므로 당신은 사람의 변화를 기대해서는 안 된다. 대화를 통해서 사람이 바뀌리라 생각할 필요도 없다. 오직 변화를 구하는 사람만이 변화되기 때문이다. 의견이 다른 사람은 그것을 나누면 나눌수록 더욱 더 분열되는 것이다.

나는 가족들을 변화시키기 위해서 애를 쓰는 사람을 참 많이 보아왔다. 그들은 가족이 가까운 사람들이기 때문에 어떻게 해서든지 같은 생각을 가지고 같은 마음으로 살게 하려고 무진 애를 쓴다. 나는 그러한 이들에게 포기하라고 가르치곤 했으며 많은 전쟁의 고통을 겪고 후유증을 겪은 후에 사람들은 비로소 포기를 배우곤 했다.

재미있는 것은 그렇게 포기를 한 후에 사람들은 가족들이 변화되는 것을 경험하곤 했다.

당신은 주변에 말이 통하지 않는 사람을 가지고 있는가? 그래서 대화를 하면 고통스럽지만 거리를 두자니 마음이 좁은 것은 아닐까 싶어서 부담을 느끼는가? 다시 말하지만 말이 통하지 않는 상대와 굳이 말을 하려고 하지 말라. 그것이 편안하게 사는 길이다. 분쟁 없이 갈등 없이 편하게 사는 길이다.

어리석은 사람은 폭력을 써서라도 논리로 설득을 해서라도 상대방을 굴복시키려 하지만 당신은 그렇게 하지 말라. 또한 다른 사람들에게도 그러한 대접을 받지 말라. 그것은 서로 괴로운 일이다. 주님이 허락하실 때 주님이 원하시고 인도하실 때 당신은 비로소 상대방과 자연스럽게 대화를 할 수 있음을 알게 될 것이다. 그러나 그렇지 않을 때는 굳이 당신이 애쓸 필요가 없다.

주님의 인도는 무엇이든지 다 자연스럽고 편안한 것이다. 그것은 결코 억지스럽지 않다. 그러므로 모든 면에서 자연스럽고 편안하게 살라. 결코 억지로 하지 말라. 강요하지 말며 강요당하지 말라. 당신은 자유인이다. 상대가 원하지 않을 때 상대를 내버려 두라. 상대를 묶으려 하지 말라. 그것은 열매 맺는 삶이 아니다.

계절은 항상 자연스럽게 온다. 언제 왔는지 모르게 봄이 온다. 그 추웠던 계절이 어느덧 사라지고 따뜻한 봄이 온다. 너무나 더워서 질식할 것 같았던 여름도 어느새 지나가고 서늘한 바람이 분다. 자연은 항상 자연스러운 것이다. 그것은 억지스럽지 않다.

그러므로 말이 통하지 않을 때 그것을 일치시키려고 너무 애를 쓰지 말라. 그저 주님께 맡기고 자연스럽게 하라. 사랑은 좋은 것이다. 그러나 억지로 안 나오는 사랑을 하려고 애를 쓰지는 말라. 웃음은 좋은 것이다. 그러나 억지로 웃음을 웃어야만 한다고 부담을 가지지는 말라.

우리는 긴장을 풀어야 한다. 그리고 자연스럽게 주님을 바라보아야 한다. 그리고 주님께서 우리 안에서 부드럽게 역사하실 것을 기대해야 한다. 우리가 긴장을 풀고 자연스럽게 움직일 수 있다면 우리는 좀 더 사랑하고 좀 더 웃을 수 있을 것이다.

그러므로 무엇이든 억지로 하려고 하지 말고 자연스럽게 내어두라. 주님은 당신을 인도하실 것이다. 자연스러운 환경으로 당신을 이끄실 것이며 자연스럽게 당신의 마음속에 조그만 변화를 일으키실 것이다.

그 주님의 인도하심에 깨어 있으라. 그러면 당신은 언제 봄이 오는지 알 수 있게 될 것이다. 어느덧 겨울은 사라지고 봄이 오게 된 것을 알 수 있을 것이다.

전에는 그 사람과 대화를 나눌 수 없었고 말이 통하지 않았으나 이제는 대화를 나눌 때 편안해지는 것을 느끼며 서로의 영혼을 교환할 수 있음을 느끼게 될 것이다. 그것이 주님의 때이다. 그 주의 때를 기다리라.

그러므로 지금은 자연스럽게 하라. 말이 통하지 않으면 하지 말라. 그렇게 조금씩 자연스럽게 움직일 때 당신은 성령 안에서 주의 인도하심 안에서 움직이는 것이 무엇인지 점점 더 알아갈 수 있을 것이다.

# 13. 삶의 흐름을 거스르지 말라

 삶은 흐름이다. 거기에는 흐름이 있다. 그것은 자연스럽게 흘러가는 것이다. 그것은 흐르는 물과도 같고 움직이는 바람과도 같다. 때로는 밀물처럼 다가오기도 한다. 때로는 썰물처럼 빠져나가기도 한다. 그것은 하나의 흐름이다.
 우리를 향한, 자신을 향한 인생의 흐름, 삶의 흐름을 읽을 수 있다면 그것은 좋은 것이다. 그는 그 흐름을 거스르지 않고 자연스럽게 그 흐름을 따라 그 바람의 방향을 따라 가면 된다.
 길을 걸을 때 뒤에서 밀어주는 바람과 함께 가는 것과 맞은편에서 불어 닥치는 바람을 맞으면서 걷는 것은 엄청난 차이가 있다. 흐름을 따라 살아가는 것은 무엇인가? 그 경우에 그 바람의 방향이 바뀔 때까지 조용히 기다리는 것이다. 그것이 자연스러우며 흐름을 따라 가는 삶이다.
 나는 자연스러운 삶을 자주 이야기한다. 그것이 영혼의 흐름이며 삶이라고 생각하기 때문이다. 우리가 영혼을 깨우기 원하며 영혼의 움직임을 따라, 주님의 인도와 감동에 따라 살기를 원한다면 그것은 자연스러움을 따라 가는 삶인 것을 알아야 한다.
 영으로부터 오는 것, 주님으로부터 오는 것은 아주 자연스럽다. 내가 노력하고 긴장한 것이 아니다. 그냥 자연스럽게 사랑이 흘러나오고 자연스럽게 깨달음이 오는 것이다.

설교자가 회중에게 진한 감동을 끼치는 것은 그 전날 밤새 씨름하여 만들어낸 문장이 아니다. 갑자기 자연스럽게 떠오르는 말, 이야기, 착상을 말했을 때 성도들은 신선한 충격을 받는다. 그들은 그 말씀이 문자 그대로 심령에 꽂히는 듯 한 인상을 받는다. 그것은 긴장에서 나온 것이 아니고 자연스러움에서 나온 것이다.

영의 사람은 자연스러움을 안다. 억지로 만들어내지 않는다. 그래서 모든 인위적인 것, 억지스러운 흐름을 거절한다. 길을 가다가도 이 길이 뭔가 억지스럽고 편안하지 않다면 그 길을 거절한다. 그것이 영으로 가는 길이다. 영의 인도는 아주 편안하고 쉽다. 반면에 육의 노력은 온갖 애를 쓰고 조심하고 힘을 써도 열매는 극히 적다.

영의 사람은 그 차이점을 아는 사람들이다. 흐르는 시냇물을 보라. 그것은 자연스럽다. 거기에는 긴장과 압력이 느껴지지 않는다. 물고기들은 거기서 즐겁게 뛰어 논다. 하지만 그 흐름을 거슬러 올라가는 물고기는 힘들다. 피곤하다. 거기에는 곱절의 힘이 필요한 것이다.

인생의 흐름을 따라 자연스럽게 가는 사람들이 있다. 그들은 자연스러우며 평화롭고 편안하고 자유하다. 그들은 노는 것 같으면서도 많은 열매를 생산한다.

반대로 그 흐름을 거슬러 가는 사람들이 있다. 아니, 이 시대의 사람들은 흐름을 따라 유유자적하는 것이 아니라 긴장되고 눈이 충혈되고 애를 쓰고 악을 쓰는 것을 배운다. 그리고 그렇게 살아가야 한다고 생각한다. 그것이야말로 정말 비참한 삶이다.

시편에 하나의 삶이 소개되어 있다. 새벽에 일찍 일어난다. 그리고 밤늦게 잔다. 하루 종일 수고의 떡을 먹는다. 그렇게 피곤하게 살았는데도 막상 밤이 되어 누우면 잠이 오지 않는다. 뇌리 속에는 온갖 근심이 가득하다. 게다가 그렇게 고생을 해도 모든 것이 헛되며 열매도 없는 지치고 피곤한 삶인 것이다. (시127:1-2)

사도 바울도 한 때 그러한 삶을 살았다. 이를 악물고 나름대로 열심히 믿으려고 애를 썼다. 신앙을 수호하기 위해서 온갖 험한 일을 손에 묻히고 살았다. 하지만 열매도 없었고 평화도 없었다. 그에게 맞아죽은 스데반의 얼굴에는 기쁨과 평화가 있었으나 그를 때려죽이는 바울의 심령에는 기쁨이 없었다.

바울은 생각했다. '도대체 어떻게 된 거야? 저 이단에 빠진 놈은 저렇게 좋아하는데 정통을 따라가는 나는 왜 이 모양인 거야? 왜 나에게는 평화가 없을까?'

얼마 후에 빛이 그에게 임했고 소리가 들려왔다. '사울아. 사울아.. 가시채를 더 이상 뒷발질하지 말아라.' 그의 삶은 말이 채찍을 향해서 뒷발로 계속 차는 삶이었던 것이다. 그는 마음의 평화를 따라 간 것이 아니었다. 이를 악물고 옳다고 믿는 것을 따라 산 삶이었다.

하지만 그 빛을 받은 그는 그 후로 심령의 감동을 따라 사는 삶을 살게 되었다. 심령의 감동을 따라 사는 삶 - 그것은 바로 내적인 자유함을 따라 흐름을 따라 사는 삶인 것이다.

모든 살아있는 것에는 흐름이 있다. 흐름이 없으면 죽은 것이다. 물도 흐름이 없으면 썩고 공기도 흐름이 없으면 썩는다. 먹다가 체한 것은 가슴이 막힌 것이다. 흐름이 막힌 것이다. 입맛이 없는 것은 소화의 흐름이 막힌 것이다. 대화가 막힌 것은 관계가 죽은 것이다. 많은 사람의 가슴이 중간에 꽉 막혀 있는데 이것은 감정의 흐름이 충격을 통하여 막힌 것이다. 그것이 뚫리지 않으면 몸의 건강이나 영혼의 건강에 해로운 것은 말할 나위도 없다.

사실은 분명하다. 흐르는 것은 살아있는 것이고 막힌 것은 죽은 것이거나 죽어 가는 것이다. 그러므로 우리는 흐름을 거슬러서는 안 된다.

하지만 우리는 자신의 삶에서 그 흐름을 거스르는 이들을 너무나 많이 본다. 그들은 삶의 흐름과 리듬을 파괴하고 스스로 어두움을 끌어당기는 이들이다. 그것은 온갖 고생을 자초하면서 아무런 결실도 맺지 못하는 비참한 삶을 살아간다.

어떠한 것들이 삶의 흐름을 거스르는가? 그 대표적인 것이 현실의 삶에 만족하지 않고 불평하는 자세이다. 자신의 현실이 아닌 다른 세계, 다른 삶을 끊임없이 동경하는 것이다. 그것은 흐름을 거스른다. 항상 자신의 삶에 불만을 가지고 있는 사람이 있다. 스스로를 자학하고 비하하면서 자신을 어두움의 구렁텅이로 떨어뜨린다.

어떤 이들은 한국에 살면서도 한국의 욕을 끊임없이 해 댄다. 외국의 선진 문화를 보면 우리는 너무나 하찮고 한심한 민족이라고 말한다.

나는 그러한 사람이 왜 한국에 계속 살고 있는지가 참 궁금하다. 이 나라가 싫으면 다른 곳으로 가면 되는 것이다. 다른 곳으로 가기 싫다면 이 나라에 살며 이 나라의 백성인 것을 감사하며 사는 것이 좋다. 그것이 흐름에 맞는 것이다.

한국이 잘못된 나라인가? 특별하게 하나님이 좋아하시거나 싫어하시는 나라가 따로 있을까? 나는 그렇게 생각하지 않는다. 각 나라와 민족, 모두가 하나님의 특별한 섭리 속에서 지어졌다. 우리는 각자 그것을 발견해야 한다. 그것이 하나님께 영광을 돌리는 것이다. 함부로 자신과 자기가 속한 나라를 비난하는 것은 주님의 뜻이 아니다.

자기가 다니고 있는 교회를 계속 욕하면서 다니는 사람이 있다. 그들은 교회를 욕하고 목회자를 비난한다. 나는 왜 그들이 그 교회에 머물러 있는 지가 이해가 안 간다. 그들은 자신이 비난하지 않고 사랑하고 존경할 수 있는 사역자, 교회를 찾아가면 된다. 욕을 하면서 까지 그 교회를 다닐 필요는 없다.

청년 시절 내가 다니던 교회에서 목회자에 대하여 좋지 않은 말들이 많이 돌아다니고 있던 때가 있었다. 나는 소문의 진위에 대해서 알 수 없었지만 아무튼 그 사실이 불쾌했다. 어느 자매가 계속 목회자의 욕을 하고 있기에 그러면 교회를 옮기는 것이 좋지 않겠느냐고 묻자 그 자매는 망설이면서 거기에는 확신이 없다고 말하는 것이었다. 그렇다면 비난하는 것에는 확신이 있다는 말인가? 그러한 행동은 흐름을 거스르는 것이다. 그것은 좋은 일이 아니다.

여행자들은 항상 자기가 있는 곳을 이야기하지 않고 다른 곳을 이야기하는 습성이 있다고 한다. 인도에 가면 네팔에 대해서 이야기한다. 네팔에 가면 티벳에 대해서 이야기한다. 하지만 자기가 있는 곳을 살피고 보고 누리고 즐기는 것이 좋은 것이다.

한국에 사는 적지 않은 이들이 외국을 동경한다. 그리고 툭하면 '이놈의 나라, 이민이나 갈까보다.' 하고 말한다. 그리고 외국에 사는 이들은 항상 고국을 그리워한다. 미국에 있는 어떤 교포 교회 이름이 〈언제나 마음은 고향〉교회가 있다고 들은 적이 있다.

동경이나 그리움이 나쁜 것은 아니지만 중요한 것은 지금 이 곳에서 즐겁게 사는 것이다. 지금 여기서 즐기지 못한다면 그는 다른 곳으로 옮겨도 그리 즐겁지 않을 것이다.

왜냐하면 즐거움이란 영혼에서 나오는 것이기 때문이다. 그것은 생각하는 습관, 삶의 습관에서 나오는 것이지 환경에서 나오는 것이 아니다. 즐거움을 위해서 다른 세계의 삶을 동경하는 이들은 평생을 이곳저곳을 돌아다니면서 새로운 곳을 동경하며 살게 될 것이다.

그러한 이들은 마음이 비뚤어진 것이다. 문제는 환경이 아니라 상황을 보는 그 사람의 눈이다. 지금 감사할 줄 모르고 지금 누리고 즐거워할 수 없는 사람은 언제 어디서 무엇을 해도 불행하다. 그는 흐름을 거스르는 영혼을 가지고 있기 때문이다.

어떤 이들은 항상 자신에게 없는 것을 구한다. 자신에게 있는 것을 즐기고 누리는 것 보다 항상 없는 것으로 인하여 절망하고 남들을 부러워한다.

결혼하지 않은 이들은 결혼한 사람을 부러워하며 결혼한 사람은 결혼하지 않은 이들의 자유를 부러워한다. 경제적으로 넉넉한 이들은 배우자로 인하여 불평하거나 자녀들로 인하여 다른 사람을 부러워한다. 고난 중에 있는 이들은 고난이 없어 보이는 이들을 부러워하며 평탄한 상황에 있는 이들은 그래도 옛날이 좋았다고 생각한다.

주님께서 우리 각자에게 허락하신 삶은 오직 불공평과 고난뿐인가? 아니다. 그렇지 않다. 주님은 불공평하지 않으시다. 우리가 어떤 어려운 상황에 처해있다고 하더라도 거기에는 위로가 있고 즐거워할 수 있는 꺼리가 있다. 그것을 발견하지 못하고 오직 좋지 않은 것만 보게 되는 것은 그들의 마음과 생각이 어두운 곳에 있기 때문이다.

그러한 성향은 다 영들로부터 오는 것이다. 자신의 성품이기도 하지만 영들의 장난이기도 하다. 즉 어두움의 영들이 계속적으로 그러한 부족감의 영, 부족감의 기운을 심어주기 때문에 그들은 항상 다른 곳을 보면서 낙담하고 있는 것이다. 그것은 영혼의 문제이며 그 사람 마음의 문제이기 때문에 환경이 바뀌고 사람들이 바뀐다고 해서 해결되는 문제는 아니다.

어떤 이들은 항상 과거를 돌아보면서 후회를 한다. 그것 역시 흐름을 거스르고 있는 것이다. 흐름을 거스른다고 하는 것은 과거가 갑자기 현재가 되며 현재가 과거가 되는 일은 없기 때문이다. 그러므로 지금의 현실을 살지 않고 과거에서 살고 있는 것은 흐름을 거꾸로 올라가고 있는 것이다. 그렇기 때문에 그것도 역시 비참하고 어두운 삶, 죽음에 속한 삶이 되는 것이다.

이스라엘 백성은 광야에서 계속적으로 불평과 원망을 쏟아냈다. 애굽을 탈출한 당시에 잠깐 즐거워했지만 그것은 오래 가지 않았다. 그 후에는 끊임없이 먹을 것이 없네, 마실 것이 없네, 음식의 영양이 부실해서 힘이 없네.. 하고 불평을 해댔다. 그러면서 항상 따라다니는 말이 있었다. 옛날이 좋았다는 것이다. 애굽에 살던 그 시절이 좋았다는 것이다. 그러니 하나님은 왜 우리를 괜히 그 좋은 곳에서 끄집어내셨느냐고 불평을 하고 있는 것이다.

정말 과거가 그렇게 좋았는가? 그들이 그렇게 그리워했던 과거로 가보면 그 당시에도 불평하는 것은 마찬가지였다. 그들은 얼마나 괴로웠는지 그들이 부르짖고 탄식했을 때 그 소리가 하나님께

상달되었다고 했다. 그런데 왜 이제 와서 딴 소리인가?

여기서 분명한 사실이 있다. 지금의 현실을 불평하면서 과거가 좋았다고 하는 이들은 분명히 과거에도 원망과 불평 속에 살았다는 것이다. 그리고 지금 원망하는 이들도 세월이 흐르면 지금이 좋았다고 말하게 된다는 것이다. 원망하는 삶 - 그것은 그의 어두운 영혼에서 나오는 것이며 그것은 우리에게 주어진 흐름을 거스르고 있는 삶인 것이다.

거스름은 재앙을 가져온다. 이스라엘 백성은 광야에서 40년 동안 방황하다가 결국 다 죽고 만다. 그나마 그들이 빨리 멸망하지 않았던 것은 필사적으로 중보했던 모세의 덕분이었다. 그렇지 않았으면 그들은 벌써 옛날에 광야의 먼지가 되었을 것이다.

친구들이 다 흐름을 따라 따뜻한 곳으로 날아갈 때 혼자 남은 제비가 어떻게 살 수 있겠는가? 겨울이 왔는데 혼자서 겨울잠을 자지 않고 빨빨 돌아다니는 개구리가 있다면 어떻게 살아남을 수 있겠는가? 흐름을 따라 가지 않는 것은 죽는 것이다. 그것이 생명의 원리이다.

죄란 무엇인가? 그것은 흐름을 거스르는 것이다. 그것은 자연스럽지 않은 것이다. 영으로 사는 삶은 자연스럽다. 그것은 바람을 타고 가는 것과 같다. 거기에는 긴장이 없다. 편안하고 넉넉하며 자유롭다. 그러나 죄는 그렇지 않다. 육으로 사는 삶, 죄의 삶은 흐름을 거스른다.

어떤 이가 화를 낸다고 하자. 그의 심장은 압력을 받는다. 그가 싸우려고 할 때 그의 심장은 불규칙하게 쿵쿵 뛰기 시작한다. 그의 피는 부드럽게 움직이는가? 아니다. 혈관은 긴장하며 독으로 가득 차게 된다. 미워할 때 사람의 혈관은 긴장하고 팽창한다. 그것은 여유롭고 부드럽게 흐르지 않는다. 자연스러운 흐름이 깨진 것이다.

사랑을 할 때는 어떤가? 부드럽게 말하며 따뜻하게 미소를 지으며 사랑의 포옹을 나누며 격려할 때 우리 몸은 어떻게 되는가? 감사를 드릴 때 우리 몸은 어떤가? 자연을 보면서 그것을 지으신 주님을 높이고 경배할 때 우리의 몸은 어떻게 되는가? 자연 상태와 같게 된다. 피는 자연스럽게 시냇물이 흐르듯이 움직이며 우리의 몸과 마음은 평화스러운 상태가 된다.

질병은 우리 몸의 조화가 깨진 것이다. 흐름도 여유도 깨진 것이다. 분노와 미움과 불평과 시기와 짜증은 우리 몸의 흐름을 파괴한다. 흐름은 막히고 곳곳에 정체 현상이 생긴다. 그리고 암이 생기고 딱딱하게 굳어지며 부드러움도 평화도 다 사라지게 된다. 그것이 흐름을 거스르는 것이다.

영으로 사는 것은 흐름을 따라 사는 것이다. 육으로 사는 것은 긴장되고 억지스러우며 지치고 피곤하게 사는 것이다. 사람은 영으로 살도록 창조되었다. 영의 법칙을 따라 사는 삶은 자연스럽고 단순하다. 감사하고 천진난만한 어린아이 같으며 사소한 일에도 웃고 즐기며 산다. 어린아이와 어른의 중요한 차이는 아이들은 아무 것도 아닌 일에 웃음을 참지 못하고 어른들은 어지간한 일이 아니면 잘 웃지 않는다는 것이다. 그것은 곧 잘 흘러가는 것과 중간에 막혀서 잘 흘러가지 않는 차이인 것이다.

우리는 흐름을 거스르지 말아야 한다. 무엇을 할 때 이를 악물고 해서는 안 된다. '죽는 한이 있어도 이것만은 해야 한다.' 그런 마음을 버려야 한다.

우리는 주의 인도를 따라 걸어간다. 그리고 길이 막히면 돌아간다. 물이 흐를 때 그렇게 한다. 시냇물이 흐르다가 돌에 막히면 물은 돌아간다. 아니면 차곡차곡 그 돌의 주위에 쌓인다. 그리고 그 분량이 되면 그 돌을 넘어간다.

그것이 흐름이다. 주님께서는 복음을 전하다가 이 동네에서 핍박이 있으면 저 동네로 피하라고 하셨다. 목숨을 걸고 싸우라고 하지 않으셨다. 인도하시는 대로 상황이 허락하는 대로 가만히 흘러가면 되는 것이다. 그 길은 주님이 이끄시는 길이다.

그러므로 무엇이든지 목숨을 거는 것을 피해야 한다. 열심히 그것을 즐기면서 하되 '안 되면 말지 뭐.' 하는 자세가 필요하다. 무책임하다고? 하지만 그렇게 편안한 자세가 오히려 풍성한 열매를 가져다준다는 사실을 알아야 한다. 그것은 나의 경험을 통해서도 입증되었던 것이었다. 당신도 경험해보면 그것이 사실인 것을 알게 될 것이다.

우리는 자신이 흐름을 거스르고 있는 것을 어떻게 알 수 있을까? 그것은 아주 쉽다. 주님께서 우리를 흐름에 따라 살도록 지으셨기 때문에 우리가 그 흐름을 거스르면 우리는 각종 부작용이 생기게 된다.

우선 우리는 행복하지 않게 된다. 즐겁지 않다. 화를 내고 남을 비난하면서 기쁨이 충만한 사람을 보았는가? 불평하면서 얼굴이 환하게 빛나는 사람을 보았는가? 그런 사람은 없다. 사람은 모두 천국을 위해서, 빛을 위해서 만들어졌기 때문이다. 화를 내고 비난하면 얼굴이 일그러지고 몸이 파괴되고 마음이 괴롭게 된다. 그러므로 우리는 흐름이 나빠진 것을 알 수 있다.

우리가 흐름을 거스르면 우리는 불안해진다. 이유 없이 불안하고 걱정 근심이 생긴다. 그러므로 우리는 어디에서부터 흐름이 잘못되었는지를 파악해야 한다. 그리고 흐름을 막는 것을 얼른 치워야 한다. 돌맹이를 치우면 물은 잘 흘러가게 되어 있다.

만약 우리가 무엇인가를 하고 있다가 마음이 불안해진다면 우리는 그것을 즉시 중단해야 한다. 그것은 흐름이 막히고 있는 것을 보여주는 것이다. 그러므로 막힌 흐름이 다시 회복되도록 하여야 한다. 만약 당신이 속이 답답하든 말든, 마음이 불안하든 말든 그냥 그대로 살아가는 사람이라면 당신은 흐름이 곧 망가지게 될 것이며 영적으로 둔감하고 마비된 사람이 될 것이다.

나는 내가 무엇을 하고 있든지 그 흐름을 중시하는 편이다. 예를 들어 컴퓨터를 하거나 인터넷을 검색하고 있거나 아니면 어떤 책을 보고 있거나 어떤 생각을 하던 간에 흐름이 막히면 나는 즉시 그것을 중단한다.

나는 다시 무릎을 꿇으며 그 흐름의 막힘이 회복되도록 기도하며 주께 나아간다. 그리고 '오, 주님. 무엇이 잘못되었나요?' 하고 주님께 묻는다.

그리고 내면에서 오는 감동을 따라 즉시 잘못된 것을 수정한다. 예를 들어서 이제 컴퓨터를 꺼야 한다든지, 이제 하던 일을 중단하고 주님과 조용히 머물러 있어야 한다든지 하는 감동이 올 때 나는 거기에 순종한다. 그렇게 하면 나의 영과 그 흐름은 회복된다. 하지만 그렇게 하지 않으면 영의 흐름, 감동이 망가지게 되며 나는 차츰 주님의 임재와 인도하심에 멀어지게 된다. 그것은 정말 재미없는 일이다.

내가 하루 종일 흐름을 중시하고 있었다면 그 하루는 풍성하게 보내게 된다. 적어도 밤에 잠자리에 들게 될 때에 만족스럽고 기쁘다.

그러나 나의 경험을 보면 그 흐름을 무시하고 멋대로 움직였을 때 밤에 잠자리에 드는 순간 하루의 삶이 후회스러웠던 적이 많았다. 가슴은 답답해지고 마음에는 기쁨이 사라졌다. 그 흐름을 따라 주님께서 인도하신다는 것은 분명한 사실이다.

이 메시지를 기억하기 바란다. 당신이 흐름을 거스르고 있다면 당신은 좋은 일이 생기지 않을 것이다. 먹은 것이 잘 소화되어 흐르지 않고 정체되어 변비가 걸린 다든지 하면 몸이 나빠질 것이 당연하지 않겠는가.

그와 같이 인생에 있어서도 그 영의 흐름을 당신이 막고 있다면 좋은 사건이 생길 리 만무한 것이다. 당신의 몸에도 좋지 않고 영에도 좋지 않으며 환경도 좋지 않을 것이다. 환경에서 나타나는 사건과 당신의 몸에서 나타나는 안 좋은 현상도 당신이 그 흐름을 거스르고 있다는 것을 보여주고 있는 것이다. 왜냐하면 환경도 몸도 영혼의 그림자이기 때문이다.

인생에는 흐름이 있다. 두 가지 흐름이 있다. 바다에도 밀물이 있고 썰물이 있다. 하늘에 낮이 있고 밤이 있다. 그러므로 당신의 인생에도 두 가지 흐름이 있다. 형통할 때가 있고 곤고할 때가 있다. 당신은 그 흐름을 거스를 수 없다. 형통할 때 당신은 교만해서는 안 된다. 당신은 감사해야 하며 오직 주를 높이며 주께 모든 영광을 돌려야 한다.

또한 당신의 삶에 곤고가 찾아올 때가 있다. 그 때 당신은 원망해서는 안 된다. 당신은 오직 주님 앞에서 엎드려야 한다. 그 때 당신은 낮은 자세로 그 기간이 지나도록 근신해야 한다. 그 흐름은 주님께 달려있는 것이다. 이 말씀을 기억하자.

"형통한 날에는 기뻐하고 곤고한 날에는 생각하라
하나님이 이 두 가지를 병행하게 하사
사람으로 그 장래 일을
능히 헤아려 알지 못하게 하셨느니라"(전7:14)

우리는 오직 주님의 손아래 있다. 그리고 그 흐름을 주장하시는 분은 주님이시다. 그러므로 우리는 그 흐름의 분위기를 잘 파악해야 한다. 지금 겸손을 배울 때인지 삶의 환희를 누릴 때인지 잘 분별해야 한다.

항상 바람과 흐름을 주장하시는 주님의 손아래에서 우리는 겸손해야 한다. 당신은 그 흐름을 따라가야 하며 그 흐름에 익숙해져야 한다.

우리가 억지로 움직이지 않고 그 흐름 안에 있을 때, 그 흐름 안에서 움직일 때 우리는 자연스러운 삶의 열매를 맺을 수 있다. 집착은 사라지며 무거운 부담이나 의무감이나 중압감도 사라지게 된다. 우리는 긴장을 벗게 되며 편안하고 자연스럽고 웃고 즐기며 삶을 기뻐할 수 있게 된다.

우리는 점점 더 쉽게 사랑할 수 있다. 감사할 수 있으며 기뻐할 수 있으며 즐거워할 수 있게 된다. 우리가 노력하지 않아도 이상하게도 우리는 쉽게 통찰력을 얻으며 깨닫게 되며 사람들이 우리를 좋아하는 것을 느끼게 된다. 우리는 그 흐름을 따라 사는 것이 아주 편하며 재미있는 것임을 알게 될 것이다.

그러므로 그 흐름을 따라 살라. 지금 당신의 삶에 역사하고 있는 그 흐름을 분별하라. 그것을 거스르지 말며 그 안에서 조용히 움직이라. 당신은 점점 더 자유롭게 될 수 있을 것이다.

지금 다소의 어두운 흐름을 가지고 있다고 할지라도 곧 당신은 거기에서 놓여나게 되며 기쁨과 자유함의 세계로 들어갈 수 있게 될 것이다.

## 14. 작심삼일을 두려워하지 말라

 의지가 강한 사람들이 있다. 그들은 칭찬을 받는다. 그들은 한번 마음을 먹은 것은 꼭 이루고야 만다. 중간에 마음이 잘 바뀌지 않는다. 일단 한번 결정한 것은 도중에 어려움이 있더라도 극복하고 당초의 뜻을 이룬다. 이들은 '의지의 한국인'으로 불리며 만인의 귀감으로 여겨진다.
 그것은 좋은 일이다. 그들은 훌륭한 사람들이다. 하지만 그렇지 않은 사람들도 있다. 그리고 그렇지 않다고 해서 꼭 나쁘다고 할 필요는 없다.
 어떤 이들은 이와 반대다. 이들은 흔히 '작심삼일'이라는 말을 많이 듣는다. 이들은 마음의 변화가 심하다. 그래서 결심을 많이 하지만 마음이 쉽게 바뀐다. 무엇인가를 추구하다가 길이 막히면 금방 포기하고 만다.
 그래서 이들이 무엇을 하기로 마음먹으면 주위의 사람들은 '어디, 얼마나 가나 보자'고 비아냥거린다. 이들은 입술을 깨물며 두고 보라고 말을 하지만 얼마 후에는 주위 사람들의 예상이 이루어지게 된다. 이러한 일은 반복되고 이들은 나중에는 자신감을 잃어버린다. 그리고 자기도 자신을 신뢰하지 못하게 된다.
 이번 장은 두 번째 사람을 위한 장이다. 첫 번째 유형의 사람들이야 워낙 성실하고 다른 사람들에게 칭찬과 인정을 받으니 그렇다고 치자. 사실 그들도 고민이 없는 것은 아니지만 말이다. 그러나 두 번째 사람은 좀 더 기가 죽어있을 확률이 많으니 조금 용기를 주고 싶은 것이다.

자. 이러한 차이는 왜 생기는 것일까? 그것은 기질의 차이라고 말할 수밖에 없다. 신체적으로 보자면 사람은 날 때부터 한 쪽으로 치우쳐져 있다고 한다. 예를 들면 간이 큰 사람이 있고 폐가 큰 사람이 있다. 위장 기능이 좋은 사람이 있고 비위가 약한 사람이 있다. 한쪽이 좋은 사람은 다른 쪽이 약하게 된다. 또한 다른 쪽이 약한 사람은 반대쪽은 강하게 된다. 사람은 대부분 그렇게 태어난다는 것이다. 이것은 한방 쪽의 이론이지만 사실 그런 것 같다.

상체가 크고 튼튼한 사람은 대체로 기관지 쪽이 좋다. 반면에 간 쪽이 나빠서 자주 피곤해한다. 반대로 상체가 약하고 하체가 튼실한 사람은 폐쪽은 약하지만 간은 강해서 피곤을 모른다.

그래서 상체가 약한 사람은 대체로 롱다리가 많아서 자주 빨빨 돌아다니며 피곤한 줄을 모른다. 반대로 상체가 강하고 하체가 약한 숏다리들은 움직이는 것을 싫어하고 피곤해한다.

롱다리인 백인들은 움직이는 것을 좋아하고 전반적으로 숏다리의 체형을 가지고 있는 한국인들은 움직이는 것을 천하게 여기며 가만히 있는 것이 양반이라고 생각한다. 롱다리 백인들은 '정복하러 가자' 하고 먼저 찾아가고 움직이는 쪽이 주도권을 잡으며 한국인들은 '내가 어른인데, 제 놈이 찾아와야지' 하고 생각한다.

그런 성향들은 신체적인 특성과 기질이 반영된 것이다. 그러므로 그러한 성향들은 우월의 개념으로 이해해서는 안 되며 개별적인 특성으로 이해해야 한다. 즉 각자가 장단점이 있는 것이다.

에너지의 측면으로 보면 의지가 강한 사람은 에너지가 배 쪽에 많은 것이다. 반면에 의지가 약한 사람은 에너지가 가슴 쪽에 많이 몰려 있는 것이다. 이러한 원리를 이해하게 되면 그것을 어떻게 보완할 수 있는가 하는 것은 그리 어려운 것이 아니다.

한 사람의 안에는 한 사람만이 살고 있는 것이 아니다. 하나의 의지만 존재하는 것이 아니다. 하나의 장기만 존재하는 것이 아니다. 심장도 있고 간장도 있고 위장도 있다. 그리고 그들은 모두 독립적인 성품과 취향과 인격을 가지고 있다. 여러 존재들이 다 각자 살아가지만 머리가 모두를 통합시켜서 같이 살아가고 있는 것이다. 그것은 한 나라에 대통령만이 존재하는 것이 아닌 것과 같다.

어떤 나라는 리더가 강력하여 별 불협화음이 없이 움직여간다. 하지만 어떤 나라는 리더십이 약해서 많은 문제가 불거지기도 한다. 의지의 강약 문제는 그와 같은 것이다. 하나의 리더가 전체를 잘 다스리는 사람도 있고 워낙 여기저기서 소리가 많기 때문에 리더가 우왕좌왕하는 경우도 있다. 마음과 생각에 변화가 많은 사람들은 이 두 번째 쪽이다.

의지가 강한 사람들은 대체로 생각이 단순하다. 그들은 내부 장기들도 조용할 뿐 아니라 둔감한 편이어서 외부의 소리나 영, 기운이 잘 들어오지 않는다. 그래서 그들은 초지일관하는 편이다.

하지만 의지가 약한 사람들은 내부의 장기들도 시끄럽고 말이 많을 뿐만 아니라 영이 얇기 때문에 외부에서 수 없이 영들이 들어온다. 생각이 들어오고 잡념이 들어온다. 그래서 날마다 이리 저리 왔다 갔다 할 수밖에 없다.

이러한 자기의 특성이 너무 마음에 들지 않는 사람은 배 에너지를 충전하면 된다. 배기도, 배호흡기도를 통해서 배가 강건해지면 영이 강해지기 때문에 남의 말에 휩쓸리지 않게 되고 외부의 영들이 잘 침투하지 못하게 된다. 귀가 얇고 변덕이 심하다는 말도 듣지 않을 수 있다. 원리를 이해하면 그것은 쉽다.

가슴에 속한 사람은 영이 자유로우나 영이 약하기 때문에 이것저것에 중독될 위험성이 있다. 그래서 어느 정도 이 부분에 대한 보완이 필요한 것이다. 이 부분에 대해서는 나의 저서 〈호흡기도〉나 〈심령이 약한 자의 승리하는 삶〉을 참고하면 도움이 될 것이다.

다만 그렇게 배를 강화시키고 영을 강하게 하다보면 이들은 이들이 가지고 있는 사명이자 강점인 자연스러움과 따뜻함과 자유로움과 화려함을 잃어버릴 수도 있다는 것을 기억해야 한다.

그러므로 이 장에서는 이러한 체질을 가지고 있는 사람들에게 보완도 좋은 것이지만 또한 자신의 기질 자체에 대해서도 긍지와 용기를 가지라고 말하고 싶다.

왜 사람의 생각은 바뀌는가? 왜 우리의 감정은 변화되는가? 왜 우리는 한때 좋다고 목숨을 걸다가 시간이 지나면 그것에 대해서 시큰둥하게 여기거나 심지어 그것을 대적하고 반대하게 되는가? 나중에 또 입장이 바뀔 것이면서 말이다.

그것은 왜 바람이 부는가? 왜 파도가 치는가? 왜 다시 밀려올 파도는 멀리 떠나간단 말인가? 하는 질문과 같은 것이다. 거기에 답이 있겠는가? 간단하게 대답하자면 그것은 자연이 존재하는 방식인 것이다. 그렇게 주님께서는 자연을 만드셨다. 그러한 변화, 흐름이 곧 자연이 존재하고 움직이는 방식인 것이다.

추운 겨울이 지나고 봄이 왔다. 거기에 대해서 '흥. 또 봄이 왔군. 하지만 얼마가 가나 보자. 나는 봄을 믿을 수가 없어. 얼마 가지 않아서 또 사라져버릴 것들이..' 하는 사람을 보았는가? '잠시 후면 떠나가 버릴 것이 오기는 왜 또 오는가?' 하고 말하는 사람을 보았는가?

그것이 자연의 방식이다. 봄은 잠시 오지만 잠시 후면 사라진다. 그것이 그들이 존재하고 살아가는 방식이다. 그것을 비난할 수 있는가?

모든 자연은 변화한다. 계속적으로 바뀌어간다. 그것은 자연의 리듬이다. 그렇다면 왜 자연은 그렇게 변화되며 그러한 변화를 반복하는 것일까? 그것은 바로 온전함을 위한 것이다. 더욱 더 충만한 온전함을 위해서 그들은 나아가고 있는 것이다.

사람도 바뀐다. 사람도 자연이다. 사람도 자연처럼 지속적으로 바뀌며 발전해간다. 온전함을 향하여 가는 것이다. 남자들은 젊을 때 강하고 거칠지만 나이가 들고 늙어갈수록 온순하고 부드러워진다. 노년기가 되면 남성호르몬의 분비는 줄어들고 여성호르몬이 더 많이 나오게 된다. 여성들은 젊을 때 부드럽지만 나이가 들고 늙어갈수록 강해진다. 남성호르몬의 분비가 많아지게 된다.

대부분의 아빠들이 어린 딸을 사랑하는 이유는 무엇인가? 여성들은 아이를 낳고 양육하며 강건해진다. 여성 에너지를 많이 잃어버린다. 남편들은 이제 딸에게서 그 옛날의 여리고 약한 아내를 느낀다. 그래서 돌보고 사랑해주고 싶은 마음이 일어나는 것이다.

엄마들은 아들을 사랑하며 자랑스러움을 느낀다. 그러나 아들이 어릴 때보다 장성하고 강건해졌을 때 더 애정을 느끼게 된다. 이제는 많이 연약해지고 리더십을 잃어버린 남편보다 아들에게 더 의지가 되는 것이다. 그래서 엄마들은 어린 아들보다 장성한 아들을 사랑하게 되며 아빠들은 어린 딸을 사랑하지만 딸이 장성해지면 거리감을 느끼게 된다.

부드럽고 여린 여성이 나이가 들면서 점점 강하고 지혜로운 여성이 되는 것 - 그것이 곧 발전이고 균형이다. 강하고 날카롭고 거친 남성이 나이가 들면서 섬세해지고 부드러워지고 깊어지는 것 - 그것이 곧 발전이고 균형이다. 그러한 변화를 통해서 사람들은 온전함으로 가까이 가는 것이다.

남성과 여성이 결혼을 하는 이유는 무엇인가? 육체적으로는 자손의 번식이지만 영성적으로는 온전함을 위한 것이다. 남성은 머리를 대표하며 지혜를 의미한다. 여성은 심장을 대표하며 사랑을 의미한다. 그래서 남성과 여성의 연합은 곧 사랑과 지혜의 연합이며 서로의 영적 에너지를 취함으로써 지혜와 사랑 안에서 발전해가게 되는 것이다. 그것이 결혼의 영적 의미이다.

강한 여성은 부드러운 남성에게 끌리며 자상한 남성은 강한 여성에게 끌리는 것도 마찬가지 이치이다. 사람은 자신에게 없는 에너지를 얻을 때 온전함으로 나아갈 수 있기 때문이다.

사람은 변화된다. 인생 전체를 거쳐서 변화되어 나아간다. 그리고 그러한 변화를 통해서 발전해가게 된다.

어릴 적부터 마음이 약해서 항상 울고 남들에게 당하고.. 이러한 이들은 인생의 후반부에 이르러 많이 강건해진다. 그는 애굽의 이스라엘처럼 그에게 주어진 학대와 고통의 분량을 채우게 되며 그것을 영적 원료로 해서 강함과 지혜로움으로 나아가게 된다.

어릴 적부터 남들 위에서 군림하며 살았던 이들은 나중에 자기가 남들에게 주었던 것을 겪게 되며 밑바닥의 삶을 통해서 삶의 균형을 맞추어 가게 된다. 그것이 온전함을 위한 삶의 프로그램이다.

어릴 적부터 똑똑하고 지성적이며 예리하던 이들은 나이가 들어 감성적인 사람으로 조금씩 바뀌게 된다.

인생은 항상 그런 식으로 변화하기 마련인데 결국 그 모든 목적은 온전함으로, 균형과 조화로 나아가기 위한 것이다. 모든 과정은 주님께서 우리에게 허락하신 프로그램이며 인생과 역사의 메커니즘이 그런 식으로 전개되도록 창조와 섭리의 프로그램이 입력되어 있는 것이다.

인생에는 리듬이 있다. 그러므로 산과 골짜기가 있다. 자연에 있는 모든 것은 사람의 삶에도 있는 것이다. 자연에 소나기가 있다면 인생에도 소나기가 있으며 자연에 골짜기가 있다면 삶에도 골짜기가 있다. 사람의 삶에 없는 것을 주님은 자연에 부여하시지 않는다. 자연은 인간의 그림자이며 계시이며 예표이기 때문이다.

산에 올라가는 사람은 언젠가는 내려올 때가 있을 것이다. 어떤 이가 높은 위치에 있다고 잘난 척하고 자기를 높인다면 그는 망할 것이다. 그러한 사람은 반드시 망한다. 그가 극도로 자신을 드러내는 순간은 바로 멸망이 임박한 순간이다. 운명의 흐름을 아는 사람은 그러한 사람을 피해야 한다. 공연히 옆에 있다가는 같이 재앙을 맞이하게 되기 때문이다.

어떤 이가 아주 낮은 골짜기에 있다고 해도 그는 절대로 실망해서는 안 된다. 이제 곧 골짜기의 계절은 끝이 나기 때문이다. 만약 그가 극단적인 골짜기의 상태에 있다면, 극도의 절망상태에 있다면, 이제 그는 끝이 가까운 것을 알아야 한다. 그것은 이제 새벽이 가까운 것을 보여주는 것이다. 그것이 삶의 조화이며 인생의 리듬이다.

그는 그런 상태에 있을 때 처신을 잘 해야 한다. 깊은 자기반성과 겸손과 감사와 경배를 주님께 드리는 것이다. 그러한 행위는 그의 골짜기의 계절을 좀 더 빨리 끝나게 한다. 공연히 자기 연민에 빠져 온갖 하소연을 하고 난리를 치면 자연의 섭리에 의해서 그 계절이 끝이 나기는 나지만 그의 영은 별로 자라지 못한다.

인생은 변화된다. 자연은 바뀐다. 사람의 마음도 바뀌고 생각도 감정도 바뀐다. 그 이유는 무엇인가? 그것은 온전함을 향해서 나아가는 과정인 것이다.

그러므로 나는 말하고 싶다. 작심삼일을 두려워하지 말라. 지금 무엇을 결심하고 추구하다가도 나중에 그만 둘 것이 두려워서 망설일 필요가 없다. 그 때는 또 그 때다. 그 때 싫으면 그만 두면 된다. 거기에 대해서 죄책감을 가질 필요는 없다.

어떤 이들은 영성이나 영의 역사를 아주 싫어한다. 성령의 역사를 악령의 역사라고 하며 훼방하는 이들도 나는 많이 보았다. 그것은 악한 일이다. 하지만 무지해서 그런 것이기 때문에 용서받지 못할 죄는 아니다. 다만 나중에 생각이 바뀌게 될 때 반성하고 회개해야 한다. 그냥 그럴 수도 있지. 하고 넘어가서는 안 된다. 주님은 우리를 용서하신다. 하지만 고백은 필요하다.

오래 전에 어떤 이에게 성령이 임하시고 은사가 나타나도록 기도해준 적이 있다. 성령님이 임하시면 방언을 하는 것이 보통이다. 그런데 이 사람이 간절하게 방언을 받기를 사모했지만 되지 않았다. 나는 이해가 가지 않았다. 방언을 받을 수 있도록 수 백 명에게 기도를 해주었지만 받지 못하는 사람을 본 적이 없었기 때문이다.

이상해서 기도로 주님께 물어보자 어떤 느낌이 왔다. 그래서 나는 그에게 물었다. 성령의 은사나 방언에 대해서 나쁘게 말한 적이 있느냐고.. 그러자 그는 주저하면서 전에 잘 모르고 그러한 것들은 다 마귀 역사라고 말하고 가르친 적이 있다고 했다.

나는 그에게 회개하고 자기의 말을 취소하라고 권했다. 그래서 그는 1분 정도 회개하고 자신의 말을 취소한다고 선포했다. 그리고 바로 주의 영이 임하시고 그는 방언을 하게 되었다.

생각은 바뀔 수 있다. 우리는 얼마든지 잘못할 수 있다. 하지만 마음이 바뀌면 그것을 표현해야 한다. 그렇지 않으면 우리는 그 때 들어온 악한 영들 때문에 고생하게 된다. 주님은 우리를 용서하시지만 그것은 악한 영들에게 공격할 수 있는 틈을 준다.

사역자들은 생각이 참 많이 바뀐다. 이것도 해보고 저것도 해본다. 그런데 무엇을 하는 것은 나쁘지 않지만 다른 것은 다 잘못된 것이라고 말하는 이들이 있다. 그것은 좋지 않은 것이다.

잘 모르면서도 남에게 비판을 하는 이들도 있다. 그것은 좋지 않은 것이다. 이러한 이들은 나중에 생각이 바뀌면 용서를 구하고 그 부분에 대해서 자신이 말한 것이 무효임을 선포해야 한다. 그래야만 자기에게 올 수 있는 재앙에서 벗어나게 된다.

이 우주 안에서 악한 말이 대가없이 지나가는 일은 없다. 이 땅에서 대가를 받든지 영원한 곳에서 대가를 받게 된다. 그러므로 생각으로 잘못한 것은 생각으로 내려놓고 입으로 잘못한 것은 입으로 고백하고 공개적으로 잘못한 것은 공개적으로 그 잘못을 처리해야 한다.

나도 잘못할 때가 많이 있다. 그런 경우 나는 아내에게든 아이들에게는 잘못을 시인하고 용서를 구한다. 그렇게 하지 않으면 살 수가 없다. 영이 막히고 기도가 막히고 숨이 막히니 살 수가 없다. 내게는 체면보다 살아남는 것이 훨씬 더 중요한 것이다.

한 때 어떤 것이 옳다고 생각하다가 나중에 그것이 옳지 않다고 느꼈을 때는 그것을 바꾸어야 한다. 그리고 고백해야 한다. 슬며시 넘어가는 것은 좋지 않다.

어떤 사람이 하나님의 영을 오래 동안 제한하고 다른 이를 핍박하고 있다가 나중에 주님의 은총을 경험한 후에 '사실은 나도 마음 속으로는 많이 사모하고 있었다.' 고 말하는 것을 들은 적이 있었다. 하지만 그것은 바르지 않은 것이다. 그에게 임한 은혜는 곧 사라지게 될 것이다. 실제로 나는 그에게 임한 은총이 곧 소멸되는 것을 보았다.

우리의 생각은 바뀐다. 하지만 그 때마다 수정하면 된다. 우리가 과거에 어떤 입장에 있었다고 죽을 때까지 그 입장을 견지할 필요는 없다. 우리는 지금 온전한 사람인가? 아직 멀었을 것이다. 우리는 온전함을 향해서 나아간다.

당신은 변화가 많은 사람인가? 지금 무엇을 느끼고 결심하고 있다가 나중에 바뀔까봐 걱정이 되는가? 걱정하지 말라. 지금 옳다고 느끼는 것을 추구하며 살라. 나중은 나중 문제이다.

당신에게 사람들이 '얼마나 가나 보자.' 고 비아냥댈 때 당신도 대답하라. 나도 모르겠다고. 하지만 하나님께서 인도하실 것이라고.

마음이 바뀌면 바뀌는 대로 하라. 또 바뀌면 다시 돌아오라. 어차피 우리는 그렇게 산다. 어떤 사람은 그 주기가 좀 길고 어떤 사람은 좀 짧다. 그 차이가 있을 뿐이다.

그 변화 속에서 어떻게든 주님만을 추구하기를 원하라. 그 변화를 주님이 인도하시기를 구하라. 그 변화되는 마음을 통해서 당신이 더 아름답고 온전해지며 주님 앞에서 조화와 균형을 이룬 성숙한 사람이 되기를 구하라.

주님은 당신의 기도를 들으실 것이다. 주님은 당신을 인도하실 것이다. 그리하여 당신을 자유롭고 풍성한 가운데 결국 주님에 속한 사람으로 더욱 더 가까이 이끌어주실 것이다.

## 15. 절대로 아무도 비난하지 말라

　풍성한 삶과 아름다운 대인관계를 위하여 정말 중요한 것이 있다. 그것은 어떤 경우에도 어떠한 사람도 비난해서는 안 된다는 것이다. 당신이 이 규칙을 지키지 않는다면 당신은 불행한 대가를 지불해야 할 것이다.

　세상에는 자신의 판단이 옳으며 다른 이들은 다 잘못되었으며 그러므로 비난받아 마땅하다고 생각하는 사람들이 참 많이 있다. 그러므로 그들은 쉽게 언제 어디서나 비난을 입에다 달고 산다. 나는 당신이 그러한 사람이 아니기를 바란다. 그것은 정말 불행한 사람이기 때문이다. 혼자 TV를 보면서 온갖 욕을 퍼붓는 사람을 본 적이 있다. 그것은 참 희한한 일이다. TV의 내용이 보기 싫으면 보지 않으면 될 텐데 굳이 그것을 보면서 불평과 비난을 퍼붓는다. 그것은 참으로 어리석은 일이다.

　아는 분이 위장을 수술한 적이 있었다. 수술이 성공적이어서 이 분은 회복되어가고 있었다. 그런데 그만 이 분이 병실에서 TV의 정치 뉴스를 보게 되었다. 그것을 보고 화가 나서 마구 비난을 하기 시작했다. 자신이 좋아하는 정치인이 선거에 떨어진 것을 보고 화가 잔뜩 났던 것이다.

　그런데 그 직후부터 배가 아프기 시작했다. 수술한 부위에 통증이 커졌다. 의사는 그 상태를 보고 할 수 없이 다시 재수술을 했다.

수술이 잘 되었는데 참 이상하다고 혼잣말로 중얼거리면서 다시 수술을 했다. 수술을 마치고 의사선생님이 이런 이야기를 했다.
 "밸(창자)이 꼬였어요. 의사 생활 30년에 이렇게 밸이 꼬인 것은 처음 봤습니다. 참 이상하네요. 처음에 수술했을 때는 아주 정상이었는데.."
 나는 의사선생님의 이야기를 듣고 우리가 평소에 하는 말, 밸이 꼬인다는 말이 정말 사실인 것을 알았다. 흔히 화가 나면 밸이 꼬인다, 밸이 꼬여서 못 살겠다는 말을 하는데 그 말대로 화를 내고 비난을 퍼부으면 창자가 꼬이게 된다는 것을 배우게 되었던 것이다. 그러니 당신은 부디 비난을 하지 말라. 당신의 위장과 창자가 무사하고 건강할 수 있도록 말이다.
 비난은 어떤 효과가 있는가? 거기에는 아무런 긍정적인 효과도 없다. 그것은 오직 영혼을 파괴할 뿐이다. 그것은 오직 사람에게 해만 끼치게 된다. 사랑의 권면과 비난은 다르다. 또한 자신이 아무리 사랑의 권면이라고 생각해도 상대방이 비난이라고 느끼면 그것은 비난이다. 설사 의도가 잘못 전달되었다고 해도 그 책임은 전달자에게 있다.
 당신의 주위에 사람들이 많이 있는가? 그들이 당신을 그리워하고 보고 싶어 하는가? 아니면 당신은 혼자이며 아무도 나를 사랑하지 않는다고 느끼는가? 자기들은 서로 즐거워하면서 나에게는 아무도 눈길 한번 주지 않는다고 느끼는가? 그래서 고독하다고 생각하는가? 혹시 당신이 그러한 상황에 있다면 당신 자신을 돌아보기를 바란다. 나는 비난하는 사람이 아닌가? 나는 내 자신이 옳다고 느끼는 사람이 아닌가? 하고 말이다.

비난이란 영의 문제이다. 그것은 공격적인 영이다. 그래서 그 비난이 배어있는 사람은 날카로운 칼을 쥐고 있는 사람과 같다. 그들의 말에는 심판과 공격과 예리한 가시가 있다. 그리고 그것들은 다른 사람들을 아프게 한다.

누가 자기를 찌르는 사람을 좋아하겠는가? 어느 누가 아프게 찔리며 고통당하는 것을 즐거워하겠는가? 억지로 그 자리에 있어야 하는 사람 외에는 아무도 그와 같이 있으려고 하지 않을 것이다. 그가 물질과 권세가 있지 않은 한 사람들은 그의 곁에서 버티려고 하지 않을 것이다.

정치적인 문제에 대하여 유명한 시사 칼럼니스트의 글들을 읽은 적이 있었다. 그들의 글에는 몇 가지 특성이 있었다. 우선 충분히 논리적이며 예리했다. 그것은 사람의 마음을 속 시원하게 긁어주는 면이 있었다. 반대자의 입장에 있는 사람을 충분하고 통렬한 논리와 근거를 제시하며 몰아세우고 있었다. 그것을 보고 같은 비슷한 입장에 있는 사람들은 아주 통쾌한 느낌을 받았을 것이다.

그러나 그 말에 찔리는 사람들의 입장은 어떠할까? 그와 반대되는 입장이나 위치에 있는 사람들은? 그들은 어떻게 느낄까? 자신의 행동이나 입장에 대해서 반성하고 깨닫게 될까? 그러한 글들을 통해서?

그러한 글들은 겉으로는 아주 예의바른 척을 하고 있었다. 존칭도 사용하며 상대방을 생각해주는 것 같은 모습을 보여주고 있었다. 하지만 그러한 겉모습의 예의는 사실 일종의 조롱같이 느껴지는 것이 사실이었다. 그것은 진심에서 우러나오는 인사치레는 아닌 것이다. 그러한 글들은 과연 사람을 바꿀 수 있는가? 없다. 그것은 불가능하다. 아마 공격을 당하는 당사자들은 언젠가는 두고 보자고 이를 악물 것이다. 그러한 글의 밑에 달리는 덧글들을 보면 입장의 차이에 따라서 거의 저주 수준의 글들이 서로를 향하여 퍼부어지는 것을 흔히 볼 수 있었다.

옳은 말이 사람을 변화시킬 수 있는가? 아무리 비난이 섞여있다고 하더라도 그 말이 옳다면 그것은 가치가 있는 글인가? 나는 그렇게 생각하지 않는다. 아무리 논리와 근거로 무장하고 설득력이 있는 글이나 말이라고 하더라도 사랑에서 나온 것이 아니라면 그것은 사람의 영혼을 움직일 수 없다. 그것은 오직 아프기만 할 뿐이다. 사람은 때리고 찔러서 변화되는 존재가 아니다.

악을 대적하는 것, 악을 비난하고 드러내는 것 - 그것은 악을 소멸하지 않는다. 주님께서는 악한 자를 대적하지 말라고 하셨다. 그것은 악을 바꿀 수 없는 것이다.

무례한 사람을 때리면 그가 깨닫고 자상한 사람이 될 수 있는가? 아주 인색한 사람이 있는데 그가 많이 얻어맞은 후에 아주 베풀기를 좋아하는 사람으로 바뀔 수 있을까? 그것은 불가능하다.

어둠은 어둠에게 빛을 줄 수 없다. 오직 빛이 빛을 공급할 수 있는 것이다. 악을 비난하는 것은 악을 더욱 강하게 한다. 그것은 악을 더 일으킨다. 반발하게 만들고 더욱 굳건하게 만든다. 악은 선과 사랑과 아름다움을 통해서 없어지는 것이지 비난하고 개혁한다고 해서 없어지는 것이 아니다.

악한 사람을 비난할 때 비난을 받는 이들은 고통을 느낀다. 그것은 그들이 악하기 때문이다. 그들은 할 말이 없다. 할 말이 없기때문에 그들은 더욱 괴롭다. 그들은 아프기 때문에 자신을 지키기 위해서 그들을 비난하는 자를 공격하게 된다. 그래서 전쟁이 시작된다. 그러니 남을 몰아세우는 것은 별로 좋은 일이 아니다. 그 전쟁이 좋은가? 그렇다면 그것은 어쩔 수 없는 일이다.

세상에는 위선자들이 많다. 그러나 굳이 그들의 위선을 벗겨내려고 하지 말라. 주님이 시키시는 일이 아닌 한 그러한 싸움에 개입하지 말라. 그것은 그들의 선택한 그들의 인생이다.

굳이 그들과 원수를 맺지 말라. 비난하고 지적하는 것으로 그들의 악을 없애지 못한다. 그것은 악을 증폭시킬 뿐이다. 할 수 있는 한 악과 싸우는 것보다, 어둠과 싸우는 것보다 빛을 경험하고 빛을 공급하는 통로가 될 수 있는 것이 좋을 것이다.

예의바르면서 할 말은 다 하는 사람들. 그들은 얄미운 사람들이다. 그들은 사랑 받는가? 사랑 받지 못한다. 그것은 억울한 일인가? 아니다. 당연한 일이다. 다른 사람을 몰아세우는 것은 좋은 일이 아니다. 말속에 가시가 있는 것도 좋지 않다. 말에는 순수함이 있어야 한다.

당신이 똑똑하고 영리하며 바른 말을 하는 사람이라면 사람들이 당신을 좋아하지 않는다고 해서 억울해하지는 말기를 바란다. 사람들은 예리하고 날카로운 사람보다 무식하고 부족해도, 언어가 어눌한 사람이라고 해도 따뜻하고 포근한 사람을 좋아하기 때문이다.

당신이 아주 날카로운 사람이라고 하자. 하지만 당신도 외롭고 힘들 때에 당신을 있는 그대로 받아주는 사람이 그리울 것이다. 당신의 결점과 약한 부분을 날카롭게 메스를 가하며 정확하게 지적하는 사람을 별로 그리워하지 않을 것이다.

당신이 지쳐서 조금 위로를 받으러 갔을 때 온갖 교훈과 설교를 늘어놓는 사람들에게 당신은 가지 않을 것이다. 한번은 갔을지 모르지만 혹을 떼러 갔다가 혹을 붙여왔다고 상대방의 무정함을 서운해 하며 돌아오게 될 것이다. 그리고 다시는 가지 않을 것이다. 당신에게도 필요한 것은 날카로운 사람이 아니라 따뜻하고 부드러운 사람일 것이다.

비난은 어디에서 오는가? 그것은 당신의 영혼에서 온다. 자주 비난하다는 것은 당신의 영혼이 어둡다는 것을 보여준다. 당신의 눈과 영혼이 어두워서 온갖 나쁜 것밖에 보이지 않는 것이다. 사람들의 결점과 약점밖에 보이지 않는 것이다.

모든 사람들의 마음속을 다 들여다보고 아시면서 어떻게 하나님께서는 세상을 멸망시키지 않고 내버려두시는 것일까? 그것은 주님께서 사람을 아름답게 보시며 사랑스럽게 여기시기 때문이다. 그리고 바로 그것이 주님의 눈이다. 그러므로 주님께서는 날마다 우리에게 태양을 통하여 아름다운 햇살을 보내시는 것이다.

어떤 사람이 고속도로를 가고 있었다. 그런데 이상하게도 그날따라 모든 사람들이 차선을 거꾸로 달리는 것이 아닌가! 그는 몇 번이나 정면에서 오는 차들과 충돌할 뻔하면서 아슬아슬하게 차를 달리고 있었다. 그 순간 그의 핸드폰이 찌르릉하고 울렸다. 그것은 그의 집에서 아내가 한 전화였다. 아내는 말했다.

"여보! 조심하세요! 지금 TV를 보고 있는 데 당신이 가고 있는 고속도로에서 어떤 미친 사람 하나가 고속도로에서 거꾸로 달리고 있어요."

이 남자는 급하게 말하며 전화를 끊었다.

"지금 미친놈이 하나 둘이 아니야! 위험하니까 얼른 전화 끊어!"

물론 우스개 이야기다. 다만 이 메시지를 나누고 싶은 것이다. 당신의 눈에 모든 사람이 나빠 보이고 모든 상황이 잘못되어 보이고 대부분의 사람들이 하는 짓이 답답해 보인다면 지금 당신은 혼자서 고속도로를 거꾸로 달리고 있는 것인지도 모른다는 것을 말이다. 당신의 눈이 잘못될 수도 있는 것이니까.

비난은 악의 힘을 강하게 한다. 그것은 오히려 악을 더 일으킨다. 선지자들은 악을 소멸하지 못했다. 주님이 직접 오셔서 자신이 죄를 위해서 죽으심을 통해 대가를 지불하셨고 비로소 사람들이 빛의 세계, 천국의 세계로 갈 수 있는 길이 열렸다. 그러므로 우리는 함부로 주님이 시키시지 않는 선지자 노릇을 하려고 해서는 안 된다.

비난은 악한 사람을 더욱 망친다. 그러나 더 무서운 것은 스스로 악을 창조하는 사람이 된다는 것이다. 그들 스스로가 악의 통로가 되며 악의 전파자가 되는 것이다. 그들은 스스로 의롭다고 믿고 있지만 그러나 그들의 어두운 시각과 시선은 결코 주님으로부터 오는 것이 아니다.

그 무엇보다도 비판은 당신 자신을 파괴하는 것이다. 당신은 더욱 더 허무해질 것이다. 외롭게 될 것이다. 절망하게 될 것이다. 당신은 심령의 깊은 곳에서 결코 만족과 행복을 얻지 못할 것이다. 비난은 나도 남도 아무도 행복하게 만들 수 없다.

진정한 권위는 어디에서 오는가? 그것은 사랑에서 온다. 그것은 웅변이나 논리적인 타당성이나 지혜에서 오지 않는다. 그것은 상대방을 어여삐 여기는 애정에서 온다.

어떠한 악한 사람이라도 자신을 좋아하는 사람 앞에서는 약하다. 공격하는 사람 앞에서는 모두가 자신을 방어하지만 자신을 진정 사랑하고 좋아하는 사람 앞에서 자신을 방어하는 사람은 없다.

우리가 누군가를 좋아하지 않는다면 우리에게는 권위가 없다. 우리는 상대방을 변화시킬 수 없다. 그러므로 우리는 입을 다물어야 한다. 그러나 누군가가 너무나 사랑스러우며 상대방도 그것을 알고 느낄 수 있다면 우리는 무엇인가 말할 수 있다. 우리가 야단을 쳐도 거기에는 권위가 있다. 그래도 상대방은 그 야단이 아프지 않기 때문이다.

오늘날 사람들이 지치고 외롭고 피곤한 것은 진리의 말씀이 부족해서가 아니다. 지혜와 옳은 이야기가 부족해서가 아니다. 그저 받아주고 사랑해주는 사람들이 부족하기 때문이다. 날은 춥고 모든 사람이 따뜻한 언어와 따뜻한 가슴속에서 안식하고 싶어 한다. 사랑과 받아줌 외에는 안식이 없는 것이다. 오늘날 사람들은 날카롭고 정확한 말이 아니라 애정에 굶주려 있는 것이다.

당신은 남들이 보지 않는 것을 볼 수 있는가? 아무도 보지 못하는 어떤 사람의 아름다움을 볼 수 있는가? 모든 사람이 악하다고 말하는 사람이 당신에게는 아름답게 보이는가? 그렇다면 당신은 그를 도울 수 있다. 당신은 그를 변화시킬 수 있다. 당신은 그에게 어떤 권위를 가지게 된다.

그러나 반대의 경우라면? 당신이 어떤 사람을 보는데 아주 나쁘고 악하게 보인다면? 당신은 그를 파괴하는 도구로 쓰이게 된다. 당신이 입을 벌릴수록 그에게 직접 말하든지 아니면 다른 사람에게 그에 대해서 나쁘게 말하든지 아무튼 그 사람은 점점 더 악해지게 될 것이다.

사람들이 사랑스럽게 보이지 않는다면 부디 당신의 입을 벌리지 말라. 그리고 주님의 마음, 주님의 사랑을 달라고 간절하게 기도하라. 어느 날 주님이 당신에게 임하시고 당신의 기도가 응답이 된다면 당신은 갑자기 모든 것이 아름답게 보이기 시작한다. 사람들이 사랑스럽게 보이기 시작한다. 당신은 무엇인가 말하게 되고 이상하게도 상대방은 그 말에 귀를 기울이게 될 것이다.

부디 그 사랑의 도구가 되게 해달라고 주님께 간구하라. 아직도 사람들의 잘못이 보인다면 당신의 눈을 수술해달라고 주님께 간구하라. 변화는 항상 당신 안에서 시작되어야 한다.

아름답고 풍성한 삶을 위하여 아무에게도 비난을 퍼붓지 말라. 아무도 정죄하지 말라. 자신도 정죄하지 말며 그 누구의 탓도 하지 말라. 정죄란 지옥에서 오는 것이며 주님은 아무도 정죄하지 않으신다.

모든 사람은 악하고 나쁘지 않다. 그저 바보 같고 슬프고 부족한 사람들일 뿐이다. 그들에게는 사랑과 치유가 필요하다. 어떤 이들은 그것을 받을 수 있으며 어떤 이들은 좀 더 시간이 필요할지 모른다. 그것은 주님의 시간에 달려있다.

받을 수 있는 이들에게 사랑을 주라. 받을 수 없는 이들은 주님께 맡기고 기다려라. 당신은 그 사랑의 통로가 되어야 한다. 아무도 비난하지 않으며 아무도 거부하지 않으며 오직 사랑의 통로만이 될 수 있을 때 당신의 영혼은 이 땅에서도 천국처럼 살 수 있을 것이다.

## 16. 너무 착하게 살려고 애쓰지 말고 자기 수준대로 살아라

　선하게 사는 것은 좋은 일이다. 사랑과 선에서 발전하는 것은 인생에 있어서 가장 중요하고 의미 있는 일이다. 그것은 우리가 마땅히 추구해야 하는 것이다.
　하지만 중요한 것이 있다. 자기의 수준에 맞지 않게 지나치게 선하게 살려고 하는 것은 좋지 않다는 것이다. 그것은 스트레스를 준다. 그것은 많은 부담과 갈등을 일으킨다.
　우리가 분명히 이해해야 할 것이 있다. 그것은 사람의 영격과 인격에는 수준이 있다는 것이다. 차원이 있다는 것이다. 바둑에도 고수가 있고 하수가 있다. 정치에도, 대인관계에도 고수가 있고 하수가 있다. 그처럼 인품에도 덕에도 고수가 있고 하수가 있다. 하수가 고수 흉내를 내면 어떻게 되겠는가? 그것은 감당할 수 없는 것이다.
　섬김과 대접의 수준에 대해서 이야기해보자. 아이들이 초등학교에 다니던 시절 아내는 열심히 학교에 다녔다. 아이들이 중학교에 간 이후에는 학교에 갈 일이 별로 없지만 말이다.
　아내는 교육에 열의가 많다. 그래서 학교에 자주 가고 봉사활동을 많이 했다. 돈으로는 참여하기가 어려웠지만 몸으로 봉사하는 것은 빠지지 않았다.
　하루는 학교에서 봉사활동을 하고 온 아내가 말했다. 그 날 환경

미화가 있어서 교실 청소를 하게 되었단다. 아내는 웃으면서 말하기를 같이 참여하는 학부형들을 보면 대체로 어떻게 하든지 최대한 적게 일하고 귀찮은 일은 안 하려고 한다는 것이다.

이런 일이 많을 것이다. 가족들이 함께 모이는 명절에 여성들은 해야 할 일들이 많다. 그런데 며느리와 딸들 사이에 갈등이 불거지는 많은 경우가 누가 좀 더 일을 하느냐 하는 것이다.

그것이 바로 수준을 말해주는 것이다. 어떤 이들은 남들을 섬기며 남들이 하지 않는 궂은일을 할 때 기쁨을 느낀다. 남들이 알아주거나 누구에게 보이기 위해서가 아니라 그 자체가 그에게는 행복인 것이다.

또한 어떤 이들은 남들보다 좀 더 일을 하면 심히 억울함을 느낀다. 고통을 느끼며 상처를 받는다. 남들이 자신을 무시한다고 느낀다. 그것이 무엇인가? 바로 수준을 보여주는 것이다.

어떤 이들은 남을 대접하는 것을 좋아한다. 자신을 위해서는 별로 돈을 쓰지 않고 좋은 것을 먹지 않는 사람이 남들을 위해서는 아껴왔던 돈을 즐겁게 쓴다. 그들은 거기에서 기쁨을 얻는다.

어떤 이들은 반대이다. 그들은 할 수 없이 대접을 해야 하는 상황이 오면 너무나 가슴이 아프다. 그는 돈이 아까워서 미칠 지경이다. 하지만 어쩔 수 없이 내야만 할 때 그들은 집에 와서 가슴을 쥐어뜯는다.

이것이 무엇인가? 바로 수준이라는 것이다. 물론 그러한 이들은 자기가 워낙 돈이 여유가 없기 때문에 그렇다고 말할 것이다. 하지만 이러한 이들은 돈이 많아지면 더 심하게 돈을 아까워하고 돈을 써야하는 것 때문에 고통을 느끼게 된다.

'당신은 여유가 있으니 대접을 하시오' 하는 분위기를 주위에서 느끼기 때문에 그들은 사실 자기가 빛 좋은 개살구이며 사실은 얼마나 힘들고 쪼들리고 있는지 아무도 모를 것이라고 비극적인 얼굴로 하소연하곤 한다.

그것이 바로 수준을 보여주는 것이다. 어떤 이들은 남들이 자기를 알아주지 않으면 아주 고통스러워한다. 다른 사람들이 자기보다 낫다고 인정을 받게 되면 아주 괴로워한다. 하지만 어떤 이들은 그게 왜 고통이 되는지 이해를 하지 못하는 경우도 있다. 그것이 바로 수준을 보여주는 것이다.

이것은 그 사람의 영혼이 얼마나 깨어났는가와 관련이 있는 것이다. 영혼이 깨어날수록 그의 의식과 생각과 가치관은 천국과 같기 때문에 그들은 사랑을 행하고 섬기고 자신을 비우는 것이 좋고 편하다. 하지만 영혼이 깨어나지 않은 이들은 육으로 살고 자아로 살기 때문에 그들은 사랑과 섬김이 너무나 힘들다.

한번 섬기는 것이 얼마나 어려운지 모른다. 한번 사과하는 것이 얼마나 죽기보다 더 고통스러운지 모른다. 잘못을 시인하는 것은 죽기보다 괴롭다. 사람들에게 예의바르게 인사하고 웃는 것이 죽기보다 괴롭다. 그것은 그가 원래 성품이 무뚝뚝하기 때문인가? 아니다. 그가 아직 낮은 수준의 의식에 머물러 있기 때문에 그런 것이다. 그의 수준은 아직 어린아이인 것이다.

자, 모두가 수준이 있다. 자기의 수준이 있다. 그런데 문제는 무엇인가? 바로 모든 사람들이 선행과 사랑과 봉사에 대한 요구를 받는 것이다.

어떤 이들은 그러한 요구가 즐거울 것이다. 내 경우 남을 돕고 즐겁게 하는 일을 하면 온 몸과 마음이 행복해졌다. 누가 이사를 가게 되면 가서 도와주고 짐을 나르고 하는 것에서 많은 기쁨을 느꼈다. 마치 기도를 오래 해서 얻은 것 같은 영적 충전을 느꼈다.

나중에 나이가 좀 들어서 체력이 약해지고 이삿짐을 도운 후 며칠 동안 몸살이 나서 앓게 되고 나서는 '이제는 몸으로 섬기는 것보다 지혜나 사랑이나 다른 방식으로 섬겨야 하겠구나.' 하는 생각이 들었다. 하지만 그 자체가 내게 기쁨이 되었던 것은 선명한 사실이었다.

내가 그랬었기 때문에 나는 다른 이들에게 일을 시키면 스트레스를 받는 다는 것을 잘 몰랐었다. 기도를 하고 찬양을 하는 것은 좋아하는데 설거지를 하는 것은 싫어하는 것이 이해가 가지 않았다. 시간이 많이 지난 후에야 나는 모든 사람의 기준, 기쁨을 느끼는 행위가 다르다는 것을 알게 되었다.

그것이 수준이다. 어떤 이들은 섬길수록 기쁨을 느끼고 행복하다. 하지만 어떤 이들은 아직 더 자라야 한다. 그들은 약간을 섬길 수 있을 뿐이다. 그것을 넘어서게 되면 그들은 스트레스를 받게 된다. 그들은 다섯 개를 가지고 있다. 그런데 열 개를 요구받는다면? 그것은 곤란한 일이다.

하지만 이 세상은 우리에게 각 사람의 수준에 맞는 행동을 요구하지 않는다. 그것은 교회도 마찬가지다. 교회의 가르침 속에는 우리의 기를 죽이는 위인들의 행동으로 가득하다.

무서워서 죽겠는 사람에게 담대하게 뛰어들라고 한다. 인색하고 아까워 죽겠는 사람에게 화끈하게 베풀라고 한다. 내가 낳은 자식도 때로는 꼴이 보기 싫어 죽을 지경인 사람에게 원수를 사랑하라고 한다. 이거야말로 까무러칠 일이다. 보이지 않아도 믿음으로 나아가는 아브라함을 보라고 한다. 가장 고통스러운 순간에 마구 저주를 퍼붓고 열을 받게 하는 시므이를 보고도 용서하는 다윗을 보라고 한다.

온갖 유혹을 퍼부어도 끄떡하지 않는 요셉을 보라고 한다. 어떤 시험이 와도 기도로 이기는 다니엘을 보라고 한다. 그런 이야기를 들을 때 사람들은 속으로 생각한다. '내가 그게 되면 미쳤다고 여기 이렇게 앉아있겠어?' 하고.

믿음의 사람, 믿음의 행위가 도전이 되고 힘이 된다면 그것은 좋은 일이다. 우리는 그렇게 앞으로 나아가야 할 방향 제시가 필요하다. 하지만 중요한 것은 자기의 수준을 이해해야 한다는 것이다. 당신은 아브라함도 아니고 죠지 뮬러도 아니다. 바울도 아니고 스데반도 아니다. 그러므로 잘 안 되는 것을 무작정 따라하려고 애를 쓸 필요는 없는 것이다.

더욱 무서운 일이 있다. 사랑의 행위를 요구받을 때 자기의 수준으로 그것이 가능하지 않은 사람이 그런 척을 하는 것이다. 착한 척, 경건한 척 폼을 잡는 것이다. 그것은 정말 무섭다. 예수님 앞에서도 많은 사람들이 그렇게 폼을 잡느라고 주님의 은총을 경험하지 못했다.

모르는 것을 물어보면 '죄송하지만 잘 모릅니다.' 하고 대답하면 간단하다. 할 수 없는 것을 요구할 때 '아이고. 저는 못해요' 하면 된다. 화가 나면 '저 그 말 때문에 마음이 상했는데요.' 하고 말하는 것이 좋다.

문제는 속으로 그렇지 않으면서도 그런 척하는 것이다. 그게 바로 위선이라는 것인데 이것이 바로 영혼을 어둡게 하고 무디어지게 하는 것이다.

어떤 집사님을 안다. 이 분은 외형적으로는 아주 모범적인 분이다. 교회에서 제자 훈련, 큐티, 상담 사역, 내적 치유 등 온갖 훈련도 많이 받고 순장, 가정 사역 등의 섬김이로 봉사한다.

그는 지혜로워서 구역모임을 인도할 때 정말 영적인 사람으로 보인다. 하지만 그의 마음속은 황폐하다. 그의 속에는 전쟁이 많다. 열등의식, 분노.. 등으로 치유되어야 할 부분이 많다.

그는 지혜롭고 영리해서 겉의 포장을 잘 한다. 하지만 그것이 한계에 오면 술로 만취되어 폭력을 휘두르며 악한 말들을 쏟아놓는다. 하지만 다음 시간의 구역 모임에는 여전히 지성적이고 영적이다. 그는 아무에게도 마음을 털어놓지 못했다. 그는 항상 아무런 문제가 없다는 듯이 행동했다. 나중에 나는 그가 이혼했다는 이야기를 들었다.

왜 그는 그렇게 무너졌을까? 그 이유 중의 하나는 선하게 보이려는, 영적인 사람, 괜찮은 사람으로 보이고 싶다는 소망이었을 것이다. 그가 속을 다 내어놓았어도 주위의 사람들은 그를 받아주었을 것이다.

하지만 그는 눈물을 흘리는 것을 부끄럽게 여겼다. 그는 아마 자기 속에 있는 열등감이나 연약함을 내어놓으면 사람들이 자기를 싫어할 것이라고 생각했는지 모른다. 자기의 속을 감추고 포장하려고 애쓴 것. 그것은 그의 마음에 많은 부담을 주는 것이었다.

우리는 자기의 수준이 있다. 자신의 수준에서 즐거움을 느낄 수 있는 사랑과 섬김은 좋은 것이다. 하지만 아직 그것이 감당하기 어려운 희생이라면 나는 그것을 하지 말기를 권한다. 그것은 좋은 일이지만 당신에게 맞는 일이 아니다.

화가 나는 것을 억지로 참고 잘해주려고 하지 말라. 나중에는 더 싸우게 된다. 당신은 자신의 수준을 너무 넘어서려고 할 필요가 없다.

아까우면 굳이 억지로 주려고 하지 말라. 어떤 이들은 믿음으로 헌금을 하라고 한다. 아까워도 그것이 백배로 올 것을 기대하면서 하라고 한다.

나는 당신에게 권한다. 아깝게 느껴지는 헌금은 하지 말라. 신앙은 투기가 아니다. 기쁨으로 감동으로 할 수 있는 것만이 당신의 삶에 기쁨과 풍성한 열매를 가져오는 것이다.

어떤 사역자들은 말한다. 아직 하기 힘들어도 믿음으로 하라고. 하다보면 믿음이 생긴다고. 물론 어느 정도는 그렇게 할 수도 있을 것이다. 그러나 그것도 지나쳐서는 안 된다. 자기 수준에서 안 되는 것을 하기 보다는 지금 자신이 기쁨으로 할 수 있는 섬김과 사랑의 행위를 찾고 거기에서 한 걸음씩 앞으로 나아가라는 것이다.

많은 이들이 억지로 자기의 수준에 맞지 않게 착하게 살려고 애쓴다. 억지로 사랑하려고 애를 쓴다. 억지로 참으려고 노력한다. 그것은 피곤한 삶이다. 우리는 성장하겠지만 어느 한 순간에 갑자기 자라는 것이 아니다. 한 걸음씩 걸어가라. 당신은 아직 부족하지만 주님은 당신을 정죄하지 않으신다. 무리하지 말고 한 걸음씩 걸어가라.

당신은 아직 자신이 멀었다고 생각할 것이다. 그러나 아는가? 아기의 걸음마가 엄마 아빠에게 커다란 기쁨이 되는 것을.. 당신은 지금 종종 걸음을 하고 있다. 그리고 언젠가는 좀 더 잘 걸을 수 있을 것이다.

사랑은 우리의 목표다. 선한 것은 우리의 목표다. 하지만 너무 앞서 가지 말라. 남들이 쉽게 한다고 당신도 쉽게 할 수 있다고 생각하지 말라. 모든 사람은 다르다.

자기의 수준에서 한 걸음씩 걸어가며 주님의 도우심을 구하라. 주님만이 당신의 안에 사랑을 심으실 수 있으며 당신에게 변화와 생명을 주실 수 있다. 그 주님을 붙잡고 한 걸음씩 앞으로 나아가라. 당신은 날마다 좀 더 발전할 수 있을 것이다.

## 17. 자주 주님께 질문을 던지라

    그리스도인들은 의무감이 아니라 감동으로 살아야 한다. 애씀과 노력으로 사는 것이 아니라 자연스러운 감동으로 살아야 한다. 그것이 영으로 사는 것이며 주님의 인도하심을 따라 사는 것이다. 그렇지 않고 육으로 봉사하고 애를 쓰면 영이 지치게 된다. 피곤하고 힘들게 된다. 주를 위한다고 힘을 써도 이상하게 무기력해지고 별로 열매도 얻지 못한다.

    그러나 영의 감동을 따라 흐름에 따라 움직이고 살아가게 된다면 그것은 그리 어렵지 않은 삶이다. 그것은 단순하고 편안하며 자연스러운 삶이다.

    그렇게 영으로 감동을 받고 주님의 인도하심 속에서 살 수 있는 간단한 비결이 무엇일까? 그것은 자주 주님께 질문을 던지는 것이다. 그리고 주님의 대답을 기다리는 것이다. 그 주님의 답변은 우리의 깊은 곳에서 영 안에서 떠오르게 된다.

    우리는 우리가 어떤 목표를 세우고 걸어가다가 길이 막히거나 급해지면 주를 찾는가? 아니면 처음부터 주님께 묻고 시작하는가? 즉 처음에 우리가 먼저 시작하는가? 아니면 주님이 먼저 시작하시는가? 그것은 우리의 삶의 주도권을 우리가 쥐고 있는가, 주님이 쥐고 있는가를 보여주는 것이다.

    우리는 당연히 주님이 먼저 시작하시게 해야 한다. 그리고 그러한 삶의 방법 중의 하나가 우리가 무엇을 하기 전에 주님께 질문을 던지는 것이다.

어떤 유명한 사역자의 설교를 책에서 읽은 적이 있다. 이분은 미국 사람이다. 그의 메시지는 이랬다. '첫째 비전을 가져라. 둘째 믿으라. 셋째 기도하라.' 그분이 믿으라는 것이 주님을 믿으라는 것인지 아니면 자기의 소원이 이루어지는 것을 믿으라는 것인지 혼동이 왔다. 게다가 마지막의 순서로 기도를 하라니.. 그러니까 기도는 자기의 비전과 소원을 이루는 방법이라는 것이다.

아라비안나이트에 나오는 램프의 거인 이야기를 보자. 램프를 비비면 램프 안에서 뭉게뭉게 구름이 나오고 그 구름이 바뀌어 거인이 된다. 그리고 거인이 말한다. '주인님. 부르셨습니까?' 그리고 주인은 자기의 소망을 이야기한다. 그러면 거인은 그것을 시행한다.

거인은 크고 강하지만 그저 종일뿐이다. 어디까지나 주도권을 가지고 있는 것은 램프의 주인이다. 그런데 이 앞의 메시지가 뭔가 좀 그런 분위기를 가지고 있지 않은가? 거기서 믿는 것과 기도하는 것은 소원을 이루기 위해서 램프를 비비는 것과 흡사한 느낌이 든다. 거인 대신에 주님이 나타나시는 것만 다르다.

이것은 분명하고 지적하고 넘어가야 한다. 명령하시는 분은 주님이시다. 그리고 듣는 자가 우리다. 다시 말하자면 주님이 램프를 비비셔야 한다. 우리가 비비면 안 된다. 우리가 구름이 되든지 안개가 되든지 해서 뭉게뭉게 나가서 '오, 주님.. 말씀하시옵소서. 종이 듣겠나이다..' 해야 한다.

그렇기 때문에 우리는 항상 먼저 주님이 말씀하시도록 듣기 위해서 주님께 질문을 던져야 하는 것이다. 아침에 하루를 시작할 때 이런 식으로 질문을 하면 된다.

"오, 주님.. 제가 오늘 하루 무엇을 하기를 원하세요? 지금 제가 순종하거나 해야 할 일이 있습니까?"

그리고는 기다리면 된다. 그러면 마음속에서 어떤 생각이나 느낌이 떠오르게 된다. 사람들은 경건을 위하여 영성훈련을 위하여 기도를 많이, 오래 하는 것이 좋다고 생각한다. 그래서 어떤 이들은 시계를 가져다놓고 열심히 노려보면서 기도를 하기도 한다. 하지만 중요한 것이 있다. 기도는 혼자서 일방적으로 하게 되면 별로 재미가 없다는 것이다.

같이 만나도 혼자서만 이야기를 독점하는 친구들이 있다. 그러한 친구들은 말은 많이 하지만 상대방의 이야기를 듣는 적이 없다. 그저 혼자서 나오는 대로 많은 말들을 할 뿐이다. 당연히 당신은 그 친구가 그리 친밀하게 느껴지지 않을 것이다. 만약 당신이 아주 외롭고 힘든 상태에서 그 친구를 만난다면 그날따라 그 친구의 수다가 정말 피곤하며 그것은 당신의 외로움을 더욱 진하게 만든다는 것을 느끼게 될 것이다.

기도도 마찬가지다. 혼자서 하는 기도는 재미가 없다. 하지만 지금 이 시간 주님께서 당신의 기도를 듣고 계시며 당신의 궁금증이나 소원에 대해서 주님이 무엇인가를 말씀하시기를 원하신다면, 그리고 말씀하신다면 그것은 정말 재미있는 일이 된다. 주님의 메시지는 사람들이 하는 듣기 싫은 잔소리와는 차원이 다르기 때문이다. 그것은 우리의 영혼을 신선하게 하고 풍성하게, 생기로 충만하게 하는 것이다.

자, 그러니 이제 주님께 그런 식으로 질문을 던지고 주님의 응답을 기다려보자. 주님께서는 어떻게 말씀하실 것인가? 주님의 음성이 귀가 쟁쟁 울릴 정도로 들릴 것이라고 기대하는 이들은 어쩌면 조금 실망하게 될지도 모른다. 대부분의 경우 주님의 음성과 감동은 그렇게 나타나지 않기 때문이다.

엘리야가 갈멜산에서 무릎 꿇고 기도를 드렸을 때 처음에 손바닥만한 구름이 일어난 것처럼 마음속에서 아주 작은 미세한 느낌이 일어나게 된다. 무엇을 하고 싶은 마음이 올라오는 것이다. 그것은 아주 단순하고 간단한 것이다. 너무나 단순해서 '이게 정말 주님의 감동이 맞을까?' 하는 생각이 들 정도이다.

하지만 주님의 감동이나 음성이 아주 어려운 것이라고는 생각하지 말라. 주님이 당신과 무슨 퍼즐 게임을 하시겠는가? 음성이 알아듣기 어려운 것이라면 도대체 어떻게 순종을 하겠는가? 그러므로 처음에 그렇게 간단한 인상이나 느낌, 이미지를 느끼게 되는 것은 자연스러운 일이다.

이해를 돕기 위해서 어느 여집사님의 간단한 경험을 인용해보자. 이 글은 나의 홈페이지의 회원 코너에 실린 글이다. 나는 우연히 돌아다니다가 이 글을 발견하였다.

나는 감동을 따라 살아야겠다고 마음을 먹었다. 그래서 조용히 주님의 감동을 기다렸다. 그러자 몸이 불편하신 시어머님을 목욕시켜드려야겠다는 감동이 왔다. 하루나 이틀 정도의 간격을 두고 목욕을 시켜드려야겠다는 마음이 왔다. 따뜻한 물을 함지박에 받아놓고 욕조에 어머니를 앉힌 다음 목욕을 시켜드리면 좋을 것 같다는 생각이 들었다. 나는 감동이 오는 대로 그렇게 하였다. 어머님이 무척 기뻐하셨다. 내 마음도 아주 기뻤다. 감동을 따라 사는 것은 참 즐거운 일이다. -K집사-

이 집사님이 쓴 다른 글도 조금 더 인용해본다.

어떤 아주머니에게 작은 선물을 받았다. 그 선물이 작은 것이지만 나를 기쁘게 했다. 나도 감동이 오는 대로 무엇인가를 주고 싶었다. 집에 돌아와 저녁을 준비하려고 냉장고 문을 열었다. 생선이 보인다.

얼마 전 남편이 생선 시장에 가자고 하여 그 곳에 갔을 때 사다 놓은 것이다. 조금 전 옆집 친구가 생활비가 거의 끝이 났다고 하는 말을 했었다.

'아.. 이것이 조금 도움이 되지 않을까.' 하는 마음이 들었다. 그래서 생선 몇 마리, 오징어 몇 마리를 들고 가서 주고 왔다. 참 기분이 좋다.

밤에 그 친구가 양말 세트를 들고 찾아 왔다. 아까 준 생선 고맙게 잘 먹겠다고 하면서.. 사랑을 서로 나누는 것은 즐거운 일이다.

오후에는 어떤 자매랑 통화하다 뭔가를 주고 싶은 마음이 들었다. 그런데 그것을 그냥 주려고 했는데 가져다주려고 챙기는 순간에 그것이 쏟아지는 것이다. '아.. 이것은 주려는 감동이 잘못된 것인가?' 하고 생각하다가 아차 싶은 마음이 들었다.

이것은 음식을 조리해서 주라는 메시지인 것으로 보인다. 그 자매는 직장에 다니고 있어서 조리할 시간이 없을 것이다. 그래서 조리를 해서 저녁에 가져다주었다. 그녀는 아주 좋아했다. 나도 참 즐겁다.

감동을 따라 섬기고 사람을 기쁘게 하는 것은 참 좋은 일인 것 같다. 사람을 섬기는 것이 주님을 섬기는 것이며 사람을 기쁘게 하는 것이 주님을 기쁘시게 하는 것 같다. -K집사-

시도해보면 알겠지만 이것은 아주 간단하고 쉽다. 어떤 이들은 도무지 아무 것도 떠오르는 것이 없다고 아우성을 칠지도 모르지만 그러한 이들은 주님이 무엇을 말씀하신다 해도 순종하겠다는 마음이 부족하거나 아니면 속으로 나에게는 주님이 말씀하실 리가 없다고 굳게 믿고 있기 때문일 것이다. 그렇지 않으면 여기에 익숙하지 않아서 그럴 것이다. 무엇이든지 반복하여 하다보면 요령과 느낌이 생기게 된다.

그 감동과 느낌은 위의 예처럼 단순하고 쉬운 것이다. 갑자기 주님께서 당신에게 지금 당장 보따리를 싸서 본토 친척 아비 집을 떠나 주님이 지시하는 땅으로 가라고 말씀하시는 것이 아니다. 그런 식으로 모두가 아브라함이 되면 곤란하다. 믿음의 조상은 한 명쯤 있어야지 너무 많으면 누가 믿음의 자녀, 손자를 하겠는가? 간혹 그런 식으로 흥분해서 보따리를 싸는 이들도 있기는 하지만 대부분 그들은 보따리를 가지고 다시 집으로 돌아온다.

마음속에 떠오르는 그런 감동을 따라 순종하고 움직이는 것은 참으로 쉬운 일이다. 왜냐하면 주님은 어떤 생각이 떠오름과 동시에 그것을 하고 싶은 마음을 주시기 때문이다.

지금 당장 어떤 것을 하고 싶은데 그것이 뭐가 어렵겠는가? 음식을 덥힌 다음에 따끈따끈할 때 먹는 것은 쉽고 맛이 있다. 하지만 지금 조리한 음식을 일주일 후에 먹는다고 하자. 그것은 맛이 하나도 없다.

감동으로 살지 않고 의무나 틀에 의해서 사는 것이 바로 그런 것이다. 지금 감동을 받은 것을 한 주일 후에 하는 것이다. 예를 들자면 지금 누구의 집에 가고 싶은 감동이 오는데 한 주일 후에 간다. 가는 것이 재미있겠는가? 아무런 감동도 느낌도 없고 의무감에서 가게 되며 영의 교류가 없고 피곤해진다.

어떤 감동으로 가는 것이 아니라 오늘 여섯시에 미리 약속이 되어 있기 때문에 간다. 그러한 것이 영을 답답하게 하는 것이다.

어떤 목회자가 설교를 준비하고 있다. 그런데 어떤 감동이 생긴다. 어떤 말씀을 준비하고 설교할 차례인데 이상하게 다른 메시지가 떠오른다. 그는 고민한다. '어떻게하지? 지금 이게 순서가 아닌데..' 그는 결정한다. '에이. 모르겠다. 그냥 미리 준비한 것을 하자. 이것은 다음 주에 하지 뭐..' 그는 설교한다. 아무런 힘이 없다. 피곤하고 힘들다. 간신히 설교를 마친다.

그리고 다음 주가 되었다. 앞에서 감동을 받은 메시지를 전한다. 결과는 어떠한가? 전하는 것이 너무 재미가 없고 힘들다. 그것은 저번 주에 해야 할 메시지였기 때문이다. 만약에 사역자들이 프로그램이나 틀에 주의하지 않고 주의 감동에 주의한다면 많은 영혼들에게 충격을 줄 수가 있을 것이다.

나의 예를 들어보기로 하자. 어느 주일 오후 예배의 설교를 준비했다. 보혈에 대한 것이었다. 그런데 교회에 걸어가면서 거의 도착하기 직전에 갑자기 다른 메시지가 떠올랐다. '나는 너를 있는 그대로 사랑한다.. 애쓰지 말고 노력하지 말라. 너의 애씀 때문이 아니라 너 자신을 내가 사랑한다..' 그런 메시지가 끊임없이 떠올랐다. 나는 이런 경험이 많다. 그래서 준비한 설교를 내버려두고 예언의 형태로 그런 메시지를 되풀이했다.

우리 교회에 처음 나온 어느 자매가 있었다. 나는 그녀의 상황에 대해서 알지 못했지만 그녀는 메시지가 시작하는 순간부터 끝나는 순간까지 눈물로 목욕을 했다. 갑자기 떠오르는 메시지들은 대체로 이러한 결과를 가져온다.

감동을 따라 전하는 것은 대부분 영혼들에게 직접적인 충격을 준다. 나는 메시지를 준비했다가 갑자기 바꾸는 적이 많다. 그 날 갑자기 떠오르는 감동을 전한다. 그리고 나면 성도들의 반응은 대개 이렇다.

"목사님.. 저의 사정을 어떻게 아셨어요?"

"한 주일의 생활을 아예 총정리를 해 주시는 군요.."

이런 반응은 자연스러운 것이다. 그것은 이유가 있다. 메시지는 목회자가 만들어내는 것 같지만 사실 영계에서 수신을 하는 것이다. 그런데 갑자기 어떤 메시지가 예배 직전에 떠오르는 것은 어떤 영혼이 문제가 생겨서 괴로워하고 있는 것을 목회자의 영혼이 감지하고 거기에 대한 해답을 수신하게 되는 것이다. 즉 주님께서 목회자에게 영감을 주심으로써 성도들의 고민에 응답하시는 것이다.

그러므로 나는 새로운 메시지가 갑자기 떠오를 때 속으로 생각한다. '아이고. 또 어떤 영혼이 이러한 문제가 생겼는가 보군..' 그리고 나중에 보면 그것이 사실인 것을 알게 된다.

지금은 목회를 내려놓았기에 설교를 하지 않지만 대신에 시간이 날 때마다 인터넷 카페에 글을 쓴다. 그러니 사이버 목회를 하는 거나 마찬가지다. 그런데 갑자기 어떤 부분을 강하게 써야한다는 느낌이 들 때가 많이 있다.

그러면 역시 속으로 생각한다. '아이고. 카페 회원이 이런 고민을 하고 있는 모양이군.' 그리고 그러한 예상은 거의 맞다. 글을 올리고 나면 기도 응답을 받았다는 답글들이 주르르 달리기 시작하는 것이다.

이렇게 감동을 따라 살고 감동을 따라 설교하는 것은 재미있고 즐거운 일이다. 어느 정도 영이 훈련된 사역자는 성도들이 어떤 상태에 있고 어떤 생각을 하고 있는지 어렵지 않게 느낀다. 그렇기 때문에 그들의 가려운 곳을 긁어주는 것이 쉽다.

그러므로 메시지의 준비나 인도를 받아서 움직이는 것이 어렵지 않게 된다. 바람이 흐르듯이 시냇물이 흐르듯이 그렇게 자연스럽게만 가면 된다. 그러니 사람들을 헌신시키기 위해서 억지로 위협하고 강요하고 요구하고 할 필요가 없는 것이다.

주님께 무엇을 묻고 그 대답을 기다리는 것 - 그것은 아주 재미있고 쉬운 일이다. 나는 글을 쓰다가 막히게 되면 그 다음을 주님께 묻고 잠이 들 때가 많이 있다.

그리고 나면 나는 아침에 깨자마자 어떤 답을 느끼게 된다. 꿈속에서 답을 얻기도 한다. 나는 잠을 자고 있는 사이에 내 영혼이 깨어서 주님께 응답을 받아오는지 천국에 갔다 오는지 하는 모양이다. 아마 이것을 시도하다보면 이러한 것이 별로 어려운 것이 아니며 무슨 신령한 사람들만이 할 수 있는 것이 아닌 것을 알게 될 것이다.

나는 평소에 항상 주님께서 무엇을 내게 요구하시고 원하실 때 그것을 내가 알고 느낄 수 있게 해달라고 질문을 던져 놓은 상태이다. 그래서 영감을 받는 일이 많이 있다.

몇 년 전 목회를 하고 있었을 때 저녁에 몹시 피곤한 상태였는데 지금 당장 어느 집에 가야한다는 감동이 왔다. 나는 그것이 주님이 주신 감동인 것을 알았다. 하지만 몹시 힘든 상태였기 때문에 나중에 가고 싶었다. 하지만 내가 그렇게 투정을 해도 주님께서는 지금 당장 가야한다고 계속 압력을 넣으셨다.

할 수 없이 나는 그 집에 갔다. 믿은 지 얼마 되지 않은 부부인데 아이가 하나가 있는 집이었다. 나는 내가 그 집에 왜 가야 하는지 몰랐다. 그리고 무슨 말을 해야 하는지 몰랐다. 그냥 마음속에서 떠오르는 대로 아무 화제나 입에 올리게 되었다.

대화를 나누다가 우연히 내적 치유에 대한 이야기를 하게 되었다. 그 때 나는 어떤 자매의 내적 치유를 위해서 기도를 해주었었다. 기도를 하면서 그녀가 어머니의 배속에 있었을 때로 돌아가게 되었다. 그런데 그녀의 어머니가 그녀를 임신한지 3개월이 되었을 때 여러 가지 어려운 문제가 있어서 자살을 하려고 했다고 한다.

그 때의 기억으로 돌아가자 이 자매는 누군가 나를 죽이려고 한다고 하면서 마구 소리치고 울부짖고 난리를 치는 것이었다. 물론 자매는 어머니가 임신 3개월이 되었을 때 그러한 일이 있었다는 것, 자신이 모태에서 3개월이 되었을 때 큰 충격을 받았었다는 것을 그 전에는 전혀 모르고 있었다. 평소에 자기가 태어나기 전의 일을 기억하는 사람이 어디 있겠는가..

그녀는 그 치유의 기도를 받고 많이 자유함을 누리게 되었다. 이 이야기를 우연히 하게 되면서 엄마들은 특히 아기를 가졌을 때 조심을 해야 하는 것 같다고 이야기를 했다. 물론 나는 이 이야기를 할 때 이 집의 자매가 임신한 상태인지 모르고 있었다.

이 자매는 당시에 임신 3개월이었다. 하지만 아이를 낳을 마음이 없었는데 잘못해서 임신이 된 것이다. 아직 믿음이 없었기 때문에 그래서 고민을 하고 있었다. 남편은 아기를 없애자고 하고 아내는 망설이고 있었다.

그런데 갑자기 목사가 들어와서 하는 말이 임신했을 때의 엄마의 상태가 중요하며 생각만 해도 아이에게 큰 충격을 주며 혹시라도 아기를 죽이게 되면 평생을 악한 영들에게 시달릴 수 있다는 이야기를 하니 그들은 몹시 놀래고 두려웠던 것이다.

나는 내가 하는 말이 무슨 말인지 몰랐지만 그들은 잘 알고 있었다. 그들은 하나님께서 나를 보내신 것이 틀림없다고 하고 결국 아기를 낳게 되었다. 이들은 후에 그 아기를 얼마나 사랑하고 아기를 통해서 얼마나 큰 위로를 받았는지 모른다.

이 경우에 내가 그 감동에 순종하지 않았으면 어땠을까? 당시 그들은 병원에 가자, 말자 하는 그 급박한 상황이었는데 말이다. 여기서 알 수 있는 것은 그러한 감동은 우리의 이성과 지성을 뛰어넘는다는 것이다.

이런 일도 있었다. 기도 중에 갑자기 가까이에 있는 문구점 아저씨와 아주머니가 생각나고 그 생각이 지워지지 않았다. 약간의 안면은 있으나 별 대화는 나눈 적이 없는 분들이다.

문구점에 가보니 평소에 보지 못하던 청년이 있었다. 부모님은 어디 계시느냐고 물어보니 아버지가 갑자기 쓰러지셔서 병원에 계시다고 한다. 나는 물어서 그 병원을 찾아갔다.

아주머니는 신앙이 있었고 아저씨는 몇 번 교회에 간 적은 있었지만 잘 몰랐다. 아주머니는 남편이 구원을 받고 하늘나라에 갈 수 있게 해달라고 간구하고 있는 중이었다.

그녀는 갑자기 내가 계속 생각이 났다고 하면서 하나님께 나를 보내달라고 간절히 기도하고 있었다. 나는 아저씨와 복음에 대해서 이야기를 나누고 기도해주었다. 며칠 후에 아저씨는 편안하게 눈을 감았다. 나중에 아주머니에게 들으니 그 날 이후에 확신을 가지고 마음의 평화를 얻었다고 한다.

이런 이야기를 하자면 많다. 우리가 주님께 감동을 구하고 주의 인도하심을 받기 원한다면 주님께서는 우리를 인도하신다. 감동을 주며 우리를 이끄신다.

조금 부작용도 있기는 하다. 내 경우에 글을 쓰고 책을 쓰는 것이 사역이니까 전해야 할 메시지를 달라고 항상 주님께 질문을 던지고 있는 상태이다. 그런데 그 답들이 너무 많이 오기 때문에 너무 피곤한 것이다. 자다가도 길을 가다가도 식사를 할 때도 심지어 횡단보도를 걸을 때도 수많은 영감과 메시지가 오니까 도무지 이를 견딜 재간이 없다.

이미 영성에 대한 책을 이십 여권 썼는데도 끝날 생각을 하지 않는다. 하루에 몇 권 분량의 책이 떠오르니 떠오르는 것은 순식간이지만 몸이 그것을 감당하기 어려운 것이다.

그래서 나는 이제 질문을 조금 그만 하고 감동 받는 것을 조금 쉬어야 할 까도 생각을 하고 있는 중이다.

하지만 일반적으로 질문을 던지고 주님으로부터 해답을 기다린다는 것은 영으로 살고 감동으로 사는 중요한 기초인 것을 잊어서는 안 된다. 누구든지 그 감동으로 살게 되고 주의 인도하심을 따라 살다보면 삶이 아주 재미있고 흥미진진하다는 것을 느낄 수 있게 될 것이다.

사람들은 지금 프로그램을 따라 어떤 틀에 따라 사는 것에 익숙해져 있다. 아무 감동이 없어도 의무적으로 시간표와 계획표에 따라 움직인다. 그것은 죽어있는 삶이다.

초대교회에는 놀라운 역동성이 있었다. 교리도 충분치 않고 신학도 충분치 않았지만 그들은 놀라운 풍성함과 열매를 가지고 있었다. 그들이 영감으로 살고 성령과 동행했기 때문이다.

그러니 당신도 역동적인 삶을 위하여 자연스럽게 열매 맺는 삶을 위하여 질문을 주님께 드리고 해답과 감동을 따라 살라. 풍성한 삶을 얻게 될 것이다.

좀 더 많이 쓰이고 싶은가? 좀 더 많은 질문을 던지라. 그리고 기다리라. 드려지고 구하는 만큼 당신은 더 쓰일 수 있다. 더 영감을 받을 수 있다.

당신이 질문을 주님께 드리고 잠자리에 든다면 당신의 영혼은 당신이 잠든 사이에 주님께로 나아가서 그 해답을 찾아 가지고 온다. 당신은 잠이 깨었을 때 그 해답을 느낄 수 있다. 성격이 급해서 그렇게 기다릴 수 없다고 하면 어쩔 수 없지만 영혼의 움직임에는 어느 정도 시간이 필요하다는 것을 이해해야 한다.

한 가지 더 노파심으로 이야기한다. 절대로 당신에게는 그러한 영감이 없을 것이라고 생각하지 말라. 영성이란 누가 따로 전세낸 것이 아니다. 음성을 구하고 듣고 따르는 것은 하나의 삶의 습관이고 패턴일 뿐이지 깊은 영성의 사람만이 할 수 있는 것이 아니다.

오늘날 영감을 잘 모르는 이들이 많은 것은 신앙의 패턴이 영성 중심이 아니라 합리성과 틀 중심인 백인 스타일로 형성되어 있기 때문이다. 그 패턴을 바꾸면 누구나 자유롭게 주님과 교제하며 영감으로 살 수 있게 된다.

한 가지만 더 이야기하자. 오해가 없도록 말이다. 십 여 년 전에 청년들을 데리고 며칠 간 수련회를 가지며 주님의 음성을 듣는 훈련을 시킨 적이 있었다. 다들 각자가 느낀 주님의 음성에 대해서 이야기해보라고 했었다.

그러자 어떤 자매가 무지무지하게 거룩한 목소리로 ' ~~하노라.. ~~찌어다..' 하는 식으로 말하는 것이었다. 나는 웃음이 터지려는 것을 간신히 참고 그 자매를 진정시켰다.

주님의 음성과 감동을 기다릴 때 당신이 갑자기 선지자나 예언자가 된다고 생각하지 말라. 그리고 주님께서 당신에게 아주 특별한 명령을 하실 것이라고 생각하지 말라.

툭하면 사람들은 아브라함에게 떠나라고 하셨다고 말씀하신 것을 상기시키는데 하나님이 아무에게나 떠나라고 하신 것이 아니다. 적어도 이삭에게는 이 땅을 떠나지 말고 머무르라고 하셨다.

그러니 결혼 생활이 힘들어도 "하나님이 말씀하시기를 네 본토를 떠나 내가 네게 지시하는 땅으로 가라.." 하는 말씀에 감동을 받고 적용을 하는 것은 웬만하면 하지 마시기를 바란다. 그러한 메시지는 정말 특별한 경우이며 일반적인 하나님의 음성이라고 할 수 없는 것이다.

일반적으로 주님은 어떤 말씀을 당신에게 주실까? 남편을 위하여 오늘은 맛있는 반찬을 만들라고 아내에게 말씀하실 것이다. 아내에게 줄 선물을 지금 사 가지고 가라고 남편에게 말씀하실 것이다. 아이가 말하는 것을 사랑을 가지고 주의 깊게 들어보라고 부모들에게 말씀하실 것이다. 시골에 계신 어머니에게 전화를 걸어 사랑한다고 말하라는 감동을 주실 것이다.

당신은 이렇게 말할지도 모른다.

"에이.. 겨우 그거야? 나는 굉장히 신령한 계시와 말씀이 임할 줄 알았는데.."

하지만 나는 말하고 싶다. 신령한 것이 별것인가? 바로 그게 신령한 것이다. 너희는 세상에 있는 곳에서 빛과 소금이 되라고 하셨지 저 멀리 우주에 가서 도를 닦으라고 하셨는가?

그러니 너무 신령한 것을 좋아하지 말고 단순하고 행복하게 감동으로 살라. 주님은 당신의 삶을 아름답고 풍성하게 인도하실 것이다.

부디 자주 주님께 질문을 던지라.

그리고 듣고 순종하라.

당신의 삶은 풍성해질 것이다.

## 18. 어려운 상황에서 게임을 발견하라

유머를 즐기는 것은 여유 있고 풍성한 삶을 위하여 아주 도움이 되는 일이다. 나는 유머를 좋아한다. 그리고 그러한 유머를 즐기는 여유를 가진 사람을 좋아한다.

어려운 상황에서 유머를 즐길 수 있으며 장난을 즐기는 사람을 좋아한다. 유머와 장난을 좋아하는 사람은 심각하지 않다. 그들은 삶의 어렵고 힘든 상황에서도 그것을 희화시킨다. 그리고 그 어려움 안에서도 즐거움과 여유를 찾아낸다.

청년 시절 신문에서 이런 이야기를 읽은 적이 있다. 이스라엘의 한 전역한 장군이 반정부 단체들에게 의해서 납치된 일이 있었다. 아마 그가 중요한 인물이었던 모양이다.

경찰은 수사를 시작했고 결국 그들의 근거지를 찾아내게 되었다. 그리하여 전격적인 기습이 이루어졌다. 그런데 그만 기습이 탄로 나는 바람에 총격전이 벌어지게 되었다. 그것은 위험한 순간이었다. 총격전의 와중에서 장군은 자기의 머리에 테러범의 총구가 닿는 것을 느꼈다. 장군은 이제 다 끝났다고 생각했다고 한다.

그러나 위기일발의 순간은 지나가고 그는 무사히 구출되었다. 작전이 끝나자 장군은 경찰에게 말했다.

"수고했어. 경찰.."

그는 미소를 지으며 덧붙였다.

"이제 따뜻한 커피가 한 잔 생각나는 군."

나는 그 기사를 읽으며 그가 참 멋이 있는 사람이라고 생각했다. 이제 방금 목숨이 왔다 갔다 하는 상황에서 벗어났는데 그렇게 유머를 던질 여유가 있다는 것이 몹시 인상적이었다. 나는 그의 삶이 평소에도 여유와 즐거움이 있을 것이라고 생각한다.

멋지지 않는가? 위기의 상황에서도 태연히 커피를 즐길 수 있다는 것.. 죽음이 코앞에 와도 멋진 유머를 던지고 떠날 수 있다는 것.. 그것은 멋진 일이 아닌가?

신의 친구라는 별명을 가지고 있는 에픽테토스라는 사람이 있다. 서기 50년경 로마에서 노예의 아들로 태어난 이 사람은 뛰어난 지혜자로 여겨지고 있다. 물론 노예의 아들로 태어났으니 그의 신분도 노예이다.

그런데 그의 주인은 좀 이상한 취미를 가지고 있었던 모양이다. 하루는 그가 이유 없이 에픽테토스의 발을 비틀기 시작했다. 아마 노예의 고통을 즐기고 싶었던 모양이다. 그래서 에픽테토스는 말했다.

"그만 하십시오. 그렇지 않으면 다리가 부러질 것입니다."

하지만 주인은 그만 두지 않고 더 세게 다리를 비틀었다. 결국 그의 다리가 부러지고 말았다. 그러자 에픽테토스는 조용히 말했다.

"그것 보십시오. 제가 뭐라고 했습니까. 다리가 부러진다고 했잖아요."

이것은 조금 슬픈 예화이기는 하지만 역시 그의 여유 있고 초연한 삶의 모습을 잘 보여주고 있는 것이다.

지혜로운 사람은 이와 같이 삶에 있어서 고통이나 슬픔이 있다고 해도 이에 대해서 초연하고 편안하게 대처하는 것이 아닐까?

별 것도 아닌 일을 가지고 슬퍼하고 낙심하고 하소연하며 온갖 난리를 꾸미는 이들은 이러한 여유에 대해서 조금 배워야 할 필요가 있다.

어려운 일을 당하게 되었을 때 거기에는 오직 어려움만이 있는가? 그것은 그렇지 않다. 보기에 따라서는 그것을 즐겁게, 일종의 게임으로 생각할 수 있을 지도 모른다. 아니, 적어도 그렇게 생각할 수 있다면 그것은 어려움을 통과하는 데 힘이 될 수 있을 것이다.

오래 전에 지하에 있는 작은 교회에서 사역을 하고 있을 때의 일이다. 주일에 예배를 드리고 교회에 갔는데 교회에 물이 가득 찬 것을 알게 되었다. 어느 자매가 그 전날에 교회에서 기도하고 가다가 물을 틀어놓은 후에 잠그는 것을 잊어버렸던 것이다.

자매가 물을 틀었을 때는 잠시 물이 안 나오던 때였다. 그래서 자매는 수도꼭지를 열어놓은 채로 놔두었는데 나중에 물이 나오게 되면서 교회가 물로 가득 차게 되었던 것이다.

때는 몹시 추운 겨울이었다. 바깥에는 얼음이 많이 얼어있었다. 그 때까지 물을 가까스로 잠그기는 했지만 물은 이미 무릎 위까지 차 있는 상태였다. 물 때문에 전기는 다 나가버려서 교회는 암흑 상태에 있었다. 석유난로도 망가지고 지상으로 물을 올리는 양수기도 망가져 버렸다. 무엇보다 중요한 것은 이 교회에 가득 찬 물을 바깥으로 빼내어야 하는 것이었다.

전파사에서 아저씨가 오셨지만 아무 대책이 없는 것을 알게 되었다. 교회에서 물을 뺄 수 있는 유일한 방법은 양동이에다 가득 물을 담아서 층계를 통해서 가지고 올라가 길에 나 있는 하수구에 버리는 수밖에 없었다. 결국 그 날의 예배는 물 푸는 예배가 되었다. 나는 성도들과 같이 열심히 물을 푸기 시작했다. 참 마음이 슬펐다. 날은 춥고 손은 얼어붙을 것만 같았다. 열심히 찬양하고 기도하고 예배를 드리러 왔는데 이렇게 물이나 퍼서 날라야 한다니.. 과거에 교회에 물이 찬적은 많이 있었지만 이렇게 까지 충만한 적은 처음이었다.

물의 양이 너무 많아서 아무리 양동이로 길어 올려도 그 양은 좀처럼 줄어들지 않았다. 양동이에 가득 물을 채우고 층계를 수십 개를 올라가서 바깥의 하수구까지 가는 작업은 몹시 힘든 작업이었다. 수 십 번을 층계로 오르내리면서 점점 머리가 어지러워지기 시작했다. 온 몸에는 식은땀이 흐르고 숨이 찼다. 하지만 물의 양은 여전히 변화가 없는 듯이 보였다.

갑자기 마음속에 그런 생각이 들었다. 이것은 단지 힘든 상황일 뿐일까? 이것을 게임처럼 여길 수는 없을까? 뭔가 재미있게 일 할 수 있는 방법이 없을까?

그러다가 재미있는 생각이 떠올랐다. 아주 추운 날씨였다. 그래서 여기 저기 얼음이 많이 얼어있었다. 특히 하수구에는 눈이 내려서 녹지 않고 얼어버린 형태가 많이 쌓여있었다. 그 얼음 위에 여기 저기 지저분한 것들이 많이 있어서 보기에 참 지저분했다.

나는 그 놈들을 나쁜 놈이라고 규정하기로 마음먹었다. 그리고 내가 양동이에 가득 담은 물로서 그들을 다 녹여버리기로 마음먹었다.

좋다! 저 얼음을 다 이 물로써 녹여버리자! 하지만 얼음이 아주 많은 데 과연 할 수 있을까? 나는 할 수 있을 것이라고 믿었다. 하나의 목표가 생기자 힘이 생겼다. 나는 다시 힘차게 양동이에 물을 담기 시작했다.

　같이 열심히 물을 푸고 있는 집사님들 사이에 네 살쯤 먹은 어린 아이가 하나 끼어있었다. 아이는 그저 이 모든 상황이 재미가 있는지 신이 나서 쳐다보고 있었다.

　나는 아이에게 얼음을 가리키며 이놈들을 내가 다 녹여버리겠다고 선언했다. 그리고 물을 쫘악 하고 부었다. 얼음이 많이 녹았다. 아이는 우와~ 하고 박수를 쳤다.

　나는 계속 물을 날랐다. 그리고 과장스러운 몸짓으로 얼음을 공격하기 시작했다. 아이는 차츰 신이 났다. 나중에는 마구 깔깔 웃으며 박수를 치고 신이 나서 내 뒤를 졸졸 따라다녔다. 계속 얼음이 녹는 모습이 신기한지 아주 자지러지게 웃었다.

　이미 나에게 이것은 하나의 게임이었다. 물론 이 어려운 상황을 통해서 배울 것이 있었다. 주님의 가르치심이 있었다. 하지만 지금 당장 중요한 것은 일단 물을 처리하는 것이다. 그런데 이 게임을 통해서 나는 물을 아주 즐겁고 재미있게 치우게 되었던 것이다.

　우리에게 물푸기는 이제 즐거운 게임이었다. 나는 성도들과 같이 농담을 하고 장난을 치면서 우리의 거룩한 물푸기 예배를 진행하고 있었다. 거의 하루 종일 물을 퍼 날라서 드디어 저녁때쯤 교회에는 물이 사라졌다. 교회는 깨끗해졌고 그리고 하수구의 지저분한 얼음들도 깨끗이 다 녹아버렸다.

　우리들은 서로 격려와 감사를 고백하고 헤어져 집으로 갔다. 집에 도착하니 몸이 안 아픈 데가 없었다. 여기 저기 쑤시고 몸이 몽둥이로 얻어맞은 것같이 힘이 들었다. 나는 지쳐서 자리에 누웠다. 하지만 이상하게도 마음만은 날아갈 듯이 상쾌했다. 그냥, 즐거운 여행을 한 느낌이었다.

　나는 이것을 통해서 배울 수 있었다. 모든 상황들, 인생의 상황들, 아주 어려운 상황들이라고 하더라도 그것을 게임으로 여기고 즐길 수 있는 거리를 찾을 때 그 상황은 우리에게 새로운 의미를 가지게 된다는 것이었다.

　우리의 앞으로의 삶 속에 어떤 일이 있을지 모른다. 힘든 상황이 올 수도 있다. 하지만 우리가 그 안에서 어떤 재미의 요소, 즐거움의 요소, 게임의 요소를 발견할 수 있다면 우리는 그러한 어려운 시험을 좀 더 재미있게 통과할 수 있을 것이다. 어쩌면 작은 장난 하나로, 즐거운 농담 하나로 그러한 것을 이겨낼 수 있을 지도 모른다.

　보기에 따라서 삶은 게임이라고도 할 수 있다. 인생은 게임이다. 그러므로 우리가 처하고 있는 현실에서 그 게임의 요소를 발견하고 즐길 수 있다면 우리는 좀 더 풍성하고 여유로운 삶을 살 수 있을 것이다. 나는 그렇게 믿는다.

## 19. 안식을 훈련하라

　성령의 아홉 가지 열매가 있다. 그것은 사랑, 기쁨, 평화.. 등이다. 그것은 모든 좋은 열매들을 대표하는 것이다. 그런데 그것들의 한 특성이 있다. 그것은 그 열매들이 부드럽게 안식된 상태에서 나타난다는 것이다.

　아주 긴장이 되어 있을 때 사랑이 흘러나오는 것을 느끼는 사람이 있는가? 마구 흥분이 되어 있을 때 마음의 평화를 느끼는 사람이 있는가? 그러한 감동은 몸과 마음이 부드럽고 편안하게 릴렉스 되어 있을 때 나타나는 것이다.

　어느 순간 저녁노을을 보면서 불타는 것 같은 황혼을 보며 감동과 전율을 느낄 때가 있다. 따사로운 햇살을 맞으며 가슴 가득한 평화로움을 느낄 때가 있다. 이러한 상태는 다 어떤 상태인가? 마음이 편안하고 긴장이 풀린 릴렉스의 상태이다. 즉 영의 열매, 영혼의 열매들은 육체의 긴장이 사라지고 몸과 마음이 부드럽게 이완된 상태에서 나타난다는 것을 알 수 있는 것이다.

　그 반대의 상태를 보자. 흥분과 경직됨, 긴장 상태에서는 어떤 일이 생기는가? 화가 난다. 분노나 폭발을 하게 된다. 사람들이 싸우는 것은 언제 인지 아는가? 심각한 문제가 발생했을 때? 아니다. 긴장이 되었을 때 싸운다. 마음의 여유가 없을 때에 싸운다. 그럴 때에는 아주 사소한 말이 불씨가 되어 폭발할 수도 있다.

이것을 보면 분명하게 알 수가 있다. 안식을 누리며 편안한 마음으로 사는 이들은 쉽게 사랑과 평안을 느끼며 기쁨을 얻는다. 그러나 몸과 마음이 긴장되어 있는 사람은 좀처럼 영적인 열매를 맺지 못한다.

그들은 성질이 더럽기 때문에 화를 내는가? 원래 못된 성품을 타고났기 때문에 분노가 폭발하는가? 그렇지 않다. 그들은 다른 사람들보다 좀 더 성질이 급한 것이다. 좀 더 긴장하고 있는 것이다. 그것은 내용의 문제가 아니며 스타일의 문제이다. 그들의 빠른 스피드를 조금만 늦출 수 있다면 그들은 분노를 조절할 수 있다.

100미터 달리기를 하기 위하여 출발선에서 몸을 구부리고 뛰어갈 준비를 하고 있는 선수들을 보자. 그들은 전신이 긴장을 하고 있다. 총소리가 탕! 하고 나기만 하면 그들은 순식간에 튀어나갈 것이다. 어떤 이들은 너무나 긴장한 나머지 총소리가 들리기도 전에 출발하기도 한다.

어떤 이들은 마치 이런 달리기 선수들과도 같다. 그래서 그들은 항상 긴장되어 있다. 그래서 누가 무슨 말을 하기만 하면 순식간에 화가 폭발한다. 갑자기 분노가 솟구쳐 오른다. 그리하여 그들은 소리를 버럭 지른다. 그래서 그들의 주위에 사는 사람들은 심장이 성할 날이 없다.

그들은 악한 사람들인가? 아니다. 다만 100미터 달리기를 준비하는 사람들처럼 평소에 항상 몸을 구부리고 튀어나갈 준비를 하고 있을 뿐이다. 만일 그들이 몸을 펴고 편안하게 사는 것을 훈련하게 된다면 그들은 별로 폭발하지 않게 될 것이다. 그들이 원래 나쁜 사람은 아니기 때문이다.

아주 열심히 신앙생활을 하는 사람들이 있다. 그들은 아주 바쁜 사람들이다. 그들은 몸도 바쁘고 마음도 바쁘다. 너무 바빠서 도무지 쉴 틈이 없다. 신앙생활에 열심이어서 그들은 온갖 모임에 빠지지 않고 참석한다. 교회에서 거의 산다고 해도 과언이 아니다. 이들은 모든 집회에 참석하며 전도 행사에 참여하며 심지어 목회자의 심방에도 열심히 따라다닌다.

하지만 문제가 있다. 그들은 도무지 변화되지 않는다는 것이다. 그들은 그렇게도 열심히 많은 활동을 하고 봉사를 하고 있지만 도대체 변화가 되지 않는 것이다.

그들은 주위의 사람들에게 비아냥거림도 많이 듣는 편이다. 네가 그렇게 살면서 무슨 믿는 사람이냐고 하는 이야기도 많이 듣는다. 일을 열심히 헌신적으로 봉사하고 도와준 후에 입이 방정을 떠는 바람에 오히려 욕만 먹고 끝나는 경우도 많이 있다.

하지만 어쩌란 말인가. 누가 뭐래도 이들은 뒤가 없는 사람들이다. 그리고 동기가 악한 것은 아니다. 문제는 자기의 성질 때문에 그 열정과 봉사가 쓸데없게 되어버리는 것이다.

왜 이들은 열심을 내지만 변화되지 않는 것일까. 왜 이들은 사랑하는 사람이 되고 따뜻한 사람이 되고 평화로운 사람이 되며 주님의 깊은 임재와 사랑 속에 들어갈 수 없는 것일까. 그것은 아주 간단하다. 그들은 안식을 알지 못하기 때문이다. 움직이면 움직일수록 그들은 바깥뜰에서 놀게 된다. 그리고 깊은 내적 세계에 들어갈 수 없다.

재미있는 것은 이들도 자신이 별로 변화되지 않는다는 것을 알고 있으며 그 이유로 자신들의 열심히 부족하다고 생각한다는 것이다. 그렇기 때문에 좀 더 열심히 주의 일을 하며 신앙생활을 해야한 다고 믿는다는 것이다.

어떤 교회에서 그 지역의 영혼들을 구원하기 위해서 전도특공대를 만들었다. 그래서 열심히 전도 교육을 시키고 기도로 무장한 뒤 집집마다 다니며 초인종을 눌러댔다. 그렇게 1년이 지났다. 1년이 지난 후에 어떤 분이 담임 목회자에게 그 성과에 대해 물었다. 담임 목사는 대답했다.

"우리는 1년 간 500가정을 방문했습니다."

질문자가 물었다.

"그 결과는 어떠했나요?"

"두 가정을 얻었습니다."

질문자가 다시 물었다.

"올해는 어떻게 하실 계획이신가요?"

"예. 좀 더 노력해서 작년의 두 배인 1000가정 방문을 시도할 작정입니다."

그 열정은 정말 탄복할 만 하다. 하지만 열정만 있다고 해서 다 열매를 맺는 것은 아니다. 과연 더욱 더 열심을 내면 그들은 열매를 얻을 수 있을까? 좀 더 많이 움직인다면 그들은 변화를 가질 수 있을까? 영혼의 열매를 얻을 수 있을까?

그 대답은 '아니오' 이다. 그러면 그럴수록 그들의 영혼은 더 피곤하고 지칠 것이다. 변화와 진정한 열매들은 항상 바깥에서 나오는 것이 아니라 내면의 세계에서 시작되기 때문이다.

우리는 동시에 두 개의 방향을 향해서 갈 수 없다. 우리가 바깥을 향해서 가게 되면 우리의 안으로 향하는 문은 닫힌다. 우리가 안을 향하여 가려고 하면 바깥의 문은 닫히게 된다. 우리가 활동에 치우치며 움직이는 것을 좋아할 때 우리의 내면은 황폐해지기 쉽다. 또한 우리가 내면에 치우치게 되면 우리는 바깥에 대한 열정을 잃어버릴 수가 있다.

해답은 무엇인가? 바로 균형이다. 하지만 중요한 것은 열매를 구하기 원하고 내적인 변화를 얻기 원한다면 우리는 그것이 내부로부터 시작된다는 사실을 알아야 하는 것이다.

모든 열매는 내부에서 온다. 사랑도 기쁨도 우리의 안에서 나오는 것이다. 그것은 바깥의 환경에서 오는 것이 아니다. 그러므로 우리는 바깥에서 움직이기 전에 먼저 내부에서 움직이고 내면의 흐름을 따라 움직이고 일하는 것을 알아야 한다. 그것이 생명으로, 영으로 움직이고 일하는 것이다.

노아의 이름은 안식이라는 뜻이다. 그의 부모는 그를 낳으면서 그가 수고로이 일하는 우리들을 안위할 것이라고 기대했다.(창 5:29) 부모의 기대와 같이 그는 안식의 사람이었다. 그는 멸망하는 세상에서 유일한 안식처, 구원의 처소인 방주를 지었다.

그는 오직 안식만 했는가? 아니다. 그는 오랜 시간에 걸쳐서 배를 만들었다. 그것은 위대한 건축이었다. 그는 오랫동안 일한 것이다.

그 의미는 무엇인가? 우리가 주 안에 거할 때 우리 안에는 안식이 있으며 또한 사역이 있다. 일이 있다. 즉 우리는 안식하면서 영 안에서 동시에 일할 수 있다는 것이다.

주 안에서 안식이 무엇인지 아는 이들은 바르게 일 할 수 있다. 그는 성령의 열매를 맺으면서 일한다. 성령의 인도와 감동 속에서 일한다. 그러므로 그는 그것이 일이며 동시에 안식이다. 그는 쉽게 일을 하는 것 같은데 풍성한 열매가 있다.

안식을 모르는 이들은 어떤가? 항상 몸과 마음이 바쁘고 쫓긴다. 그들은 피곤하고 지칠 뿐 일에 대한 열매도 기쁨도 없다. 그들은 변화되지 않으며 항상 긴장되어 있다.

어제 어떤 자매로부터 메일을 받았다. 나는 날마다 독자들로부터 메일을 받는다. 여유가 있을 때는 열심히 답을 쓰기도 하고 여유가 없을 때는 할 수 없이 그냥 넘어간다. 어제의 메일은 이런 내용이었다.

약간의 봉사하고 싶은 마음이 있었지만 주로 강요에 의해서 교회에서 교사를 맡게 되었다. 하지만 주일 외에는 시간을 거의 낼 수 없는 형편인데 자주 모여야 한다는 것이다.

전도사님은 아주 열정이 많으신 분이라고 한다. 그래서 열심히 일을 만드시고 모임을 가지기를 좋아하시는데 모임에 나가지 못하면 하나님의 저주가 두렵지 않느냐고 겁을 준다는 것이다. 그런 일 때문에 상처를 받고 문제가 된 이들도 더러 있다고 한다.

그녀는 내게 어떻게 했으면 좋겠느냐고 하소연을 하는 것이다. 일은 부담이 되고 저주는 무섭고.. 그러다가 전도사님을 미워하게 되지 않을까 걱정이 된다고 한다.

나는 이런 이야기를 들으면 정말 화가 난다. 봉사를 열심히 하지 않으면 저주를 받는다니 그가 믿는 것은 하나님이 맞는가? 무슨 공산당이나 히틀러를 믿고 있는 것은 아닌가? 그가 만일 하나님을 믿고 있다면 그분을 아주 잔인하신 분으로 이해하고 있는 것이다.

그런 협박 외에는 사람을 인도할 방법이 없는 것인가? 그렇게 말도 안 되는 저주를 남발하다가 그 저주가 자기에게 임하면 어쩌려는 것인가? 그 전도사님이 악의를 가지고 하는 말은 아닐 것이다. 그분은 나름대로 열정을 가지고 주의 일을 하려고 하는 것일 것이다. 하지만 그러한 억지스러운 열정은 좋은 열매를 맺기 어렵다.

강압적인 자세, 그리고 안식이 없고 여유가 없는 그러한 긴박한 쫓김 속에서의 사역은 바람직한 열매를 가져오지 않는다. 거기에는 다양한 후유증이 있을 뿐이다.

그 자매가 말한 것과 같이 사역자를 미워하게 될지도 모른다는 것.. 그런 것이 일종의 후유증이다. 단순한 열심만 가지고는 열매를 맺을 수 없다. 긴장되고 급한 마음으로는 열매를 맺기 어렵다.

마르다는 자기의 집에 주님을 모셨다. 사랑의 왕이시며 진리이시며 지혜의 근원이시고 평강의 왕이신 분이 그녀의 집에 바로 옆에 있었다.

그녀는 그 주님의 말씀과 은총과 보화를 누리고 맛보았는가? 인류 역사 상에 직접 육체를 입고 오신 주님을 가까이서 모시고 대접하며 대면하는 영광을 얻은 자가 불과 얼마나 되겠는가.. 하지만 그녀는 그 영광과 보화를 맛볼 형편이 못 되었다. 그녀의 마음이 바쁘고 분주했기 때문이었다.

아무리 맛이 있는 음식이라고 하더라도 그것을 누리려면 여유가 있어야 한다. 아무리 멋진 경치라고 하더라도 그것을 즐기려면 마음에 여유가 있어야 한다. 마르다의 마음에 여유가 있었는가? 아니다. 없었다. 그래서 그녀는 그 영광의 기회와 은총을 누릴 수 없었다.

오늘날 많은 이들이 주님의 앞에 있다. 주의 일을 한다. 주의 사명을 감당하며 주를 기쁘시게 하기 위해서 애쓴다. 그런데 그들이 가까우신 주님을 누리는가? 그 주의 영광과 은총을 경험하고 맛보는가? 그런 이들이 드물다. 그것은 그들의 마음에 여유가 없기 때문이다.

그들의 마음은 바쁘다. 그들의 마음은 일에 매달려 있다. 그들의 시선은 주님을 향하지 않는다. 주님은 그들과 가까이 계시지만 그들은 주님을 누릴 수 없는 것이다. 그것이 마음이 바쁜 자들의 비극이다.

주님을 아는 자는 그분을 누린다. 주님을 맛본 자는 그 영광의 세계에 대해서 안다. 그들은 쫓기지 않는다. 그들에게 있어서 사역이란 일이 아니다. 그것은 즐거움이다. 누림이다. 행복이다. 그들은 자기가 사는지 죽는지도 모른다. 사도바울도 그러했다. 살든지 죽든지 그것은 바울의 관심이 아니었다. 그는 다만 주님께 빠져있었다. 스데반에게 사람들이 말했다.

"와. 당신은 정말 대단해요. 어떻게 그렇게 엄청난 돌을 맞으면서도 평안을 누리세요? 그렇게 순교를 당하면서도 얼굴이 환하게 빛이 날 수 있어요?"

스데반이 대답했다.

"오, 그랬었나요? 저에게 돌이 날아왔다구요? 그런 일이 있었구나. 저는 몰랐어요. 그리고 제가 순교했나요? 아이고. 세상에.. 저는 게임을 하는 줄 알았는데.. 세상에.. 그게 순교였군요. 아이고 재미있어라.."

그것이 주님께 잡혀 있는 이들의 특성이다. 주님께 사로잡혀 있다보면 날아오는 돌이 눈에 보이지 않는다. 그런데 마음이 주님께 붙잡혀 있지 않다면 손가락보다 작은 돌이 날아와도 바위처럼 크게 보인다. 아니, 돌이 날아올 기미만 보여도 신경증으로 병원에 입원하든지, 아니면 온갖 세미나를 돌아다니면서 내적 치유를 반복해서 받아야 한다.

이것은 분명한 사실이다. 주님이 육체로 계시던 당시의 많은 사람들은 주님의 근처에 있었으나 주님을 누리지 못했다. 마음도 바쁘고 관심도 다른 데에 있었다.

그것은 오늘날도 마찬가지다. 하루 종일 교회에서 살고 주의 일을 하고 모임에 참석해도 아주 주님의 곁에 있어도 우리는 주님을 누리지 못할 수가 있다. 그 이유는 무엇인가? 우리가 긴장되어 있기 때문이다. 우리는 우리의 영혼, 내면, 좀 더 깊은 곳으로 들어가야 한다.

주님은 영이시다. 2천 년 전에는 육체로 다니셨으나 지금은 영으로 오신다. 그런데 그 영은 우리의 내면이다. 그러므로 육체의 활동에 치우쳐있고 바깥의 삶에 치우쳐 있으면 우리의 내면이 닫히게 되며 주님이 아주 가까이에 계신다고 해도 우리는 그것을 알고 느낄 수가 없는 것이다.

다시 말하거니와 모든 아름다운 열매들은 긴장이 풀리고 릴렉스된 상태에서 나온다. 모든 행복한 것들은 편안하고 마음이 안정된 상태에서 누릴 수 있다.

어떤 남자가 오늘 멋진 여성과 데이트를 한다고 하자. 하지만 그가 너무 긴장해서 군대식으로 소리를 지르고 딱딱하게 굳어있다면 그는 즐거운 만남을 갖기 어려울 것이다. 전쟁에서는 긴장이 필요하겠지만 사랑의 만남을 위해서는 릴렉스가 필요하다.

우리가 만일 변화를 원한다면, 내면의 변화, 성품의 변화를 원한다면, 주님을 좀 더 깊이 알고 싶다면 우리는 안식과 릴렉스에 대해서 배워야 한다.

아까도 언급했지만 화를 잘 내는 사람은 나쁜 사람이 아니다. 다만 긴장된 사람이다. 그러므로 그들은 편하게 몸과 마음을 쉬는 방법을 훈련하고 배우게 된다면 자신을 변화시킬 수 있을 것이다.

어린아이와 어른의 중요한 차이가 무엇인지 아는가? 어린 아이는 잘 웃는 다는 것이다. 그들은 아무 것도 아닌 일에 쉽게 깔깔 웃고 난리가 난다. 하지만 어른들은 어지간한 일에는 잘 웃지 않는다. 말을 하고 웃을 때는 좀 낫게 보이는데 가만히있으면 꼭 화가 난 것 같이 보이는 이들이 많이 있다. 그것은 그들이 긴장되어 있는 것을 보여주는 것이다.

일반인들보다 기독교인들은 더 심한 경향이 있다. 특히 사역자들은 잘 웃지 않는다. 웃는 것은 좀 가볍게 보이거나 불경건하다고 느끼는 경향이 있는 것 같다. 웃음의 예배를 드리는 경우는 드물며 대부분 경직되고 근엄한 자세로 예배를 드린다.

하지만 영의 흐름이 있고 주의 임재가 있을 때 거기에는 눈물이 있고 웃음이 있다. 눈물은 사람의 막혀진 정서를 치유하고 회복시켜 건강한 웃음을 만들어낸다. 웃음은 항상 사람들의 외모를 낫게 보이게 하는데 그래서 사람들은 사진을 찍을 때만큼은 웃으려고 애를 쓴다. 그나마 웃음에 자신이 없는 이들은 사진을 찍어야 할 상황이 될 때마다 화장실에 간다.

긴장된 사람은 변화도 되지 않거니와 삶을 누리기도 힘들다. 긴장된 얼굴을 하고 있는 사람에게 함부로 유머를 던졌다가는 내용을 이해하지 못하고 싸움이 나는 수도 있다. 바빠 죽겠는데 실없는 이야기를 한다고 화를 낼 수도 있다. 이러한 이들의 옆에서는 주위 사람들도 긴장할 수밖에 없는 것이다. 이런 상사 앞에서는 함부로 웃어서도 안 된다. 야단을 맞을 것이 분명하기 때문이다. 대체로 자신이 불행하게 사는 사람들은 다른 사람들의 행복을 참고 견뎌내지 못한다.

긴장된 삶은 얼마나 불행한 것인가! 거기에는 애씀은 있으나 누림도 없고 변화도 없다. 고생한 만큼 보람도 없다. 삶을 즐길 수 없고 사람과의 관계를 즐길 수 없으며 일을 즐길 수 없으며 인생을 즐길 수 없다.

무엇보다 더 불행한 일은 주님과의 깊은 관계에 들어가는 것이 어렵다는 것이다. 긴장된 사람은 영이 열리지 않으며 깊은 내적인 기도에 들어가지 못한다. 그러니 그러한 이들은 아무리 기도를 오래 동안 많이 해도 영계의 깊은 경험과 아름다운 풍성함의 세계를 맛보지 못한다.

이 부분을 이해하고 기억하기 바란다. 어떤 이들은 몸에 지나친 긴장이 있다. 그러한 이들은 몸에 임하는 성령의 역사를 경험하기 어렵다. 그래서 각종 치유의 은사나 권능의 은사를 체험하지 못한다. 몸으로 느끼는 하나님 체험이 어렵다.

어떤 이들은 머리에 긴장이 있다. 주로 학자풍의 사람들이 그렇다. 그들은 뇌에 긴장이 많기 때문에 깊은 계시의 세계로 나아가지 못한다. 그래서 합리적이고 논리적인 수준 이상의 영계에 가지 못한다. 그 뇌의 긴장이 풀어지고 열어지게 될 때 놀라운 지혜와 깨달음과 통찰력의 세계가 열리게 된다.

어떤 이들은 가슴에 긴장이 많다. 그래서 그들은 초월적인 주님의 임재와 사랑과 평화의 느낌을 경험하지 못한다. 그들은 가슴의 긴장을 풀어놓을 때에 비로소 심령의 세계가 열리는 것을 경험하게 된다.

부디 안식과 릴렉스를 훈련하기 바란다. 그것의 유익은 체험하지 않고는 잘 이해하기가 쉽지 않을 것이다. 다만 영의 세계가 열리고 새로운 차원을 경험하게 되면 그것은 육체의 기쁨, 쾌락과는 비교할 수 없다는 것을 깨닫게 된다.

안식과 릴렉스에 대해서 특별한 방법이 있는 것은 아니다. 그것은 누구나 자신에게 맞는 방법을 개발해낼 수 있을 것이다. 기도하기 전에 몸과 마음의 긴장을 푸는 훈련을 하는 것도 좋다.

몸이 너무 긴장되어 있으면 기도가 깊이 들어가기 어렵다. 그러므로 몸의 긴장을 풀어주는 것이다. 조용히 편안한 자세로 앉거나 누워서 부분적으로 몸의 힘을 뺀다. 근육을 부드럽게 한다. 머리와 가슴과 배의 긴장이 사라지도록 한다. 단순히 그렇게 상상하는 것만으로도 많은 긴장이 사라지게 된다.

깊은 호흡을 하는 것도 좋은 방법이다. 〈호흡기도〉책을 참고하면 좋을 것이다. 특히 심장호흡기도를 천천히 깊이 시도하다보면 마음의 긴장이 많이 사라지며 가슴 부위에 깊고도 달콤한 평안과 사랑의 느낌을 많이 얻을 수 있게 된다.

조용히 일어서서 성령님의 기름 부으심을 요청하고 그 영의 움직이심을 따라 조용히 춤을 추듯이 움직이는 것도 좋다. 그것도 몸의 긴장을 풀어준다.

머리의 긴장을 푸는 것은 쉽지 않다. 여기에는 많은 훈련과 기도가 필요하다. 이 부분은 잘못하면 영이 너무 예민해져서 온갖 영들이 들어올 수 있으므로 인도자의 도움이 필요할 것이다. 이 기도를 하다보면 황홀경을 많이 경험하게 될 수 있기 때문에 영 분별이나 영성의 원리를 충분히 이해하지 못하는 이들은 조심할 필요가 있다.

이 책에서 깊은 훈련의 내용이나 방법에 대해서 쓰고 싶은 마음은 없다. 그것은 안식과 릴렉스는 각자의 영성이 깨어난 만큼 다양한 수준에서 이루어질 수 있다. 너무 깊이 들어가려고 할 필요는 없다.

다만 이 기초를 주의해주시기 바란다. 긴장에는 온갖 좋지 않은 열매가 올 수 있다는 것이다. 그리고 안식을 배우고 경험하게 될 때 우리는 영의 풍성한 열매를 맺을 수 있다는 것이다.

언제나 안식만을 해야 하는 것은 아니다. 예를 들어 전쟁터에서 안식을 하고 있으면 그것은 곤란하다. 영의 상태가 별로 좋지 않은 사람의 곁에서 안식을 하고 있으면 영이 눌릴 수도 있다.

하지만 이 기본을 분명히 인식하고 조심하면서 안식을 훈련하기 바란다. 내면의 자유를 얻고 싶으면, 주님의 깊은 임재를 경험하고 싶다면, 성품적인 변화와 자유를 얻고 싶다면 이 안식을 훈련하고 경험하기 바란다. 그렇게 될 때 당신의 영은 열리며 깨어나기 시작할 것이다.

안식의 원리는 이런 것이다. 이를 악물고 열심히 믿을 때에 열매가 임하는 것이 아니라는 것이다. 주를 신뢰하고 의탁하며 그분 앞에서 쉬고 신앙생활을 마치 게임을 즐기듯이 놀듯이 그렇게 여유 있게 해나갈 수 있을 때 안식할 수 있을 때 우리는 여러 가지 자연스럽고 풍성한 열매를 경험할 수 있다는 것이다.

우리는 주 안에서 안식한다. 그리고 우리가 그렇게 쉬고 있을 때 우리 안에 계신 주의 영이 운행하시고 일하시기 시작한다. 그런데 그것은 우리가 생각하기에 놀라운 일이다. 우리는 전에 우리가 할 수 없었던 지혜, 사랑, 편안함이 흘러나오는 것을 느끼게 된다. 오, 이게 어떻게 된 일이지? 나는 이런 사람이 아닌데! 우리는 그렇게 느끼게 된다.

다른 사람들이 당신에게 물을 것이다.

"오, 자매님. 형제님. 참 놀랍네요. 당신의 옆에 있기만 해도 이상하게 마음이 편안해지는 것 같아요. 사랑이 느껴지고 에너지가 느껴져요. 그냥 충전이 되는 것 같아요."

당신은 웃을 것이다. 그리고 말하게 될 것이다.

"저도 놀라워요. 하지만 그것은 제가 아니에요. 저는 지금 그저 편하게 놀고 있을 뿐이에요. 그런데 주님께서 역사하시는 것 같아요. 정말 너무 쉽네요. 그리고 재미있어요."

정말 너무 쉽지 않은가? 그것이 바로 안식의 열매이다. 당신도 기도하며 훈련해 보라. 그것을 곧 경험할 수 있을 것이다.

## 20. 부정적인 감정을 억지로 누르지 말라

커다란 용수철이 있다. 우리는 그것이 튀어 오르지 않도록 밟고 있다. 그것은 우리의 발밑에서 얌전히 있다. 우리는 차츰 우리의 발밑에 용수철이 있다는 사실을 잊어버린다.

그래서 우리는 용수철을 밟고 있는 발을 뗀다. 그 순간 용수철은 튀어 오른다. 이것이 가르치고 있는 사실은 무엇일까? 용수철은 잠시 밟고 있다고 해서 그 튀어 오르는 성질이 바뀌지 않는다는 것이다.

우리 안에는 용수철과 같이 튀어 오르려고 하는 여러 성질들이 숨어있는 것 같이 보인다. 예를 들어서 분노와 같은 것이 그렇다. 우리는 화가 날 때가 있다. 그러나 여러 여건들이 화를 낼 형편이 되지 않는다. 그랬다가는 직장에서 잘릴 지도 모른다. 남에게 좋지 않은 인상을 줄 수도 있다. 교회에서 영적인 사람이 아니라는 인상을 심어줄 수도 있다. 그것은 여러 모로 즐겁지 않은 일이다.

그래서 우리는 열심히 용수철을 밟는다. 하지만 그 분노가 우리 안에 사라지는가? 아니다. 그것은 여전히 용수철이다. 그것은 여전히 튀어 오르려는 성질을 가지고 있다.

그래서 우리는 바깥에서, 직장에서 분노를 표출하는 것보다 집에서 분노를 표출하게 된다. 집이나 가족은 분노를 표출하기에 조금 안전한 사람들이기 때문이다. 적어도 집에서 화를 냈다고 가족관계에서 잘리거나 집에서 쫓겨날 위험은 없으니까 말이다.

그러므로 우리는 깨닫게 된다. 분노라는 것은 억압한다고 해서 그것이 사라지는 것이 아니라는 것을 말이다. 그것은 잠시만 안으로 잠복하여 숨어버리며 나중에는 반드시 다른 형태로 변화되어 나타나게 된다. 그러므로 그것을 단순히 누르는 것으로 문제를 해결하려는 것은 별로 효과적이 아닌 것을 알 수 있는 것이다.

여기서 우리가 반드시 이해하고 넘어가야 할 것이 있다. 분노와 같은 부정적이고 파괴적인 감정에 대해서 꼭 나쁘다고 봐야할 필요는 없다는 것이다.

감정뿐만이 아니다. 우리에게 다가오는 모든 것들은 우리에게 필요하기 때문에 오는 것이다. 우리는 영혼의 발전과 깨어남을 위해서 이 땅에 왔다. 우리 인생의 중요한 목적은 영이 자라는 것이다. 그래야만 우리는 주님을 알게 되며 삶의 의미를 알게 된다.

주님은 우리가 이해를 하든 못 하든 우리의 삶을 지배하시고 인도하신다. 우리의 삶은 우리가 계획한 것에 의해서 움직여지지 않고 주님의 인도하심에 의해서 이루어진다. 우연히 우리는 어떤 사람을 만나고 우연히 우리는 어떤 사건을 만난다. 우리는 계획 속에서 사람을 만나고 결혼하고 살아가는 것이 아니라 예상하지 못했던 어떤 일들을 통해서 삶을 형성해나가게 된다. 그 배후에 누가 계시는가? 우리의 삶을 계획하시고 인도하시는 주님이 계시는 것이다.

그렇기 때문에 우리에게 주어지는 모든 상황이나 사건들은 주님의 허락을 통해서 우리에게 주어지는 것을 우리는 안다. 성경은 참새 한 마리도 하나님의 허락 없이는 땅에 떨어지지 않는다고 말씀하신다. 그렇다면 우리에게 주어지는 모든 일들이 우리의 영적 성장을 위한 하나의 재료라고 할 수 있는데 우리에게 주어지는 감정이나 여러 부정적인 상황은 거기에 예외라고 할 수 있겠는가?

아니다. 감정도 상황도 마찬가지다. 그것은 우리에게 필요하기 때문에 오는 것이다. 우리가 그것을 자초했고 그것은 좋은 상황이 아니고 좋은 감정이 아니라고 하더라도 그것은 우리에게 무엇인가를 가르치려고 우리에게 온 것이다. 우리는 그 의미를 발견해야 한다.

부정적인 감정을 단순히 나쁜 것으로 보고 박멸하려고 할 때 그것은 좀처럼 사라지지 않는다. 사람도 마찬가지다. 예를 들어서 우리에게 인내를 가르치기 위해서 주님이 보내신 사람이 있다. 우리가 그를 미워한다고 해서 그의 사명이 사라질 것 같은가? 아니다. 우리의 그러한 반응은 그가 우리의 주변에 머무르는 시간을 더욱 더 길게 할 뿐이다.

상황을 통해서 배우지 못하는 사람은 고통의 기간만 길어지며 고생만 할 뿐 도무지 변화되지 않는다. 그들은 시간의 낭비만을 하고 있는 것이다.

우리는 우리에게 온 부정적인 감정, 부정적인 상황에 대해서 거부하지 말아야 한다. 그리고 조용히 그것을 관찰해야 한다. 그리고 그것이 주는 메시지를 발견해야 한다. 그리고 자신에게 반성할 것이 있는지 살펴보아야 한다. 무조건 누르지 말고 그것과 대화를 나누어야 한다. 그렇지 않고 냉대를 하게 되면 그들도 당신을 냉대할 것이다.

어떤 이들은 도무지 반성할 줄을 모른다. 그들은 모든 것이 자기는 억울할 뿐이며 문제는 다른 사람들에게 있다고 한다. 왜 자녀들이 변화되지 않는지 왜 다른 사람들이 자기를 괴롭히는지 도무지 모르겠다고 한다.

이런 이들에게서는 가능한 한 떨어지는 것이 상책이다. 그들의 고난의 기간은 아직 많이 남아있기 때문이다. 반성할 줄 모르는 이들은 변화도 성장도 없으며 오직 고통의 기간이 남아있을 뿐이다. 이들은 깨닫기 전까지는 호리도 남김없이 빚을 갚기 전에는 그들이 속해있는 감옥에서 벗어나지 못한다. 조금이라도 자신을 돌아보고 반성을 하기 원할 때 비로소 그들에게는 조금씩 빛이 비추어지기 시작하는 것이다.

분노에 대해서 좀 더 생각해보자. 그것들은 왜 우리에게 왔을까? 그것은 우리에게 무엇을 가르치려고 할까? 우리는 그것을 통해서 무엇을 배워야 하며 그 분노의 감정을 통해서 깨닫고 좀 더 나아갈 수 있을까?

앞의 장에서 분노는 긴장의 결과라는 것을 이야기했다. 그것은 기본적인 원리를 말하는 것이다. 긴장은 분노를 일으키며 숨겨진 분노가 표면에 떠오르도록 자극을 준다. 하지만 분노에 대한 구체적이고 근원적인 원인은 개별적으로 다 다를 것이다.

분노는 근원적으로 억압의 결과이다. 모든 생명체는 외부로부터 어떤 것을 받아들이며 어떤 것은 거부한다. 그렇게 함으로써 자신의 생명과 동질성을 유지할 수 있는 것이다.

사랑이라는 것은 받아들이는 것이며 흡수력에 속한 것이다. 분노라는 것은 거부하는 것이며 자신을 방어하는 것이다. 그러므로 분노는 자신에 대한 부당한 공격을 방어하는 과정에서 생기는 것이다.

그러므로 부당한 억압이나 공격을 많이 받은 이들은 근원적으로 그의 안에 분노가 축적되는 것이다.

감정이 섞인 꾸지람이나 비난은 사람의 영혼을 죽이는 파괴의 에너지를 가지고 있다. 그러므로 그러한 공격을 많이 받은 이들은 분노에 사로잡히게 된다. 그들이 그렇게 분노를 통해서 자신을 지키지 않으면 아마 불안과 우울과 낙담 등으로 살아가게 될 것이다.

외부에서 공격을 받을 때 사람이 반응하는 방식은 간단하게 두 가지로 나눌 수 있다. 영이 약한 이들은 감히 대응하지는 못하고 두려워하고 불안해한다. 그러므로 어둡고 소극적인 사람이 된다. 하지만 이러한 이들에게도 속으로는 분노가 차 있게 된다.

영이 조금 강한 이들은 반항적이고 공격적인 사람이 된다. 이 과정에서 분노의 사람이 되는 것이다.

오래 전 목회를 하고 있었을 때 혼자 사시던 어떤 여집사님이 아들을 돌보아달라고 부탁을 한 적이 있었다. 그녀의 아들은 정신병을 앓고 있었다. 그래서 대학생이지만 휴학을 하고 있었다. 그는 자살을 기도한 적도 있었으며 폭력을 휘두르고 물건을 때려 부수는 바람에 정신병원에 여러 번 입원했던 경력도 가지고 있었다.

나는 그와 그녀를 알고 있었다. 그리고 오래 전에 그녀의 아들에게 문제가 있을 수 있다는 것을 알고 있었다. 그 때 나는 그녀에게 경고한 적이 있었다. 하지만 그녀는 이미 너무 늦은 후에 그를 나에게 데려왔다. 그 때는 이미 병이 깊은 상태에 있었다.

내가 느끼기에는 그는 정신병자가 아니었다. 그가 탈출할 수 있는 유일한 통로가 미치는 것이었을 뿐이었다. 그녀는 몹시 지배적인 기질을 가지고 있었다. 남을 꼭 자신이 원하는 대로 움직이려고 하는 기질 말이다. 이러한 이들은 자녀도 그런 식으로 키운다. 자녀의 의견을 존중하기보다는 자신이 원하는 삶을 자녀에게 요구하고 그렇게 하도록 억압을 가하는 것이다.

그녀의 아들은 성품이 아주 온순하고 내성적인 사람이었다. 이렇게 어머니가 지배적이고 자녀가 내성적인 사람일 경우 자녀가 정신이 돌아버릴 가능성은 아주 높다. 어머니는 자식의 삶을 지배하려고 하고 자식은 살아남기 위해서, 자기를 지키기 위해서 반항을 하거나 틀에서 벗어나는 행동을 하게 된다. 강한 사람이라면 분노를 터뜨리겠지만 심령이 약하니 자해나 자살이나 정신병 등으로 발전하게 되는 것이다.

이 아들은 혼자 있고 싶어 하고 아무와도 같이 있으려고 하지 않았다. 폭력을 행사하기는 했지만 오직 어머니에게만 폭력을 휘두르는 것이었다. 그는 어머니가 자기를 죽이려 한다며 음식에 독약을 넣었다고 하면서 때리곤 했다. 그래서 어머니는 그와 같이 살 수가 없었다.

어머니는 이러한 급작스러운 변화에 놀랄 수밖에 없었다. 그의 아들은 어릴 적부터 그녀가 말하기를 순둥이라고 했고 불순종과는 거리가 먼 아들이었기 때문이다. 그녀는 교육열도 높아서 그가 초등학생일 때도 몇 시간씩 그녀의 앞에 앉아서 공부를 하도록 시켰다.

만약 그가 마음이 강한 편이어서 항상 어머니가 시키는 대로 끌려가지 않고 그것을 거부할 수도 있었다면 정신병원에 가야할 일은 없었을 것이다. 하지만 그는 아주 선하고 여린 사람이었다. 그는 어떤 압박에 대해서도 잘 대처할 줄 모르는 청년이었다. 그의 안에서는 오랫동안 분노가 축적되었을 것이다. 그리고 그 분량이 찼을 때 그것은 폭발하게 되었을 것이다.

나는 그가 정신병의 환자라고 느껴지지 않았다. 그는 다만 미치고 싶을 뿐이었다. 실제로 악한 영이 그를 누르고 있는 것은 사실이었지만 그것은 그가 깊은 속에서 그것을 원하고 끌어당기는 측면이 있기 때문이었다.

그녀가 말을 할 때 나는 그녀의 입에서 나오는 어두운 기운을 느꼈다. 나는 숨이 막힐 것만 같았다. 그녀는 자기 안에 있는 지배의 영에 대해서 전혀 알지 못했다. 그녀가 입을 벌릴 때 그녀의 아들의 영혼이 눌리게 되고 그 흑암의 기운에서 벗어나기 어렵다는 것을 나는 느낄 수 있었다.

나는 그녀가 자신의 문제에 대해서 깨닫고 해방되어야 아들이 회복될 수 있음을 알았다. 하지만 그러한 이야기를 했을 때 그녀는 전혀 이해할 수 없었다. 사고를 치고 난리를 일으키는 이는 아들인데 근원이 자신이라고 하니 전혀 믿으려고 하지 않았다.

나는 그들을 도울 수 없었다. 얼마 후에 그녀의 아들은 다시 집을 부수고 기물을 파괴하다가 경찰에 의해서 병원에 다시 실려 가게 되었다. 그것은 슬픈 일이었다.

하지만 전에 회복의 가능성이 많이 있을 때가 있었다. 아들이 심해지기 전에 그가 나를 방문한 적이 있었다. 나는 그가 심각한 증상을 앓고 있으며 그 근원은 어머니에 대한 분노라는 것을 알았다. 나는 그에게 말했다.

"너의 어머니. 정말 성격이 강하시더라. 참 견디기 힘들 것 같아."

그런데 그 순간 그의 얼굴이 환하게 빛이 나는 것이었다. 그는 웃으면서 말했다.

"목사님도 느끼셨어요?"

그것은 그로서는 상상할 수 없는 일이었다. 그는 항상 우울하고 어두운 표정이었기 때문이다. 나는 그를 치유하기 위해서 단순히 그의 어머니에 대한 유쾌한 험담을 늘어놓기만 해도 그가 회복이 될 수 있음을 느꼈다. 그가 웃는 모습을 보인 것은 정말 이례적인 일이었다. 그것은 그의 마음을 이해하는 사람에 대한 신뢰의 표현이거나 공감의 표현일 것이다.

험담은 좋지 않은 것이다. 그러나 그것을 누르는 것은 더 좋지 않다. 차라리 그것을 자연스럽게 인정하고 표현하여 내 보내는 것이 더 좋은 일일 것이다.

나중에 그를 데려왔을 때 그때는 이미 상황이 악화되어 있었다. 그는 오직 혼자 있기를 원했으며 아무와도 대화를 하려고 하지 않았다.

억지로 그와 그의 어머니와 내가 대화를 나눈 적이 있었다. 내가 그에게 말을 시키자 그는 어머니가 자기를 죽이려 한다고 하소연했다. 어머니로서는 기가 막힌 일이다.

그녀는 다시 울분과 눈물, 감정이 섞인 목소리로 '얘.. 왜 그렇게 말도 안 되는 이야기를 하는 거니..' 하면서 피스톤처럼 말을 쏟아놓기 시작했다.

아마 계속 되면 이 아들이 폭발할 것임에 틀림없다. 그녀는 자신의 말이 아들의 영혼을 죽이는 것을 모른다. 그 말이 얼마나 가슴을 질식시키는지 전혀 느끼지 못한다.

나는 말을 가로막았다. 그리고 그녀에게 눈을 찡긋하면서 대화를 유도했다.

"집사님.. 지나간 일은 이제 변명하지 마세요. 전에 약을 타서 죽이려고 한 것은 사실이라고 말하세요. 하지만 이제는 그것을 후회하고 있고 다시는 그러지 않을 거라고. 그렇게 말하고 용서를 구하세요.."

그녀는 나를 기가 막힌다는 듯이 쳐다보았다. 한참을 그렇게 보고 있더니 드디어 알아들었는지 조용한 목소리로 용서를 구하기 시작했다. 너를 죽이려고 한 것을 용서해달라고.. 앞으로는 음식에 독약을 타지 않겠다고..

그러자 아들의 태도가 달라지기 시작했다. 그는 눈에 띄게 부드러워졌다. 우리는 셋이서 같이 기도를 드렸다. 아들은 주님께 기도하기를 너무 지쳤다고, 이제는 쉬고 싶다고.. 힘을 달라고 기도했다. 더 이상의 대화는 없었지만 그 날 밤은 참 좋고 포근한 시간이었다.

그 이후에 나는 그와 대화를 나누지 못했다. 어머니는 '그 날 밤의 시간이 너무나 좋았는데..' 하면서 그 때를 아쉬워했다. 만약에 어머니가 그날 밤 우리가 같이 나누었던 이야기의 의미를 이해할 수 있었다면, 그녀의 말도 안 되는 사과가 왜 아들의 마음을 일시적이나마 회복시켰는지 이해할 수 있었더라면 그는 더 이상 마음의 병으로 고생할 필요가 없었을 것이다.

왜 그는 말도 안 되는 어머니의 고백에 마음이 풀어졌을까? 물론 어머니가 그를 죽이려고 약을 탔다고 속이는 것은 귀신이 그에게 속삭이는 것이다.

하지만 그가 그것을 믿고 싶었기 때문에 귀신도 오는 것이다. 그런데 왜 어머니의 용서를 구하는 고백에 그 아들은 일시적으로 회복되었을까?

그것은 이유와 상관없이 어머니에 대한 아들의 반발과 분노가 문제의 핵심이었기 때문이다. 즉 그를 지배하고 항상 요구하고 그의 마음을 알아주지 않고 일방적으로 억압한 어머니가 낮고 약한 존재로 용서를 구했을 때 그의 영혼은 회복되고 치유될 수 있었던 것이다. 아주 일시적이었지만 말이다.

많은 시간이 지난 후에 나는 그들의 소식을 들었다. 아들은 나중에 회복되었으며 이제는 정상적으로 잘 살고 있다고 한다. 참 다행이고 감사한 일이다.

분노는 왜 생기는가? 그것은 억압에 대하여 자기를 지키는 것이다. 그러므로 지배적이고 권위적인 사람들은 남들을 함부로 억압하지만 그것이 심각한 후유증을 가져온다는 사실을 인식해야 한다. 겉으로 잘 듣고 순종하는 이들이 멀쩡하고 건강한 것 같지만 그들의 속은 망가져 가고 있는 것이다. 인간이란 독립적인 영혼으로서 억압은 오직 파괴할 뿐이다. 이것을 꼭 기억해야 한다.

그렇다면 내재하는 분노를 가진 사람들은 그것을 어떻게 극복하고 처리해야 하는가? 무엇을 배우고 어떻게 적용해야 하는가?

단순히 성질이 급해서 폭발하는 사람은 릴렉스를 배우고 안식을 훈련하고 삶의 패턴을 부드럽게 바꿈으로서 충분히 그것을 처리할 수 있다. 그러나 깊은 곳에 억압에 대한 분노를 가지고 있는 이들은 그 분노가 가르치고 전하는 메시지가 결국 용서에 있음을 깨달아야 한다.

즉 그들은 자신의 안에 있는 그들을 억압한 사람들, 상처를 주고 괴롭힌 사람들을 용서하고 하나님의 손에 맡기지 않으면 그가 성장할 수 없다는 것을 깨달아야 하는 것이다.

용서와 의탁은 그의 감정과 분노를 좀 더 높은 차원으로 승화시키는 것이다. 자기의 마음 깊은 곳에 들어가서 자신의 안에 있는 분노의 근원을 발견한 후에 그것을 주님께 의탁하게 될 때 그의 영혼은 한 단계 업그레이드된다. 그는 태어나서 느껴보지 못했던 자유와 기쁨을 맛보게 되는 것이다.

우리가 꾸는 많은 꿈들이 영혼의 정화를 위한 것이다. 우리가 잠이 들었을 때 우리의 영혼은 깨어나 영계로 여행을 하며 영계에서 무한한 빛의 에너지를 맛보고 경험하게 된다. 그러나 우리의 마음 속에 분노나 두려움이나 걱정과 같은 것들이 있다면 그것은 우리의 영계로의 여행을 막는다. 그래서 꿈은 그러한 어두운 감정이나 욕망을 표현해서 배설시키는 것이다.

분노를 통해서 우리는 무엇이 우리의 영적 성장을 가로막고 있는 지 느낄 수 있다. 그러므로 그것들을 주님께 드림으로서 성장을 위해서 나아갈 수 있는 것이다.

분노의 의미에 대해서 이야기했다. 조금 길어졌지만 한두 가지를 더 다루어보자.

지나치게 이성을 좋아하거나 성적인 부분에 대해서 유혹에 잘 빠지는 이들이 있다. 물론 이것은 부정적인 상황인데 이것을 어떻게 이해해야 하는가? 이것도 분노처럼 무조건 악으로 규정하고 마귀를 물리치고 해야 하는가? 물론 그런 식의 반응은 아무런 효력이 없다.

어떤 것에 중독된 사람들은 흔히 이렇게 말한다. '나는 아무 문제가 없어. 내가 마음만 먹으면 얼마든지 끊을 수 있어. 그 까짓 것 아무 것도 아니야..' 이런 사람은 사실 위험한 것이다. 그런 이들은 중독을 끊을 수 없다. 자신의 문제가 뭔지 모르는 이들은 변화되지 않는 법이다. 반성할 줄 모르는 이들은 하루에 열 시간을 십 년을 기도해도 변화되지 않는다.

그러나 자기의 문제점을 고백하며 나는 끊고 싶은데 그것이 어렵다고 말하는 이들은 용기 있는 사람들이다. 그들은 솔직하다. 그들은 그것을 극복할 가능성이 많다. 두려운 것을 두렵다고 말하고 할 수 없는 것을 할 수 없다고 말하는 이들은 회복될 수 있다. 속으로 화가 잔뜩 났으면서도 '나는 괜찮아.' 하는 이들은 좀 곤란하다.

음란에 대한 연약함은 어디에서 오는가? 왜 많은 사람들이 여기에 시달리고 있는가? 그것도 긍정적인 면으로 봐야 하는가? 거기에도 메시지가 있는가?

물론이다. 메시지가 없는 고통은 없다. 그 어떤 부정적인 상황이든 그것은 우리의 성장을 위해서 필요하기 때문에 있는 것이다. 그러한 상황들은 우리의 특성과 사명과 나아갈 길을 보여주는 것 분이다.

이성에 끌리지 않는 이들은 드물다. 하지만 특별하게 많이 끌리며 빠지는 경향이 있는 사람들이 그 이유는 무엇일까? 여기서는 어떤 메시지를 얻어야 할까?

이에 대해서 간단한 원리를 설명해보자. 사람에게는 남성에너지와 여성에너지가 동시에 필요하다. 그것이 둘 다 있어야 온전하고 건강한 사람이 된다. 그래서 동성 부모와 이성 부모의 사랑이 필요한 것이다.

이성부모로부터 얻어지는 애정과 사랑의 관계는 이성에너지에 대한 만족을 일으킨다. 그래서 이성에 대해서 그리 굶주리지 않게 된다.

간단하게 예를 들어보자. 아빠의 사랑을 많이 받고 아빠와 친밀한 관계 속에서 자란 딸은 이성에 대해서 그다지 끌리지 않는다. 건강한 관심과 끌림이야 당연히 있지만 중독 수준으로 가지는 않는다는 말이다. 그러나 아빠와 거의 대화를 나눈 적도 없으며 애정의 표현을 받아본 적도 없는 딸은 이성 에너지의 심각한 결핍을 느끼게 된다. 그는 이성에 대해서 배고픈 사람이 되는 것이다.

그러한 여성들은 자신들에게 조금만 관심을 보여주는 이성에 대해서 집착에 가까운 감정을 느끼게 된다. 그것은 그녀들이 이성 에너지가 모자라기 때문이다.

물론 이러한 원리는 남성에게도 마찬가지다. 어머니와 좋은 관계를 형성하지 못한 아들은 이성에 약하며 탐닉하기 쉽다. 그것은 종종 성적인 일탈로 이어질 수 있다.

성적인 연약함의 이유는 단지 그것뿐일까? 아니다. 그 외에도 많을 것이다. 그가 사명적으로 외적인 사람이 아니고 내면적인 사람이라면 그 유혹은 더 많게 된다. 기질적으로 애정에 민감한 사람이 있고 활동이나 명예나 성취에 민감한 사람들이 있다. 전자의 경우에 더 이성에 탐닉할 수 있으며 빠질 수 있다.

또한 그러한 약점은 그의 영이 여리고 약한 것을 보여주기도 한다. 그러므로 성적인 연약함은 그에게 영적인 강건함, 권능 충전의 중요성을 상기시키고 있는 것이다.

이러한 문제들을 어떻게 해결해야할까? 먼저, 부모와의 부정적인 관계를 통해서 오는 이성적인 끌림에 대해서, 이것은 나이가 든 후에 부모와의 관계회복을 통해서 회복될 수 있는 것이 아니다.

이것은 하나님의 아버지 되심과 우리를 온전히 깊이 채우시는 주님의 실제적인 기름 부으심의 경험을 통해서 내적인 만족을 얻을 때 해결되는 것이다. 어느 정도의 수준에서 영의 충전을 받게 되면 그 이후는 이성에 대해서 그다지 끌림을 느끼지 못하게 된다. 이것은 영혼의 내적 만족으로 인한 결과이다.

기질적으로 이성에 약한 사람은 사명적으로 주님과 연합할 수 있는 기질을 가지고 태어난 것이다. 그러므로 그들은 좀 더 깊이 주님을 사모하고 깊은 관계 속으로 나아가야 한다. 마치 주님을 연인처럼 느끼게 되고 그 달콤한 만남을 추구하게 될 때 그러한 증상은 차츰 사라지게 된다.

또한 영의 껍질이 얇고 약해서 음란의 영이 잘 침투하는 이들도 있으며 이들은 충전하는 기도나 부르짖는 기도 등을 통해서 자신의 영을 강하게 해야 한다.

모든 사람들은 자기만의 약점을 가지고 있다. 자기 특유의 부정적인 감정을 가지고 있다.

어떤 이는 자주 분노에 시달리며 어떤 이들은 지나치게 이성을 밝히며 음란의 문제에 시달린다. 어떤 이들은 별 것 아닌 일에 두려움이 많다. 어떤 이들은 완벽주의 기질을 가지고 있어서 조금만 자기의 뜻대로 일이 진행되지 않으면 견디지를 못한다. 또한 어떤 이들은 너무나 의지가 약하고 게으르다.

그러한 약점이나 부정적인 느낌이나 감정에 대해서 우리는 억압해야 하는가? 피해야 하는가? 아니다. 그 모든 것들은 우리의 성장을 위해서 우리에게 찾아온 것이다. 그들은 일종의 선지자와 같은 것이다. 우리는 그들을 푸대접해서는 안 된다. 우리는 그들이 왜 우리와 함께 살고 있는지 우리에게 무엇을 가르치기 원하는지 우리에게 원하는 것이 무엇인지 물어야 한다.

할 말이 있는 사람을 억지로 조용히 시켜서는 아무런 문제가 해결되지 않는다. 그들의 이야기를 충분히 들어주어야 한다. 주님께서 그들을 우리에게 보내셨는데 우리가 그들을 함부로 대해서는 안 되는 것이다.

우리는 그들을 친구로 대해야 한다. 그리고 우리가 그들과의 대화를 통해서 충분히 그들의 메시지를 느끼고 적용하게 되면 그들은 우리를 떠나게 된다. 그들은 우리를 성장시키라는 부름을 받고 왔기 때문에 소기의 목적이 달성되었을 때 더 이상 우리의 곁에 남아있을 이유가 없는 것이다.

분노는 우리가 용서하지 않는 것이 우리의 영적 성장에 걸림돌이 되고 있음을 보여준다. 음란이나 이성에 대한 과도한 관심은 우리가 내적으로 애정 결핍의 상태에 있음을 보여주며 주님의 깊은 애정을 받아들임으로써 주님께 나아갈 수 있음을 보여준다.

두려움은 많은 악한 영들이 우리를 공격하고 있지만 우리가 무기력하며 무기가 부족하고 영적 권능이 부족함을 보여준다. 어리석은 사람들은 두려움이 환경의 문제라고 생각하지만 다른 모든 문제와 마찬가지로 환경에는 아무런 문제가 없다. 환경을 창조하는 것은 자신이며 사람의 마음이다. 즉 두려움도 그의 내적인 상태를 보여주는 것이다.

일일이 그 모든 것의 영적 의미에 대해서 구체적으로 말할 수는 없다. 그것은 한 권의 책으로도 부족하며 각자마다 그 의미가 다를 것이다. 다만 이 사실만 분명히 기억하기를 바란다. 당신 안에 당신이 싫어하고 수치스럽게 느끼는 감정이 있고 경험이 있고 약점이 있다. 그것을 싫어하지 말라는 것이다. 그것을 피하여 도망하지 말라는 것이다.

그것들을 친구로 여기라. 스승으로 여기라. 그리고 그들의 메시지를 통해서 당신의 영적 성장에 걸림돌이 되고 있는 것을 발견하기를 바란다.

당신이 그 부정적인 것으로 보이는 것들에 대해서 기도하고 주님께 질문할 때, 당신의 영혼에 질문을 던질 때 당신은 그 의미를 알 수 있게 될 것이다.

당신은 자신이 어떻게 해야 하는 것을 알 수 있게 될 것이다. 그리고 그 모든 것들이 당신을 해롭게 하는 것이 아니며 오히려 당신의 자산이 되는 것임을 알 수 있을 것이다.

부디 당신의 감정을 억압하지 말라. 부정적인 느낌을 무시하지 말라. 그것들은 필요하기 때문에 당신에게 주어졌다. 그들과 함께 사랑하며 감사하며 대화를 나누며 함께 주님께로 걸어가라. 당신은 점점 더 자유롭게 될 것이며 예전에 알 수 없었고 경험할 수 없었던 풍성한 삶에 대해서 누리게 될 수 있을 것이다.

## 21. 모든 고통은 사랑하지 않기 때문에 온다

얼마 전에 어떤 독자로부터 메일을 통해서 이런 질문을 받았다. '왜 사랑의 하나님이 지옥을 만드셨는가? 그렇게 더럽고 잔인무도한 지옥을 만들어서 뭘 어쩌자는 것인가?' 하는 내용이었다.

질문 자체도 우스웠지만 지옥을 완전히 하나님의 책임으로 이해하는 것이 놀라웠다. 이미 공격적인 자세로 하나님을 정죄하면서 질문을 하고 있기 때문에 별로 답을 하고 싶은 마음이 들지 않았다.

지옥은 누가 만드는 것인가? 그것은 하나님인가? 나는 그렇게 생각하지 않는다. 그것은 하나의 원리와 법칙과 같은 것이다. 그것은 뿌리고 거두는 법칙과 같은 것이다. 어떤 이가 사랑을 심으면 사랑의 열매를 거두게 된다. 어떤 이가 미움을 심으면 미움의 열매를 거두게 된다. 지옥을 창조하는 것은 누구인가? 그것은 각 사람에게 달린 것이다.

천국의 중심은 무엇인가? 그것은 사랑이다. 우리는 서로 사랑할수록 더욱 더 주님과 가까워지며 천국과 가까워지는 것이다. 지옥의 중심은 무엇인가? 그것은 미움이다. 우리는 서로 미워할수록 주님과 멀어지며 지옥과 점점 더 가까워지게 된다.

사람들은 주님의 이름을 부르고 주님을 영접하는 고백을 하면 그 순간 천국행 티켓을 확보했다고 생각한다. 그리고 지옥과 자기는 전혀 상관이 없을 것이라고 생각한다. 그러나 과연 그럴까? 주님은 천국에서 그를 따른다고 생각하는 많은 이들에게 나는 너희를 모른다고 말씀하실 것이라고 많이 말씀하셨다. 천국에 가는 것은 몇 마디 말로 해결될 수 있는 문제가 아니다. 그것은 영혼의 중심과 삶의 중심에 달려있는 것이다.

어떤 이가 주님을 표면적으로 사모한다고 하자. 하지만 그는 날마다 남을 비난하며 자기만이 옳다고 한다. 잘못한 사람을 용서하지 않으며 남들이 자기 말을 따르지 않으면 화를 낸다. 자기와 견해가 다른 사람을 정죄하며 미워한다. 자기와 체질이 다르고 성향이 다른 사람을 싫어한다. 그의 영혼은 천국에 속해 있는가? 그것은 심히 의심스러운 일이다.

천국은 죽어서 가는 곳이 아니다. 지금 이 순간에 우리가 누리고 맛볼 수 있는 곳이다. 우리의 육체는 물리적인 이 땅에 거하고 있다. 그러나 우리의 영혼은 영계에 속해 있으며 영계로부터 영적 에너지를 얻으며 생각과 감정을 수신하게 된다. 그러므로 육체는 이 땅에 속하지만 영혼은 천국이나 지옥에 속해있는 것이다.

우리가 수신하고 있는 생각이나 감정은 무엇인가? 그것은 사랑인가? 그리움인가? 애정이나 용서나 넓고 너그러운 마음인가? 그것은 천국에서 오는 것이다.

그러나 우리의 마음에 분노와 미움과 정죄가 계속 수신된다면? 그 생각과 감정은 어디서 오는가? 그것은 천국에서 오는가? 그렇지 않다. 그것은 지옥에서 온다. 그렇다면 그 지옥으로부터 계속 영향을 받고 에너지를 얻는 사람은 천국에 속한 사람인가? 그것은 오해일 가능성이 많은 것이다.

사람은 이 땅에 살면서 날마다 천국에 가까워지든지 지옥에 가까워진다. 그 영혼이 하늘을 향하여 올라가든지 아니면 지옥을 향하여 떨어진다. 그것이 인생이다. 그렇게 평생을 산후에 그 사람의 평균치가 그 사람의 영적 수준이 되는 것이며 영원한 삶에서의 위치와 역할을 결정하는 것이다.

이 땅에서 많은 훈련과 경험을 통해서 풍성한 사랑의 수준을 경험한 이들은 많은 고을을 다스리게 될 것이다. 천국은 사랑의 통치이기 때문이다. 그러나 이 땅에 살면서 아주 적은 사랑만을 경험한 이들은 비교적 빛이 적은 곳에서 적은 사역을 하면서 살아가게 될 것이다.

그 중심의 기준은 무엇인가? 그것은 사랑이다. 당신이 천국과 가까운가, 지옥에 가까운가를 구분 짓는 것은 당신의 마음에 그리움과 사랑이 가득한지, 긍휼과 아름다움과 용서와 축복의 영이 가득한지 아니면 억울함과 분노와 미움과 판단이 가득한지 거기에 의해서 결정되는 것이다.

다른 사람들이 당신을 볼 때 어떻게 느끼는가? 사람들이 당신을 그리워하며 자주 가까이 오기 위해서 애를 쓰는가? 사람들은 당신의 곁에 있으면 기쁨과 행복감을 느끼는가?

그렇지 않으면 사람들은 당신을 꺼려하는가? 당신과 같이 있기를 싫어하는가? 당신은 다른 이들과 같이 있는 것이 즐거운가? 아니면 혼자가 좋은가?

만일 지금 혼자 있는 것을 즐거워하는 사람이라면 사후에는 영원히 혼자 있게 될 가능성이 많다. 영계는 이 땅처럼 혈연이나 육체에 의해서 위치나 일이 결정되는 것이 아니라 그 영혼의 상태에 따라서 결정되는 곳이기 때문이다.

어떤 이가 마음속에 분노를 터뜨리고 있다. 그는 아주 화가 나 있다. 그는 자식을 키워봤자 다 소용이 없다고 생각한다. 사람을 잘해주어봤자 다 배반하며 은혜를 모른다고 생각한다. 이 세상에 내 마음을 알아주는 사람은 하나도 없고 혼자가 편하다고 생각한다. 지금 그의 영혼은 어디에 있는지 아는가? 저 밑의 어둠을 향해서 계속 떨어지고 있는 것이다. 바로 그것이 지옥이다.

주님은 가르치셨다. 천국은 여기 있다 저기 있다 하는 것이 아니며 너희들의 마음속에 있다고. 또한 지옥도 마찬가지다. 그것도 역시 우리의 마음속에서 시작되는 것이다. 무슨 마음인가? 미워하는 마음이다. 모든 미움은 지옥에서 온다.

자. 억울하고 속상하고 다 꼴 보기 싫다는 마음이 지옥에서 오는 것은 분명한 일이다. 당신은 그러한 음성이 천사가 들려주는 음성이라고 생각하는가? 아니다. 그런 음성은 악한 영들이 하는 말들이다. 어두움의 영들이 그런 속상하고 화나고 좌절하고 하는 생각을 넣어주는 것이다.

하지만 문제는 이것이다. 당신이 그러한 음성을 아주 잘 흡수하여 그것을 자신의 생각으로 받아들일 때 당신은 서서히 지옥의 사람화 되어가고 있는 것이다. 즉, 지옥의 에너지, 지옥의 기운이 당신의 안을 점령해가고 있는 것이다. 그리고 그것은 당신의 영원을 지금 창조하고 있는 것이다.

많은 이들이 미워해야 할 이유를 설명한다. 당신이 내가 당한 것의 반의 반 만이라도 당했으면 내 마음이 어떤지 알 것이라고 말한다. 나 같으니 이 정도지 당신 같으면 말도 못 했을 것이라고 이야기한다.

물론 그러한 논리는 오해이다. 사람은 환경에 의해서 결정되는 것이 아니다. 자신이 환경을 만드는 것이다.

동일하게 가난해도 그 가난을 통해서 아주 아름다워지는 사람이 있고 아주 악해지는 사람이 있다. 어떤 이는 돈 밖에 모르는 지독한 수전노가 된다. 어떤 이는 가난한 사람을 돕고 사랑하는 도구가 된다.

지독한 학대를 당하고 자란 사람들이 항상 똑같은 결과를 가지는 것이 아니다. 어떤 이들은 아주 잔인하고 비뚤어진 사람이 된다. 하지만 어떤 이들은 학대를 당하면 당할수록 아름답고 사랑이 넘치는 사람이 된다. 그들은 고통당한 이들을 치유하는 도구로 쓰여진다. 그 차이는 무엇인가? 각 자의 삶의 중심, 영혼의 중심에 달려있는 것이다. 그러므로 환경이 나를 이렇게 만들었다는 고백은 진리에 속한 것이 아니다.

부모에게 아픔을 겪었지만 부모를 사랑하는 이들도 있다. 또한 부모에게 사랑을 많이 받았지만 부모를 원망하는 사람도 있다. 그것은 다 자신의 선택이다. 그리고 그러한 선택이 천국과 지옥의 어느 한 쪽으로 자신을 가깝게 이끌어 가는 것이다.

어떤 사람이 억울함을 호소한다. 그는 너무나 억울한 일을 겪었다고 하소연한다. 그리고 자기에게 아픔을 준 사람에 대해서 분노를 표출한다. 그런데 그 순간에 그의 마음이 행복한가? 그의 말은 다 옳다. 틀린 말이 아니며 없는 말을 지어내는 것이 아니다. 그는 행복한가?

행복할 리가 없다. 지금 그의 영혼은 지옥의 밑바닥으로 열심히 떨어지고 있으니 말이다. 그는 말을 하면 할수록 더 심령이 답답하고 고통스럽게 되는 것이다. 그것은 상대방 때문인가? 아니다. 지금 그가 미워하고 있기 때문이다.

미워하는 사람은 천국의 빛을 견딜 수 없다. 그래서 그들은 어둠 속으로 떨어지게 된다. 아무리 자기가 기도를 많이 하는 사람이고 어디서 뭘 배웠고 뭘 체험했다고 주장하더라도 그 마음에 사랑의 온기가 없다면 그는 천국에 속한 사람이라고 할 수 없다. 그의 영혼에는 행복감이 오지 않는다. 그는 오직 허무하고 비참하고 외롭고 고독하고 슬플 뿐이다.

나는 몇 년 전에 〈묻지 않는 자에게 해답을 던지지 말라〉는 잠언 시집을 낸 바 있다. 감사하게도 이 책은 많은 사랑을 받았다. 책의 제목이 많은 것을 말해주고 있다. 그 깨달음은 나에게 정말 놀라운 해방과 자유를 준 것이었다.

그 전까지 나는 사람들에게 진리를 설명하고 이해시키고 가르치려고 무진 애를 썼다. 그러나 대부분의 사람들은 진리에 그다지 관심을 가지고 있지 않다는 것을 알게 되었다. 그래서 나는 간절하게 사모하고 추구하는 이들이 아닌 한, 사람들에게 영성의 원리를 설명하거나 가르치지 않기로 했다. 무엇을 깨달았을 때 나는 너무나 기쁘고 행복해서 밤에 자다 말고 깨어 일어나 울었다. 웃음을 터뜨렸고 행복해했다.

하지만 그러한 것들은 나 혼자만의 세계인 것을 알게 되었다. 영성의 원리를 추구하고 감추어진 진리에 목마른 이들은 별로 없다는 것을 알게 되었다. 그래서 입을 다물게 되었다. 그것은 내게 자유를 주었고 의무감에서 벗어나게 했다.

하지만 그러한 깨달음보다 더 중요한 것이 있었다. 그렇다. 묻지 않는 자에게는 해답을 줄 필요가 없다. 그리고 구하지 않는 이들에게는 진리를 줄 필요가 없었다. 하지만 묻지 않는 자들에게도 구하지 않는 자들에게도 사랑은 줄 수 있다는 것이었다.

그 어느 누구도 사랑을 구하지 않는 자들은 없었다. 인간은 사랑을 위하여 만들어졌고 사랑을 배우기 위하여 이 땅에 왔으며 사랑이란 영혼의 중심이자 생명의 특성이었기 때문이었다.

천국은 무엇인가? 바로 사랑하는 삶이다. 우리가 주님을 알아가고 그분께 우리의 삶을 바치고 모든 영역에서 주님의 지배를 받기 원할 때, 즉 우리가 실제적인 그리스도인이 되어 가기 시작할 때 우리 안에서 일어나는 가장 일반적인 특성은 무엇인가? 우리는 사랑에 익숙한 사람이 되어간다는 것이었다.

우리는 사랑하기 시작한다. 우리는 용서하기 시작한다. 우리는 그리움에 빠지기 시작한다. 우리는 모든 것을 용서하고 싶고 사랑하지 못했던 지난날을 후회하기 시작한다. 모든 사람을 축복해주고 싶다. 모두를 어루만지며 사랑한다고 고백하고 싶다. 우리는 그러한 변화를 느껴가게 된다. 그것이 무엇이냐 하면 천국의 빛에 우리가 가까이 가고 있음을 보여주고 있는 것이다.

모든 고통은 어디에서 오는가? 그것은 사랑하지 않기 때문에 온다. 미워하기 때문에 온다. 모든 고통의 시작은 미움이다. 그것은 지옥의 핵심 원리이다.

어떤 사람이 우리를 증오한다. 우리가 같이 미워하면 우리는 같은 지옥에 있는 것이다. 같은 지옥에서 그 사람과 영원히 같이 살게 될 것이다. 영적 발전 수준이 비슷하니까 말이다.

우리가 같이 미워한다면 우리는 고통을 겪을 것이다. 심장이 뛰고 가슴이 답답하고 불안하게 될 것이다. 가슴이 아릴 것이다. 우리는 같은 증오의 영계에 속해 있으며 재앙의 에너지를 받고 있기 때문이다.

하지만 우리가 그 사람을 용서하고 사랑한다면 우리는 그 지옥의 에너지를 받지 않게 된다. 오히려 천국으로부터 빛을 받게 된다. 그러므로 우리는 기쁨과 행복을 누리게 되는 것이다.

이 땅에 살면서 행복과 기쁨과 영광 속에서 사는 비결은 무엇일까? 그것은 사랑하는 것이다. 그리워하는 것이다. 그것은 천사들과 빛과 주의 은총을 우리에게 끌어다준다. 결국 사람들이 겪고 있는 대부분의 고통은 미워하기 때문에 생기는 것이다. 그것은 자신이 지옥을 선택한 결과인 것이다.

살아있는 한 우리는 모든 것을 사랑해야 한다. 자신의 과거도, 지난날의 아픔도, 그 모든 것을 사랑해야 한다. 지금의 아픔도 지나가면 그리움이 된다. 삶은 아름답고 인생은 아름다운 것이다. 그러므로 모든 것을, 모든 사람을 사랑해야 한다. 그것이 천국의 삶을 사는 것이다.

지옥은 하나님이 만드셨는가? 아니다. 그것은 우리 스스로가 만드는 것이다. 사랑이 어렵다고 생각하지 말라. 그것은 지옥에서 나오는 생각이다. 그것은 당신이 오랫동안 지옥의 법칙을 따라 살아왔다는 것을 보여준다.

이제라도 당신의 방향을 바꾸라. 지금 시작하지 않으면 나중에는 더 어렵게 된다. 미움을 받을수록 사랑하라. 억울한 일을 겪을수록 사랑하라. 할 수 있는 한 모든 것을, 모든 사람을 사랑하라, 사랑하라, 사랑하라. 그것은 모든 재앙과 저주를 끊고 우리의 영혼을 하늘 높이 날아가게 하는 놀라운 방법이고 비결인 것이다.

  이것을 기억하라. 모든 고통은 미움에서 온다. 당신이 사랑하기로 작정할 때 천국은 가까이 오기 시작한다. 부디 지금 이 순간에 천국을 선택하라. 주님은 가까이 임하실 것이며 천국의 빛과 영광은 당신을 풍성하고 아름답게 만들어주게 될 것이다.

## 22. 꿈을 버려라

꿈을 가져라. 비전을 품으라. 이러한 이야기들은 참으로 많이 들어보았을 것이다. 하지만 그게 꼭 그렇게 좋은 것인가? 어찌 보면 그것은 피곤한 삶의 시작일 수도 있다. 즉 너무 많은 꿈과 목표는 사람을 피곤하게 만드는 것이다.

꿈은 일종의 욕망과도 같은 것이다. 욕망이 많으면 좋은가? 이루어질 목표가 많으면 좋은가? 그런 사람도 있을 것이다. 하지만 그렇지 않은 사람도 있을 것이다. 위대한 꿈보다 그저 단순하고 소박한 삶을 살면서 거기에서 행복감과 만족감을 느끼는 이들도 적지 않을 것이다. 나는 그들에게 공연히 남을 따라서 위대한 삶을 살려고 고생하지 말고 생긴 대로 편하게 살라고 이야기하고 싶다.

유명한 도둑이 있었다. 이 사람이 탈옥을 하는 바람에 더 유명해졌다. 언론마다 이 사람의 행적을 추적하고 대서특필하는데 어디에 숨어 있는지 행방이 오리무중이어서 도무지 잡히지 않았다.

1년이 지난 후에 시민의 신고로 드디어 잡히게 되었는데 그가 잡히면서 이런 이야기를 했다. 이제 마음이 편안하다고, 오늘밤은 다리를 뻗고 잠을 잘 수 있을 것 같다고.

얼마나 마음고생을 많이 했으면 그런 이야기를 했을까? 숨어있을 때보다 잡히고 나니 마음이 편하다는 것이다. 그런데 이 말이 많은 이들에게, 특히 비슷한 처지에 있는 사람들에게 인상적으로 각인이 되었나보다. 얼마 후에 비슷하게 숨어서 지내고 있던 사람이 잡혔는데 그가 잡히면서 그런 이야기를 하더라는 것이다. 얼마 전에 잡혔던 그 사람의 말이 이해가 간다고. 나도 이제야 비로소 편안하다고 말했다는 것이다.

그들은 잡히지 않을 때는 자유로운 몸이었지만 항상 불안한 상태에 있었다. 하지만 잡히는 순간 그들은 모든 꿈이 사라지게 되었다. 이제 모든 것을 포기할 수밖에 없게 된 것이다. 그들의 평안은 무엇이었을까? 바로 그것, 포기.. 욕망의 포기에서 온 것이었다.

모든 욕망의 포기, 욕심의 포기.. 그것은 사람에게 자유함을 준다. 어떤 꿈에 매달리고 있을 때 어떤 집착에 매달리고 있을 때 사람은 참으로 불안하다. 긴장되고 자유함이 없다. 그러나 막바지에 이르러 모든 꿈이 사라지게 되었을 때 사람은 평화를 얻는다. 얼굴에 수심이 사라지고 평온한 얼굴이 된다.

죽음 직전에 살기 위해서 아등바등하는 이의 얼굴은 평화롭지 않다. 하지만 이제 거의 죽음이 눈앞에 이르렀고 그 사실을 알고 포기한 이들의 표정은 대부분 아주 평화롭다.

그 시점에서 이를 갈면서 도저히 용서할 수 없다고 말하는 이들은 드물다. 어떤 일이 있더라도 돈을 떼먹는 사람을 찾아내서 빚을 받아내라고 유언하는 이들은 드물다. 그들은 초연한 모습으로 인생이라는 것이 그런 것이지 뭐.. 하고 말하게 되는 것이다.

돈 밖에 모르던 어떤 수전노가 고리대금으로 돈을 많이 벌었다. 그리고 그 과정에서 마음을 너무 썩이는 바람에 회복이 불가능하다는 선고를 받게 되었다. 그는 모든 것을 포기하고 돈을 풀기 시작했다. 평생을 아끼고 모았던 돈, 그러나 한 번도 남을 대접하지 않고 모질게만 살았던 그가 어려운 사람들을 위해서 돈을 쓰기 시작했던 것이다.

놀랍게도 얼마 가지 않아서 그의 병은 회복되었다. 하지만 그게 발단이 되었다. 다시 욕심이 도진 그는 다시 돈을 움켜쥐게 되었고 병이 재발하는 바람에 결국 죽고 말았다. 욕심, 욕망.. 그것처럼 사람을 망가뜨리는 것은 드물다. 바로 그것이 사람을 죽게 만든다.

사람들은 어릴 적부터 많은 꿈을 가지고 살도록 교육받는다. 조그만 아이에게 무엇이 되고싶냐고, 무엇을 하고싶냐고 수시로 물어본다. 그래서 아이가 대통령이 하고 싶다거나 아무튼 위대한 사람이 되고 싶다고 하면 머리를 쓰다듬어 준다. 그런 식으로 사람을 노예로 만드는 것이다.

위대한 꿈을 가지고 있는 사람은 일종의 노예와 같은 것이다. 그들은 꿈을 위해서 굶고 배고프고 서럽고 힘들고 아파도 그냥 열심히 일하며 묵묵히 전진한다. 꿈을 이루기 위해서 어떤 대가도 지불하려고 하는 것이다.

뭐 그게 그렇게 좋다는 이들을 굳이 말리고 싶은 마음은 없다. 하지만 위대한 사람이 되는 것보다 행복한 사람이 되기를 원하며 작고 소박한 것에서 만족을 느끼는 소시민이라면 구태여 위대한 이상과 비전을 가져서 스스로를 괴롭히는 삶으로 뛰어 들지는 말라고 말하고 싶은 것이다.

주님은 사람들의 꿈을 모두 다 이루어주셨는가? 아니다. 거절하실 때가 많았다. 가난한 이가 와서 형이 빼앗아간 재물을 찾아달라고 부탁하자 주님은 말씀하셨다.

"그게 뭐가 그렇게 중요하냐? 삼가 모든 탐심을 물리쳐라. 사람의 생명이 소유의 넉넉한 데 있지 않다."

야고보와 요한의 어머니가 자기의 두 아들을 주님의 좌우편에 앉게 해달라고 로비를 했을 때 주님은 그런 것은 하나님께 달린 것이니 신경을 쓰지 말라고 말씀하셨다.

변화산에서 주님의 모습이 놀랍게 변화되고 모세와 엘리야가 주님과 대화하는 것을 보고 베드로는 신이 나서 말했다. 주님과 모세와 엘리야를 위해서 집을 세 개 짓겠다고. 그가 어떻게 집을 지을까.. 조립식으로 지을까, 통나무집으로 지을까 고민하고 있었을 때 주님은 아예 대답조차 하지 않으셨다.

우리는 주님께 우리의 소원과 목표를 들어달라고 많은 기도를 드린다. 적지 않은 기도에서 우리는 응답을 받는다. 하지만 또한 주님은 우리의 많은 기도에 응답하지 않으신다.

우리의 기도가 응답되는 것도 감사할 일이지만 많은 육적인 소원의 기도가 응답되지 않는 것도 정말 감사할 일이다. 우리의 모든 기도가 다 응답이 되었다면 우리의 삶은 정말 비참해졌을 것이다.

사람은 영혼과 육체를 가지고 있다. 그래서 영혼에서 나오는 소원도 느끼고 육체를 통해서 나오는 욕망도 느끼게 된다. 그런데 육으로부터 나오는 욕망들은 응답이 되고 소원이 이루어지면 질수록 그것은 우리를 파괴하고 망가지게 하는 것이다.

다윗왕의 아들 중에서 암논이라는 왕자가 나온다. 이 사람이 이복 남매인 다말 이라는 공주에게 사랑을 느끼게 되었다. 이것을 사랑이라고 부르기는 조금 그렇고, 욕망이라고 부르는 것이 좋을 것이다.

그는 상사병에 걸리기도 하고 하여간 우여곡절 끝에 그녀의 몸을 범하게 되었다. 그의 소원을 이룬 것이다. 그 결과 어떻게 되었는가? 그의 소원이 이루어지자마자 그녀가 꼴 보기 싫어졌고 그래서 내어 쫓았다. 그리고 복수를 다짐한 그녀의 오빠인 압살롬에게 죽임을 당하고 말았다.

삼손의 최후도 그와 비슷하다. 그는 사랑해서는 안 될 여인과 사랑에 빠졌다. 아마 그의 이야기가 현대판으로 각색이 되어 TV 드라마로 나온다면 시청률이 엄청나게 높을 것이다. 다윗 왕의 경우도 마찬가지다. 현대인들은 불륜을 광적으로 좋아하니까. 하지만 요셉의 경우가 드라마로 나온다면 그 드라마는 시청률이 낮아서 조기 종영될 것이며 광고도 별로 안 들어오게 될 것이다. 죄에서 승리하고 유혹을 거절했다는 이야기를 사람들은 좋아하지 않는다.

아무튼 삼손은 자신을 드라마의 주인공으로 착각해서 시청률을 높이려고 그랬는지는 모르지만 육욕과 사명 사이에서 갈등하다가 결국은 욕망을 선택하고 비참한 죽음으로 끝나게 된다.

꿈을 가지는 것과 욕망으로 말미암아 넘어진 것은 다르지 않느냐고? 그렇다. 하지만 그렇기 때문에 생각해야 한다. 내가 가진 이 꿈이 주님이 주신 감동이며 꿈인가? 아니면 그저 단순한, 이 세상에서 세뇌된 욕망에 지나지 않는 것인가, 그것을 분별해야 하는 것이다.

적지 않은 경우에 자신이 하나님의 비전이라고 생각하는 것이 욕망에 불과한 것이다. 많은 이들이 주님께 기도하며 '주님. 이게 제 것입니까? 주님 것이지.. 이게 제 망신입니까? 주님 망신이지. 그러니 제발 역사해주십시오..' 하고 말한다. 그러한 것들은 대체로 욕망에 가까운 것이다.

주님의 비전과 이상은 자연스럽다. 억지스럽지 않다. 그것은 편안하다. 그것은 집착과 다르다. 주님이 어떤 꿈을 주셨을 때 주님은 그것을 이룰 수 있는 모든 자료와 재원을 주신다. 그러므로 조용히 주님을 따라가면 된다. 그것은 주님의 때에 자연스럽게 이루어진다. 하지만 내가 하는 것은 엄청나게 힘들다. 거기에는 무리와 부자유가 따른다.

아이들은 어릴수록 꿈이 크다. 하지만 자라면 자랄수록 꿈이 작아진다. 예를 들어서 대통령이 되는 것이 하나도 좋은 일이 아니라는 것을 알게 된다. 정말 귀찮고 피곤한 일이 많다는 것을 알게 된다. 그래서 대통령의 꿈을 버리게 된다.

젊은이들은 꿈이 많다. 그러므로 많은 부담과 묶임과 긴장이 있다. 노인의 좋은 점이 무엇인가? 별로 꿈이 없다는 것이다. 그러므로 그들은 자유롭다. 그들은 비로소 인생을 즐길 수 있게 되는 것이다.

아내가 천식으로 인하여 몹시 힘든 때가 있었다. 응급실에도 여러 번 실려 가고 움직이고 걷고 숨을 쉬는 것 자체가 아주 어려울 때가 있었다.

그 일이 계기가 되어 의학에 대한 책을 수 백 권을 읽게 되었고 자연치유나 대체의학에 대해서도 관심을 가지게 되었다. 우리는 생식을 시작했다. 몇 달 동안 쌀은 입에도 대지 않았다. 아내를 돕기 위해서 나도 같이 했다. 질병이 생기는 원인과 몸의 구조와 시스템을 알게 되니 자신감을 얻게 되었다. 원리대로 그대로 적용하니 병을 이기는 것은 어려운 일이 아니었다.

적게 먹으면서 나도 체중이 두 달 동안 10키로 정도가 줄게 되었다. 나중에 다시 불리기는 했지만, 그 경험은 내게 아주 좋은 경험이었다. 그러면서 느낀 것이 있었다. 위장을 비울 수 있을 때 마음도 비울 수 있으며 욕망도 비울 수 있다는 것이다. 그리고 사람은 할 수 있는 한 모든 욕심을 버릴 때 진정한 행복과 자유를 얻을 수 있으며 천국을 소유할 수 있다는 것이었다.

행복은 어디에서 오는가? 그것은 욕심을 비운 소박한 마음에서 오는 것이다. 행복도의 조사를 해보면 세계적으로 최빈국에 가까운 나라일수록 행복도가 높다. 그리고 이상하게도 경제적으로 수준이 높은 나라일수록 자살률이 높으며 행복도와 만족도가 낮았다. 그런 나라일수록 사람들은 미움과 분노와 욕망과 이기심에 사로잡혀 있었다.

가난하고 못 먹고 못 배우고 못사는 지역에서 복음을 전하는 선교사들은 하나같이 말한다. 그 곳은 황금어장이라고.. 그들의 믿음은 너무나 순수하며 어떠한 핍박과 고통에도 그들의 믿음을 지킨다고. 그리고 자본주의 세계의 믿음은 너무도 타락했으며 형식적이라고..

물론 그 말은 맞다. 하지만 주의해야할 일이 있다. 그러한 소박하고 아름다운 나라들도 경제적으로 나아지며 형편이 물질적으로 좋아지면 역시 심령이 강퍅해지며 이기적이 되며 욕심에 잡히게 되며 순수한 믿음을 잃어버리고 서로 미워하게 된다는 것이다. 이것은 역사가 보여주고 있는 하나의 원리이자 법칙이다.

우리는 꿈을 이루면 행복해지는가? 가난을 극복하면 행복해지는가? 명예를 얻으면 행복해지는가? 그렇지 않다. 많은 욕망은 오히려 우리를 피곤하게 만들뿐이다.

행복은 어디에서 오는가? 욕심 없는 소박한 마음, 적은 것으로 만족하는 마음, 물질이 아닌 영혼, 영성의 발전에 마음을 둘 때 온다.

많은 열정을 가지고 목표를 이루려 애쓰는 사람도 하루에 세끼를 먹는 것은 마찬가지다. 하루에 몇 시간의 잠을 자는 것은 마찬가지다. 애쓰고 수고해도 사람들이 각자 가지고 얻는 것은 거의 다 같다.

인생은 많은 꿈, 많은 욕심에서 적은 꿈, 적은 소망으로 발전해 가는 것이다. 어찌 보면 수많았던 인생의 꿈들이 한 두 개로 좁혀져 가는 과정, 그것이 곧 인생이며 삶의 지혜를 발견해 가는 과정이다.

삶의 행복을 위해서 진정 우리가 가져야 할 꿈은 그리 많은 것이 아니다. 주님을 더 깊이 알기 원하는 꿈, 우리의 영혼이 좀 더 성장하고 발전하여 사랑을 배우고 지혜를 얻어 가는 꿈.. 그런 정도의 몇 가지에 불과한 것이다.

당신은 지금 어떠한 꿈을 가지고 있는가? 너무 많은 꿈을 가지고 있는가? 가능하면 당신의 꿈을 축소하기 바란다. 그것이 당신을 자유롭게 할 것이다.

당신은 너무 꿈이 없어서 그 사실로 인하여 오히려 고민을 하고 있는가? 고민하지 말라. 없는 꿈을 일부러 만들려고 애를 쓸 필요는 없다. 그저 단순히 소박하게 살며 지금의 삶을 즐기고 만족하기 바란다. 그것으로 충분히 우리는 행복할 수 있다.

나의 꿈은 이 책을 마친 후에 아내의 손을 잡고 가까운 공원을 산책하는 것이다. 그리고 저녁노을을 바라보는 것이다.

조금 더 시간이 흘러서 나의 아이들이 결혼을 해서 조그만 아이들을 볼 수 있다면 더욱 더 행복할 것이다. 나는 그 아이들을 안아줄 수 있을 것이다. 그것이 나의 꿈이다.

얼마 후면 가까이에 살고 있는 청년들이 결혼을 한다. 그러면 나는 그들이 아기를 낳는 것을 기다릴 것이다. 그리고 아기가 세상으로 나오게 되면 나는 그와 친구가 되어서 작은 유모차에 아기를 태우고 가까운 공원으로 끌고 갈 것이다. 그것은 나에게 있어서 환희가 가득한, 정말 기다려지는 꿈이다.

모든 꿈들을 다 갖다버리라고 말하는 것은 아니다. 누구나 주님이 허락하신 꿈들이 있을 것이다. 그러나 그렇지 않은, 감당하기 어려운 꿈을 가지고 씨름하지는 말라. 그리고 일상의 삶 속에서 작고 소박하고 단순하고 하지만 아름다운 그러한 꿈을 가지라. 그리고 그 작은 꿈속에서 행복하게 살라.

인생은 아름답다. 꿈이 적은 사람은 행복하다. 그리고 작은 소박한 꿈에서 기쁨을 느끼는 이들은 더욱 행복하게 살 수 있을 것이다.

## 23. 자신을 정죄하지 말라

　영적 성장에 있어서 반성은 필요한 것이다. 매사에 남에게 책임을 전가하고 비난하며 자신을 돌아보지 않는 사람은 성장하지 못한다. 하지만 자기 정죄는 좋지 않다. 그것은 반성과 다른 것이다.
　대체로 남을 비난하는 이들은 자신을 비난하지 않는다. 자신에 대해서는 관대한 편이다. 반면에 남을 비난하지 않는 이들은 대신에 자신을 비난하는 경향이 있다. 자학적인 성향을 가지고 있는 것이다.
　남을 치는 것도 좋지 않은 것이지만 자신을 치는 것도 나쁜 것은 마찬가지다. 거라사인의 광인은 들로 나가서 크게 소리를 지르며 돌로 자기를 치고 있었다. 그것은 자학이 악한 영들을 통해서 오는 것을 보여주는 것이다.
　우리는 지금 성장하는 중에 있다. 지금 우리는 완성된 것이 아니다. 그러므로 자신의 부끄러운 점에 대해서 실패에 대해서 그다지 낙담할 필요가 없다.
　우리는 자신의 부족함에 대해서 절망할 필요가 없다. 어떤 이들은 경솔하다. 어떤 이들은 의지가 약하다. 어떤 이들은 마음이 약하고 유혹에 약하다. 하지만 우리는 계속 자라갈 것이다. 그리고 변화되어 갈 것이다.
　지금은 어떨지 몰라도 내일은 다를 것이다. 지금은 걷는 것이 서

틀러도 내일은 좀 더 낫게 걸을 수 있을 것이다.

우리의 약점은 주님의 은총으로 채워질 수 있다. 우리는 우리의 부족함을 주님께 고백하며 그분의 힘과 능력이 우리를 붙드시기를 기대할 것이다. 우리의 약함은 바로 주님의 능력이 나타나는 통로가 된다.

우리는 실수할 수 있다. 때로는 분노를 다스리지 못해서 화를 내기도 한다. 하지만 그렇다고 너무 좌절할 필요는 없다. 그렇게 가는 것이다. 지금은 넘어졌지만 나중에는 좀 더 나아질 수 있을 것이다.

전에 어떤 집사님 앞에서 화가 나서 화를 낸 적이 있다. 사람들 앞에서 화를 내다니, 나는 나 자신이 너무나 창피했다. 주님 앞에서 부끄러웠다. 그런데 그 때 같이 있었던 집사님 부부가 그 다음 주부터 우리 교회에 등록하더니 나오기 시작했다. 그들은 교회를 정하지 못하고 방황하던 중이었다.

그들은 이렇게 말하는 것이었다. 목사님이 화를 내는 것을 처음 보았는데 '아, 목사님도 화를 내는 구나.' 하면서 인간적으로 통하는 것을 느꼈다는 것이다.

나는 어처구니가 없었다. 하지만 나는 그 사건을 이렇게 이해한다. 주님 앞에서 내가 부끄러워하자 주님께서 '괜찮다. 그럴 수도 있지..' 하고 내게 용기를 주셨다는 것이다.

그 비슷한 일을 청년 시절에 겪은 적이 있었다. 나는 그 때 어떤 죄를 짓고 실패를 하고 심히 낙담한 상태에 있었다. 내가 주님 앞에 도저히 설 수 없는 악한 사람이라고 느꼈다.

나는 심한 죄책감 속에서 기도도 할 수 없었다. 그래도 나는 그 날 역전에 전도를 나갔다. 그냥 감동도 없이 습관이었기 때문에 나갔던 것이다. 나는 청년 시절에 일주일에 3일 정도는 병원과 교도소와 역전에 전도를 나가고 있었다.

나는 아무런 느낌도 없이 어떤 아가씨에게 복음을 전했다. 영감도 없고 감격도 없었다. 도대체 나라는 인간이 복음을 전할 자격이 있는가.. 하는 생각에 잡혀 있었다.

무심결에 복음을 전하고 있다가 나는 깜짝 놀랐다. 아가씨가 울고 있었던 것이다. 나는 내가 무슨 말을 하고 있는 지도 몰랐다. 그냥 지겨워서 빨리 끝내고 집에 가야겠다고 생각하고 있었다.

그녀에게 주님을 영접하도록 권하고 헤어진 후에 나는 교회에 갔다. 그리고 그 날 밤새도록 교회에서 기도하면서 울었다. 그 사건을 통한 주님의 메시지는 이런 것이었다.

"알겠니? 너와 같은 사람도 내가 사용할 수 있단다.."

나는 아무 할 말이 없었다. 그냥 우는 것 밖에 내가 할 수 있는 것이 없었다.

우리는 부족하다. 그리고 한심스럽다. 우리는 자주 개판을 친다. 그러나 주님이 우리를 버리시는가? 아니다. 주님은 빙그레 웃으신다. 그리고 말씀하신다. '이제 알겠니? 나는 너와 같이 부족한 사람을 사랑한단다. 그리고 네가 나 없이는 살 수 없기 때문에 내가 너를 부른 것이다.' 라고 말이다.

우리는 자주 엉망이 된다. 하지만 너무 낙담할 필요는 없다. 우리는 그렇게 자라 가는 것이다. 때로는 가족들이 미워질 수도 있다. 목사가 미워질 때도 있다. 성도들이 미워질 때도 있다. 이유 없이 짜증이 올라올 수도 있다. 별 것 아닌 일을 가지고 화를 터뜨릴 수도 있다. 하지만 그렇다고 해서 너무 낙담하지는 말라. 그럴 수도 있다. 오늘 밤에 잠을 푹 자고 나면 내일은 좀 더 나을 수 있을 것이다.

우리는 완벽주의가 되어서는 안 된다. 모든 것을 흠 없이 완전하게 하려고 해서는 안 된다. 그래서야 삶이 너무나 피곤하다.

책을 만들다보면 아무리 교정을 보아도 오자 탈자가 나온다. 그러면 아주 심각한 모습으로 그것을 지적하는 독자들도 많다. 나도 안다. 하지만 별로 그렇게 대수롭게 생각하지 않는다. 인생이란 어차피 결점이 많이 있는 것이다. 좀 나아지면 좋겠지만 조금 결점이 있다고 해서 그리 크게 문제될 것이라고 생각하지는 않는다. 나는 그렇게 편하게 사는 편이다.

자신이 못하는 것이 있다고 속상해하지 말라. 주님께서 모든 것을 우리에게 맡기신 것이 아니다. 우리가 못하는 것은 다른 이들에게 배우거나 도움을 받으면 된다. 자신이 할 수 없다고 낙담하는 것보다 그것을 잘 하는 다른 사람에게 박수를 치고 있는 것이 낫다. 남의 잘하는 것에 대해서 박수를 치고 좋아하는 이들은 이미 그들의 기쁨에 동참하고 있는 것이다.

자신의 성품이 마음에 들지 않는다고 그리 낙담할 이유도 없다. 정을 별로 못 받고 비난을 많이 받고 자랐다면 당신은 명랑하지 않고 우울한 편일 것이다. 불안해하고 비관적인 성향이 있을 것이다. 하지만 염려할 것은 없다. 주님께서 당신 안에 사랑을 충만하게 부어주실 것이다. 사람에게서 얻지 못했던 것을 당신은 무한하게 받을 수 있을 것이다. 당신의 성품은 밝아질 수 있다.

우리는 자신을 감출 필요가 없다. 우리의 약점을 감출 필요가 없다. 우리의 실패를 부끄러워할 필요가 없다. 모든 사람이 그렇게 넘어지면서 스케이트를 배운다. 포기하지 않고 계속 간다면 우리는 좀 더 성장할 수 있으며 주님 앞으로 갈 수 있을 것이다.

지금 우리는 많은 것을 제대로 하지 못할 것이다. 하지만 내일은 좀 더 낫게 할 수 있을 것이다. 좀 더 사랑할 수 있으며 좀 더 분노를 억제할 수 있고 좀 더 용서할 수 있으며 좀 더 지혜롭게 말하는 법을 배울 수 있을 것이다. 지금, 오늘 모든 것을 완전하게 하려고 하지 말라. 아직 여행은 끝난 것이 아니다.

그러므로 부디 자기를 정죄하지 말라. 남들을 용서하듯이 자신을 용서하라. 자신이 별로 마음에 들지 않는 구석이 있다고 하더라도 그래도 자신을 사랑하라. 그리고 기대하라.

우리는 그렇게 악한 사람이 아니다. 당신도 그렇게 악한 사람이 아니다. 다만 원하는 대로 몸과 마음이 잘 따라주지 않을 때가 있을 뿐이다.

원수를 사랑하고 용서하듯이 당신 자신에 대해서 관대해지라. 사랑하고 축복하고 용서하고 격려하라. 자학하지 말고 꾸짖지 말며 혼내지 말라. 주님이 당신을 용서하신 것처럼 당신도 그를 용서하라.

우리는 날마다 나아질 것이다. 자신에 대해서 더욱 더 사랑하고 관대해질수록 우리는 좀 더 성장해갈 수 있을 것이다.

## 24. 어두운 신앙관을 버리라

그리스도인들은 밝고 맑고 자유롭고 행복한 사람들인가? 그것은 희망사항이다. 당연히 그러면 좋을 것이다. 하지만 막상 현실에서는 그러한 그리스도인들을 보기가 어렵다. 그리스도인들 중에는 우울하고 어두운 사람들이 참 많다. 신앙심이 깊고 성숙한 사람이라고 영적이라고 알려진 이들 중에서 명랑한 사람을 발견하는 것은 참으로 어려운 일이다.

그것은 기독교의 세계관과 관련이 있는 것이 아닐까? 기독교의 세계관, 세상관은 대체로 참 어둡다. 이 세상에 살고 있다는 사실, 이 세상에서 숨을 쉬고 있다는 것을 아주 끔찍하고 고통스러운 것으로 여기고 있는 것 같은 느낌이 든다.

유명한 복음송가의 가사를 보자. '죄 많은 이 세상은 내 집 아니네..' 물론 좋은 내용이다. 우리는 이 땅에서 영원히 존재하는 것이 아니며 잠시 훈련을 위해서 온 것이다. 영혼의 발전을 위해서, 사랑을 배우고 아름다움을 발전시키기 위해서 이곳에 잠시 머무른다. 영원한 우리의 고향집에서 잘 살 수 있기 위해서 말이다. 그러므로 이 땅은 학교와 같으며 여행지와 같은 것이다.

그러나, 그러한 학교를 즐겁게 다니면 안 되는가? 여행을 즐겁고 행복하게 다니면 안 되는가? 이곳은 내 집이 아니라는 메시지는 뭔가 아웃사이더의 느낌을 준다. 그냥 변두리에서 대강 비참하게 살다가 떠나버리면 된다는 그러한 이미지를 준다.

이런 가사도 있다. '세상에서 방황할 때 나 주님을 몰랐네..' 물론 죄악 속에 있다가 주님 앞으로 돌아온 간증에 대한 가사이지만 정말 세상에서 사는 것은 방황하는 것이라는 느낌을 주고 있는 것 같다. 더 심한 가사도 있다. '오 나는 약한 나그네요. 이 병든 세상을 살며..' 이런 가사의 찬송을 듣다보면 정말 처량해진다. 마음이 구슬퍼진다.

10년쯤 전에 천호동에 살았던 적이 있다. 반 지하 단칸방의 월세 집에서 아내와 아이들과 열심히 재미있게 살고 있었는데 우리 옆집에는 여집사님이 아들과 함께 살고 있었다. 그녀도 같은 반 지하 방에 살고 있으니 가난한 편이었지만 그래도 우리에 비해서 방이 두 개고 전세로 살고 있으니 우리보다는 엄청난 부자인 셈이다.

그녀는 남편이 없었다. 이혼을 했는지 남편이 하늘나라에 갔는지 오래 된 일이라 잘 기억이 나지를 않는다. 좌우간 그녀가 혼자 살았다는 것만 확실하다.

그녀는 기도로 살기는 했지만 정말 우중충한 삶을 살고 있었다. 그녀의 집에서는 아들에게 퍼부어 대는 그녀의 분노에 가득 찬 소리가 자주 들렸다. 청년들인 아들들은 성실한 이미지였는데 아무튼 뭘 잘못했는지는 모르지만 그녀는 항상 분노를 폭발시켰다.

날마다 아침마다 그녀는 복음성가를 틀고 그것을 하루 종일 켜 놓고 듣고 있었다. 그런데 그 소리들은 정말로 끔찍했다. 도대체 누가 어떤 사람들이 그런 식으로 어둡고 비참한 음색으로 찬양을 부르는지 모르겠다. 유행가수 출신의 가수가 부르는 것인지 완연한 트롯트 스타일의 우울하고 어둡고 눈물이 섞인 소름이 끼치는 목소리로 '세상에서 방황할 때 나 주님을 몰랐네..' '멀고 험한 이 세상 길..' '일어나 걸어라. 내가 새 힘을 주리니..' 스타일의 곡들이 하루 종일 흘러나왔다.

정말 그 찬양이 힘이 되는 것일까? 나와 아내는 속이 울렁거려서 그렇게 쥐어 짜내는 것 같은 스타일의 찬양을 견뎌내기 힘들었다. 새 힘은커녕 온갖 귀신들이 몰려올 것 같은 어둡고 심란한 스타일의 찬양이었다.

눈물과 한숨과 탄식이 가득한 어두운 고백으로 가득한 찬양들.. 그게 하소연이지 찬양이라고 할 수 있겠는가? 그런 곡을 부르거나 들으면서 눈물을 흘렸다고 해도 그것을 은혜 받았다고 하기는 좀 곤란하지 않을까.. 그러한 카타르시스는 삶과 영혼을 더욱 더 어두운 곳으로 떨어뜨리게 할 뿐이다.

오해하지 말라. 그러한 찬양 곡들이 좋지 않다고 말하는 것이 아니다. 중요한 것은 찬양을 하는 사람의 영적 상태이다. 어떠한 영으로, 어떠한 자세로 찬양을 하며 찬양을 할 때 어떠한 영이 흘러나오는가가 중요한 것이다. 그러므로 찬양하는 이의 영이 어둡고 좋지 않다면 그것은 당연히 그 찬양을 듣는 자에게 나쁜 영향을 끼치게 되는 것이다.

우리는 그 곳에서 얼마 살지 않고 이사를 갔기 때문에 그녀의 삶이 좀 더 나아졌는지 어땠는지는 잘 모른다. 별로 좋지 못한 소문들이 주위에서 들리기는 했지만 사실 여부는 알 수 없다. 하지만 그렇게 어두운 찬양을 하루 종일 들으면서 그녀의 삶이 밝게 풀려나가기를 기대하는 것은 어렵게 느껴졌었다.

세상은 정말 힘든 곳인가? 산다는 것은 정말 고통스러운 일인가?

우리는 세상일을 하면서 죄책감을 가지고 살아야 하는가? 직장의 일을 마치고 교회에 와서 기도하면서 '오, 주님. 제가 왔습니다. 세상에서 방황하다가 이제야 아버지의 집에 왔습니다.' 해야 하는가? 세상에서 일을 하고 있을 때 그는 부모를 떠난 고아처럼 슬프고 고통스럽게 혼자 있다가 교회에 오기만 하면 감격의 눈물을 흘려야 하는가?

특별히 선택받은 이들은 그 고통스러운 세상일을 벗어나 신학교로 가야 하는가? 그래서 육신적인 세상일을 하지 않고 하나님의 복음을 전하는 신령한 주의 종이 되었다는 사실에 감격과 긍지로 충만해야 하는가?

나는 그렇지 않다고 믿는다. 세상은 아름다운 곳이다. 세상은 살 만한 곳이다.

주님은 성도들을 다스리신다. 사랑하신다. 그리고 동행하신다. 교회에서뿐만 아니라 직장에서도, 가정에서도 주님은 함께 하신다. 그리고 삶을 누리고 향유할 수 있는 은총과 사랑과 지혜를 허락해 주신다. 우리는 교회를 떠나기만 하면 버린 자식이 되는 것이 아니다.

하나님은 세상을 아름다운 곳으로 창조하셨다. 지금도 세상은 아름답다. 어린 아이의 미소를 보라. 그 조그만 손가락을 보라. 얼마나 경이로운가! 하늘의 햇살을 보라. 산의 나무와 흐르는 시냇물을 보라. 사람의 마음이 여유가 없어서 그렇지 세상은 여전히 아름답고 풍성하다.

세상 사람을 더럽다고 악하다고 정죄하지 말라. 사람들의 마음속에는 아름다움이 있다. 마피아도 자기 자식은 사랑한다. 누구나의 마음속에도 아름다움은 존재한다. 세상은 그렇게 악한 곳이 아니다.

어떤 사람은 세상을 악하다고 볼 것이다. 세상 사람들을 악하다고 볼 것이다. 어떤 사람은 세상을 아름답다고 볼 것이다. 세상 사람들을 아름답다고 볼 것이다. 그것은 각자의 관점에 달려 있는 것이다. 그 관점으로 각자는 자기의 인생과 미래를 창조하는 것이다.

사납고 포악한 사람들과 교제하며 대화를 나눈 적이 있다. 그들은 폭력적이었다. 나는 그들과 교제하면서 그들이 아름답다고 느꼈다. 창녀들에게 복음을 전한 적이 있다. 나는 그들의 심령이 순수하며 아름답다고 느꼈다.

불교에 쩔은 사람과 대화를 나눈 적이 있다. 그는 모든 것이 다 좋으니 제발 전도만은 하지 말아달라고 애원했다. 대화를 나누어 보니 그는 참으로 선한 사람이었다. 나는 그가 아름답다고 느꼈다.

술에 쩔은 사람과 밤늦게 포장마차에서 대화를 나눈 적이 있었다. 나는 콜라를 마시고 그는 소주를 마셨다. 그의 살아가는 이야기를 들으며 나는 그가 아름답다고 느꼈다. 솔직하게 말하자면, 나는 멋지게 설교하는 사람들보다 이러한 사람들을 더 좋아한다. 시장에서 장사하시는 할머니들이 더 아름답게 보인다. 나는 그들이 존경스럽다.

어느 할머니 집사님의 집에 심방을 간 적이 있었다. 그녀는 성품이 까다로워서 식구들이 접근하기를 두려워한다. 하지만 나야 목사니까 깍듯이 접대를 하고 그것을 아주 좋아했다. 마치 딸이 아빠에게 애교를 부리듯이 나에게 대하고 내가 이뻐해주면 소녀처럼 좋아했다.

그녀는 너무 가난했다. 몸이 약해서 안 아픈 곳이 없었다. 하지만 칠십이 가까운 나이에도 파출부를 하면서 간신히 살아갈 수 있었다. 그녀의 집에 가면 추운 겨울에도 냉방에서 살고 있었다. 보일러를 일체 틀지 않는 것이다. 내가 가면 그녀는 어떻게 해서든지 나에게 대접을 하려고 했다. 없는 돈으로 음식을 만들었다. 나는 하루는 할머니 집사님에게 말했다.

"집사님. 당신의 나라에 가셨을 때 나를 기억해주세요"

하늘나라에 가면 할머니는 주님 곁의 저 높은 곳에 있을 것이고 나는 저 아래에 있을 것이라고 그녀에게 말했다. 그러니 나를 하늘나라에서 보게 되면 괄시하지 말라고 말했다.

그녀는 펄쩍 뛰었지만 나는 농담이 아니었다. 솔직히 말해서 나는 천국에 가면 입만 살아서 움직이지 않을까 싶다. 이 할머니는 겉으로는 거칠었지만 삶의 중심은 사랑이었다. 나는 그러한 분들을 존경한다. 말을 잘하는 것은 쉬운 일이니까.

말보다 중요한 것은 삶이다. 삶 자체다. 나는 말에 대해서 억울한 것이 있다. 우리 아이들 이야기다. 아이들은 아내보다 나를 더 따른다. 나는 애정의 표현을 많이 하는 편이고 아내는 거의 하지 않기 때문이다. 그래서 아이들은 내가 더 자기들을 사랑한다고 생각한다.

그래서 나는 아이들에게 수시로 이야기한다. 너희들은 아직 어려서 모르는 거라고. 아빠는 겉으로 표현을 하는 것이지만 엄마의 중심에는 항상 너희들이 있다고..

아빠는 아무 생각 없이 길을 가는데 엄마는 좋은 옷을 보면, 무슨 좋은 것을 보기만 하면 '아, 저것 우리 아이들 사주어야 하는데..' 한다고.. 무엇을 먹어도 아빠는 아무 생각 없이 먹지만 엄마는 '아이고, 이 놈들에게 이것을 먹어야 하는데..' 한다고.. 너희들이 나중에 결혼을 해서 떠나게 되면 그 때 엄마의 사랑에 대해서 눈을 뜨고 깨닫게 될 것이라고. 이런 이야기를 하면 아이들은 '엄마..' 하면서 그녀에게 달라붙는다.

말을 통해서 애정을 자주 표현하지 않는 사람은 억울한 것이다. 세상은 그들의 속을 잘 모르기 때문이다. 그래서 그들은 그러한 표현을 훈련해야 한다.

세상은 피곤한 곳인가? 아니다. 나는 세상이 아름답다고 믿는다. 그리고 영원한 천국도 우리의 고향이고 즐거운 곳이지만 지금 이 곳에 거하는 순간에 아름답고 포근하고 행복한 순간이라고 믿는다.

사람들은 악한가? 아니다. 나는 그렇지 않다고 믿는다. 충분히 마음을 열고 대화를 나눌 때 나는 대부분의 사람들의 속마음이 아주 아름답다는 것을 발견했다. 그리고 그것을 발견했을 때마다 나는 행복해졌다.

어떤 이를 속으로 판단하여 '그 사람은 좋지 않은 사람이다' 하고 생각하면 그 순간에 기쁨이 사라졌다. 나는 지치고 피곤하고 불행해졌다. 나는 그러한 생각이 지옥을 만드는 것임을 알았다.

그러나 나의 생각을 바꾸고 '아, 그 사람은 좋은 사람이다. 그 사람의 속에 아름다움이 있다. 나는 그것을 발견하고 격려해주고 싶다.' 그렇게 생각하면 갑자기 다시 천국이 찾아왔다. 나는 마음이 행복해지고 그 사람을 만나고 싶어졌다.

나는 많은 불행들이 자기가 보고 생각하는 그 가치관에 의해서 만들어진다고 믿는다. 그러한 어두운 세상관, 어두운 인간관이 삶을 비참하고 우울한 것으로 만든다고 믿는다.

어떤 것이 옳을까? 그것은 관점에 따라 다를 것이다. 어떤 사람에게는 이것이 옳고 어떤 사람에게는 다른 것이 옳을 것이다. 어떤 사람은 세상이 왜 악한지 수많은 성경구절을 들면서 설명하려고 할 것이고 어떤 사람은 세상과 사람들이 얼마나 아름다운지 역시 성경의 다른 구절을 통해서 입증하려고 할 것이다. 해석과 관점은 각자가 다 다른 것이니까.

하지만 나는 당신이 가능하면 아름답고 행복한 가치관을 가지게 되기를 바란다. 세상을 향한 사람을 향한 아름답고 따뜻한 시선을 가지게 되기를 바란다.

그렇게 당신의 의식을 바꿀 수 있을 때 당신은 행복해질 수 있을 것이다. 당신은 이 세상에 존재하는 기쁨을 발견할 수 있을 것이다. 당신의 직업에도 기쁨을 느끼며 당신의 집을 청소하면서 기쁨을 느낄 수 있을 것이다. 사람들과 만나서 수다를 떨고 장난을 치며 즐거움을 느낄 수 있을 것이다.

부디 그 쪽을 선택하라. 마음과 가치관을 바꿀 때 우리는 삶을 바꿀 수 있다. 당신은 행복해질 수 있다.

## 25. 경건한 사람보다 따뜻한 사람이 되라

　나는 인터넷 카페에 자주 일기를 쓴다. 어제는 꿈을 꾼 이야기를 썼었다. 내가 어린 시절에 살고 있던 집에 찾아가서 교제하는 내용의 꿈이었다. 꿈 이야기를 쓰면서 지난날에 대한 그리움에 대해서 썼었다. 모든 것이 지나가고 나면 다 그리운 것이니 지금 이 순간을 사랑하자고. 즐거워하자고..
　그 글을 읽고 북한에서 탈북 하여 지금 신학을 하고 있는 한 자매가 덧글을 달았다. 목사님의 글을 읽으니 용기가 생긴다고. 자기도 어린 시절의 꿈을 자주 꾸는데 속으로 생각하기를 '아, 나는 아직도 옛사람을 벗지 못했구나..' 하고 괴로워했는데 목사님도 지난 시절을 그리워하신다니 반갑다고. 자기도 고향이 너무나 그립다는 이야기를 덧글로 썼다.
　그녀의 덧글을 읽으며 이런 생각을 했다. 이 자매는 어디에서 이렇게 어두운 의식을 가지게 되었을까. 어디에서 이렇게 차갑고 엄한 기독교를 배우게 된 것일까.. 세상에 지난 시절, 어린 시절에 대한 그리움만큼 아련하고 따뜻하고 우리를 행복하게 만드는 것이 어디 있을까.. 그런데 그러한 모든 것들은 다 육적이고 자아적인 것이라고.. 왜 그녀는 생각하게 되었을까..하고 말이다.
　삶은 따뜻한 것이다. 기독교는 아름다운 것이다. 그것은 삭막하고 인간미가 없는, 그러한 것이 아니다. 기독교는 아름다운 인간성을 더욱 더 풍성하게 하는 것이다. 그 이유는 주님이 바로 따뜻하고 포근하고 아름다우신 분이기 때문이다. 나는 엄숙하고 근엄한 신앙의 모습보다 따뜻한 인간미를 느낄 수 있는 사람이 더 주님과 가까운 것이 아닌가 생각한다.

나는 따뜻한 기독교가 좋다. 경건한 그리스도인들보다 따뜻한 그리스도인들이 좋다. 엄숙하고 심각한 이들보다 장난을 좋아하는 개구쟁이 그리스도인들이 좋다. 나이가 들어도 어린아이 같은 천진난만함을 가지고 있는 사람들이 좋다. 그리고 나도 그런 사람이 되고 싶다.

어른들은 점잖다. 아이들은 장난치고 논다. 그래서 어른들은 피곤한 삶을 살며 아이들은 즐겁고 재미있게 산다. 하지만 어른들은 누구나 철없던 어린 시절을 그리워한다. 그 때를 생각하며 아련한 추억에 잠긴다. 어린 시절의 장난, 어린 시절의 친구, 어린 시절에 걷던 고향 길, 골목.. 그 모든 것들은 우리의 마음속에 사랑과 그리움을 일으킨다.

어린 아이들은 어른들의 삶에 활력을 준다. 늦은 나이까지 은퇴하지 않고 일하는 할아버지들도 어린 손자, 손녀들과 놀면서 지내는 시간이 최상의 행복한 순간이다.

노인들은 손주들을 볼 수 있는 명절을 기다리면서 산다. 아이들은 경건하지 않으며 장난꾸러기고 말썽꾸러기이다. 그래서 그들은 어른들에게 생기와 기쁨을 준다.

내가 청년 시절에 다녔던 교회는 보수 정통 장로교회였다. 담임 목사님은 연세가 많이 드신 분이셨는데 많은 존경을 받고 있는 아주 경건하고 엄숙하신 분이셨다.

그분은 목소리도 경건했고 전형적인 목사님의 음성이었다. 예배도 경건하기 짝이 없었다.

하루는 주일 예배를 마치고 사람들이 엄청나게 많이 모여 있는 마당에서 친구들을 찾으려고 두리번거리고 있다가 그만 옆에 있는 사람의 발등을 꽉 밟고 말았다. 아이고. 이런 실례가 있나!

나는 놀라서 그분에게 사과를 하려고 고개를 그에게 돌렸는데 그분이 먼저 고개를 90도 각도로 천천히 숙이는 것이었다. '발을 밟혀서 죄송합니다.' 하고 말하면서.

세상에! 바로 담임목사님이셨다. 백발의 노 목사님이 젊은 청년에게 고개를 깊이 숙이시는 것이다. 그것도 청년이 잘못한 일인데.. 나는 간신히 인사를 하고 그 자리에서 도망을 쳐 나왔다.

목사님은 참으로 경건하신 분이었다. 성도들에게 그렇게 경건한 삶을 가르치시고 자신도 그렇게 사셨다. 하지만 목사님은 조금 무서웠다. 가까이 하기에는 너무 먼 당신이었다. 한번은 이렇게 설교하시는 것을 들었다.

"크리스마스에~~ (목사님은 웅변적인 음성으로 아주 천천히 말씀을 하신다) 화투장이나 돌리는 자들은~~ 저~ 주를 받을 지어다!"

에그머니나. 무서워라. 나는 원래 화투 같은 것을 사람들이 왜 재미있어하는 지는 모르지만, 그래서 해본 적이 없지만, 그래도 절대로 하지 않겠다고 결심했다. 정말 저주를 받으면 안 되니까..

이 분은 사소한 것에도 철저하신 분이다. 식사를 할 때 부목사님들도 같이 드신다고 하는데 누군가가 밥알을 조금이라도 흘리면 크게 혼이 난다고 한다. '밥을 흘려요? 이게~ 얼마나~ 귀한 음식인데~ 낭비를 합니까! 얼마나~ 농부의 정성이~ 들어가 있는데!' 하시면서 말이다. 그래서 같이 식사를 할 때는 사람들이 몹시 긴장을 한다고 한다. 하지만 그래도 꼭 터지는 분들이 있다고 한다.

그 이야기를 들으면서 나는 경건하지 않게 밥을 먹을 수 있다는 사실에 감사했다. 우리가 밥을 먹을 때에는 항상 웃음과 장난과 유머가 끊이지 않는다. 어떤 이들은 경건하고 심각한 식사가 좋겠지만 나는 이런 식사가 좋다.

음식을 주신 하나님께 깊은 경배와 감사를 드리며 그러한 음식을 제대로 먹지 못하는 불우한 이웃과 형제들에 대해서 깊은 통한의 마음을 가지며 또한 이 음식을 먹을 때 이 음식이 우리의 살과 피가 되어서 건강한 몸으로 주님께 영광을 돌리기를 깊이 기도하고 사모하는 마음으로 먹는 것이 좋은 사람은 그렇게 하면 된다. 그것은 자기 취향이다.

후배가 그런 이야기를 한 적이 있었다. 대학원을 다니고 있을 때 어떤 선지자라고 주장하는 이가 다가왔다고 한다. 그는 자신이 하나님의 계시를 받고 있기 때문에 사람들의 사정을 잘 안다고 하면서 후배에게 말하기를 당신은 최근에 식사기도를 하면서 형식적으로 기도를 드리며 진정으로 감사하는 마음이 부족하다고 지적했다고 한다. 나는 주님께서 나에게 식사기도를 열심히 하라는 예언자를 보내시지 않은 것이 너무나 감사할 뿐이다.

앞에 저주 이야기가 나왔으니 말인데 쓸데없이 함부로 저주를 남용하는 이들이 참 많은 것 같다. 그것은 정말 무서운 일이다. 어떤 젊은 목회자의 설교집에서 여러 번 이런 글을 발견했다. '저주가 있을 지어다!', '저주가 있을 지어다!'

도대체 뭐가 그렇게 저주를 받을 죄인가 싶어 읽어봤더니 이런 내용이었다. 그것은 불신자들에게 복음을 소개하는 집회에서의 메시지였다. 주님을 영접하라고 권하는 설교였는데 그는 복음은 선택이 아니라고 강변하는 것이다. 지금 반드시 한 명도 빠짐없이 주님을 영접해야 한다고.. 이것은 선택이 아니라고.. 반드시 다 영접하라고 하면서 이것을 선택이라고 가르치는 자는 저주를 받으라고 계속 반복하여 말하는 것이었다.

세상에.. 무서워서 어디 살겠는가. 그 말에 의하면 나는 복음은 당신의 선택이라고 많이 가르쳤으니 저주가 임해도 한참 임했을 것이다. 아, 혹시 전에 무좀으로 고생한 적이 있었는데 그 저주 때문인가?

그렇게 가르치는 심정은 이해할 수 있다. 주님을 반드시 영접해야 한다고 강력하게 도전할 수 있다. 하지만 개인의 선택과 의지의 자유에 대해서 전하는 것도 필요한 것이며 성경에 있는 것이다. 그런 논리라면 자유의지와 인간의 선택을 강조하는 감리교는 다 저주받으라는 것과 같다. 자기의 의견과 해석이 같지 않다고 저주를 선포하는 것은 바른 자세가 아니다. 그것은 너무 극단적인 것이다.

강조하는 것은 좋다. 하지만 이런 식으로 저주를 남발하면 그거 무서워서 어떻게 믿겠는가? 모든 그리스도인들이 각자 자기가 믿고 있는 것과 반대로 생각하는 이들을 다 각자 저주한다면 어떻게 되겠는가?

기독교 지도자들이 그렇게 경직되어 있을 때 문제는 거기서 끝나지 않는다. 성도들도 알게 모르게 그런 식의 극단적인 태도의 영향을 받게 되는 것이다. 성도들도 차츰 그런 식으로 투쟁적인 가치관을 가지게 된다. 오늘날 지혜롭지 못하고 융통성이 없는 그리스도인들이 참 많다. 교회에서도 별로 대수롭지 않은 것을 시시한 문제를 가지고 서로 비방하면서 마음을 닫는 경우가 참 많다. 이것은 너무 피곤하고 삭막한 기독교이다.

지금 세상은 너무 지쳐있다. 세상에는 위로가 필요하다. 하지만 이런 살벌한 기독교는 세상을 치유하지 못한다. 엄숙하고 경건하고 점도 흠도 없는 이들이 세상을 치유하는 사람일까. 나는 따뜻한 그리스도인들이 세상을 치유하며 세상을 주님께 인도한다고 믿는다.

청년 시절에 아주 경건한 이들과 나눈 대화가 생각난다. 어떤 자매가 예배 시간에 졸았다. 다른 자매들이 그녀를 비난하는 분위기였다. 나는 그녀를 변호하기 위해서 말했다.

"여자들은 교회에서 조금 졸아도 됩니다. 잠을 자도 괜찮아요."

어떤 자매가 왜 그러냐고 물었다. 나는 대답했다.

"성경에 있잖아요. 여자는 교회에서 잠잠하라. 라고."

기도를 많이 하고 무지하게 경건한 어떤 자매가 나를 무섭게 노려보면서 사나운 태도로 말했다.

"그 성경 말씀은 그런 뜻이 아니에요! 어떻게 성경을 그렇게 해석하세요?"

정말 미치겠다. 유머를 이해하지 못하는 이들에게 함부로 유머를 던지면 싸움이 난다는 것을 나는 알게 되었다. 나의 아내가 그렇게 경건한 사람이 아니라는 사실에 나는 하나님께 감사한다. 나의 아내는 아주 심한 장난꾸러기이다. 그녀는 항상 웃고 삶을 즐거워한다. 우리는 수시로 장난을 치고 재미있게 논다. 그래서 나는 행복하게 살고 있고 장난꾸러기 아내를 주신 주님께 감사드린다.

나는 당신이 창백하고 어두운 사람이 되지 않기를 바란다. 따뜻하고 포근한 사람이 되기를 바란다. 경건한 사람보다는 사람의 마음을 따뜻하게 해주는 사람이 되기를 바란다.

어떤 이들은 항상 자기의 지식으로 남들을 훈계하려고 한다. 무슨 말만 하면 가르치려고 한다. 피곤하고 지친 사람이 위로를 받으러 오면 온갖 설교를 쏟아 붓는다. 하기는 그것도 치유의 한 방법일지도 모른다. 어떠한 고난도 지겨운 설교를 오래 듣는 것보다는 낫다는 것을 깨닫게 해주니까 말이다.

세상에는 가르침을 받기 원하는 사람들보다 사랑을 받고 싶어하는 사람들이 더 많다. 종교인이란 사람들에게 부담을 느끼게 하는 존재가 되어서는 안 된다.

종교인이 옆에 있을 때 사람들이 옷깃을 여미게 하는 사람이 되어서는 안 된다. 그래서는 관계를 맺을 수 없다. 그들은 부담스럽고 경건한 사람을 피해서 도망치고 자기들끼리 마음 놓고 재미있게 놀고 싶어 하기 때문이다.

우리는 교훈을 주는 사람이 아니라 따뜻함을 주는 사람이 되어야 한다. 다른 이들이 우리 옆에서 온기를 느낄 수 있어야 한다. 잔소리꾼으로 여겨진다면 그것은 곤란하다. 사람들이 슬슬 피하려고 할 때 그것을 세상이 나를 핍박한다고 생각하면 안 된다. 차가운 것은 모든 것을 밀어내는 법이다.

오래 전에 나는 가끔가다 시간이 나면 기원에 가서 바둑을 두고 사람들과 같이 교제를 나누며 놀곤 했다. 그러다가 밤이 늦어 기원이 문을 닫으면 여럿이 어울려 포장마차에 몰려가기도 했었다.

나는 목사라는 사실을 웬만해서는 밝히지 않는다. 사람들이 부담을 느낄 수 있으니까. 하지만 그 사실을 아는 사람이 있으니 나중에는 어차피 알려지게 마련이다. 그래서 포장마차에서 소주를 주문하고 한잔을 들이키려다 사람들은 내가 목사인 것을 알고 걱정한다.

"아이고.. 이거 목사님이 계신데.. 이거 어떡하나..?"

나는 껄껄껄 웃으며 대답한다.

"마음 놓고 많이 드세요. 나는 술은 먹지 않지만 대신에 콜라를 먹을 테니 같이 건배합시다."

그러면 같이 건배를 하면서 사람들은 '목사님은 멋쟁이!' 하고 말한다. 그것은 신앙의 타협인가? 하지만 그들은 그들의 속마음을 털어놓는다. 그리고 나는 그러한 교제의 자리가 즐겁다. 그렇게 해서 약식 상담이 이루어지기도 하고 술집 주인아주머니에게 기도를 해준 적도 있다. 주인아주머니는 감격을 하면서 십 년 만에 속 이야기를 하는 처음이라고 한다.

사람들은 신앙에 대해서 종교에 대해서 부정적인 것 같지만 마음을 열고 따뜻하게 그들을 받아주는 사람들에게 항상 마음을 연다. 그리고 고민을 이야기한다.

하나님이 들어갈 공간은 누구에게나 있는 것이다. 마음을 열 수만 있다면 말이다. 그리고 그 마음은 따뜻한 시선과 따뜻한 마음의 자세를 가지고 있을 때에만 열 수 있는 것이다. 종교적이고 정죄적이고 가르치려는 자세는 마음의 문을 꽁꽁 닫는다. 우리는 상대를 가르치기 전에 먼저 그 사람의 친구가 되는 것이 필요하다.

나는 당신이 심각한 사람이 되기보다는 즐거운 사람이 되기를 바란다. 딱딱한 사람이 되기보다는 재미있고 장난꾸러기 같은 사람이 되었으면 좋겠다. 사람들을 가르치고 정죄하려는 사람이 아니고 따뜻하고 다정한 친구가 될 수 있는 사람이었으면 좋겠다.

당신이 따뜻한 사람이 될 때 당신은 이 세상의 삶이 고독하지 않게 될 것이다. 당신은 사람의 마음을 알며 사람의 마음을 얻을 수 있을 것이다.

그리고 당신에게 차갑고 멀리 있고 전혀 맞지 않는 사람이라고 여기던 사람들도 당신과 똑같이 관심을 받고 싶어 하고 사랑을 받고 싶어 하고 따뜻함을 그리워하는 추워하는 사람인 것을 알게 될 것이다.

부디 따뜻한 사람이 되라. 그리하여 사랑의 통로가 되고 주님의 통로가 되라. 당신의 안에서 따뜻함은 흘러나오고 그리고 그 따스함의 불과 사랑은 점점 더 확산될 수 있을 것이다. 할렐루야.

## 26. 중독에서 벗어나는 비결은 무엇인가?

　이 세상에는 참 중독이 많다. 묶임이 많다. 내가 원하지 않으면서도 그리고 후회하면서도 계속 같은 것을 반복하는 행위 말이다. 로마서 7장에 언급된 말씀 "나의 행하는 것을 내가 알지 못하노니 곧 원하는 이것은 행하지 아니하고 도리어 미워하는 그것을 함이라"는 말씀은 곧 중독의 모습을 보여주고 있는 것이다.
　사실 그렇지 좋아서 화를 내는 사람이 있겠는가? 좋아서 죄를 짓는 사람이 있겠는가? 다들 알기는 알면서도 그것이 제어가 되지 않는다. 그래서 노예처럼 산다. 이것이 중독자의 삶이다.
　사실 이렇게 중독.. 하고 이야기하면 알콜 중독이나 도박 중독같이 심각한 증상의 중독을 흔히 생각한다. 그래서 사회생활이 불가능한 사람들의 상태를 연상할지 모른다.
　하지만 그런 심각한 중독 외에도 대부분의 사람들은 어느 정도의 중독과 묶임을 가지고 있다. 그래서 거기에서 벗어나려 하면서도 또한 동일한 행동을 되풀이하는 대상을 가지고 있다. 왜 그런 증상이 오는 것일까? 도대체 어떻게 해면 거기에서 벗어날 수 있는 것일까?
　인터넷 바둑 사이트에 들어간 적이 있었다. 거기에서 재미있는 현상을 보게 되었다. 그것은 사이버 머니에 대한 것이었다. 사이버 머니란 가상의 돈을 말하는 것이다. 실제로 사용할 수 있는 돈이 아니다. 그냥 인터넷 상으로만 재미 삼아 돈으로 인정하고 쓸 수 있도록 되어 있는 것이다. 다시 말하자면 사이버 머니가 몇 억이 있다고 해도 그것으로 껌 한 통도 살수가 없는 것이다.

사이버 머니로 할 수 있는 것이 무엇인가? 그것은 바둑을 둘 때 그것을 구경하는 사람들이 한 쪽에 사이버 머니를 거는 것이다. 이것을 베팅이라고 한다. 그래서 자기가 건 쪽이 이기면 사이버 머니를 받게 된다. 그렇게 해서 돈을 늘려 가는 것이다.

처음에 작은 액수의 사이버 머니를 지급한다. 그러면 사람들은 그 머니를 가지고 베팅을 해서 돈을 따려고 한다. 그런데 놀라운 것은 이 사이버 머니에 대한 사람들의 집착이었다. 그것은 정말 놀라왔다.

사람들은 배팅을 해서 돈을 많이 따려고 혈안이 되어 있었다. 분위기가 아주 살벌했는데 그것은 바둑을 두고 그것을 구경하면서 즐기는 것이 아니라 오직 승부에 집착을 하고 사이버 머니를 많이 따려는 데에 몰두를 하는 것이었다. 그래서 그들은 자기가 배팅을 한 쪽이 지면 온갖 욕을 퍼부었다. 한 두 사람이 아니고 수많은 사람들이 입에 담기 어려운 욕들을 하는 것이다.

정말 어처구니가 없는 일이었다. 아무런 쓸데가 없는 머니 때문에 사람들은 욕을 하고 미워하고 인신공격을 하고 그런 짓을 하고 있는 것이었다. 한편에서는 이른바 앵벌이라고 해서 사이버 머니를 구걸하는 이들이 있었다. 온갖 사연을 늘어놓으면서 머니를 달라고 구걸하는 것이다. 나이는 40대인데 직장도 안 되고 힘든데 여기서 배팅을 할 수 있는 것이 낙인데 조금만 도와달라는 것이다. 시의 문구를 인용하면서 구걸하는 사람들도 있다.

그렇게 구걸을 하다가 지친 사람은 실제로 돈을 주고 그 머니를 구입하기도 했다. 아무 짝에도 쓸 수 없는 머니를 그들은 구걸하고 사고 얻고 그리고 액수를 불려나가는 데에 기쁨을 느끼고 있는 것이다. 정말 기가 막힌 일이었다.

사이트를 운영하는 이들은 운영하는 과정에서 수입원이 필요할 테니까 그렇게 사람들의 욕망을 자극해서 머니를 팔아서 수입을 올려야 할 것이다. 그 방법이 윤리적이냐 아니냐를 떠나서 말이다.

하지만 정말 어처구니없는 것은 그와 같은 어린애 장난에 그대로 넘어가고 있는 사람들이었다. 사이버 머니라는 하나의 틀을 만들었을 때 그 틀 속에 들어가서 그것의 포로가 되어서 그 틀 속에, 게임 속에 끌려가고 있는 것이다. 그 틀을 만들어낸 사람의 함정 속에 들어가 아우성을 치면서 헤엄 치고 있는 것이다.

어떤 하나의 틀과 함정을 만들어 놓기만 하면 그것이 실제인양 빠져서 허우적거리는 모습은 비단 그러한 사이트뿐이 아닐 것이다.

한 예를 더 들어보자. 네이버나 엠파스 같은 인터넷 포털 사이트에는 지식 검색과 같은 기능이 있다. 정치 문제든 사회문제든 역사든 컴퓨터든 사람들이 어떤 질문을 거기에 올리면 그 질문에 대한 답을 알고 있는 사람들이 충실하게 답을 올린다. 이러한 질문과 대답은 상당히 많은 분야에서 올라와 있고 그것은 지식에 많은 도움을 준다.

내가 놀란 것은 답을 하는 이들의 성실성이었다. 자기와 별로 상관도 없는 문제에 대해서, 해봤자 아무런 이익도 없는 데도 사람들은 아주 헌신적으로 친절하게 최상의 지식과 답변을 제공하고 있었다.

나는 그것을 운영하는 시스템을 살펴본 후에 이것도 운영자들이 만들어낸 작은 함정에 사람들이 빠지고 있는 것임을 알게 되었다. 어떤 사람이 질문에 대해서 적당한 대답을 한다면 그래서 자기의 질문이 답으로 채택을 받게 된다면 그는 지식의 점수가 올라가게 된다. 내공이 올라간다고 표현하기도 한다. 그래서 질문하는 사람은 내공 몇 점을 드리겠다고 제안하기도 한다.

　그렇게 지식의 점수가 올라가면 어떻게 되는가? 거기에도 등수가 매겨진다. 그리고 점수가 아주 많아지면 명예 지식인이 될 수도 있다. 그러면 그렇게 점수가 높아지고 명예 지식인이 되면 뭐 하는가? 그렇게 얻은 내공이나 점수로 껌 한 통이라도 살 수 있는가? 물론 이것도 사이버 머니와 똑같이 아무 것도 아니다.

　하지만 그것에도 사람들은 빠진다. 일단 숫자가 들어가면 사람들은 거기에 빠지기 시작한다. 그리고 점수를 높이려고 애를 쓴다. 지식에 대해서는 단순히 점수를 따기 위해서만은 아니라고 해두자. 거기에는 자기의 지식으로 남들을 도울 수 있다는 마음도 포함되어 있을 테니까.

　하지만 이 원리는 분명한 것이다. 어떤 사람이 하나의 틀을 만들고 게임을 만들고 함정을 팔 때 반드시 거기에 빠지는 사람이 있다는 것이다. 그리고 노예가 되는 사람이 있다는 것이다.

　이 세상에는 어떤 틀을 만들고 함정을 만드는 사람들이 있다. 그리고 그들이 만든 틀이나 함정 속에 빠져서 허우적거리는 사람들이 있다. 함정을 만든 이들은 그 안에 있는 포로들에게서 많은 이득을 취한다. 그리고 그 함정에 빠져 있는 이들은 그 함정 속에서 좀 더 좋은 위치를 얻고 즐거움을 얻기 위해서 몸부림을 치며 돈과 열정과 몸과 마음의 할 수 있는 모든 것을 희생한다.

자, 우리가 한번 도구와 함정을 만들어보기로 하자. 어떤 교회에서 이러한 도구를 만든다. 각 사람에게 전도에 대한 점수를 매긴다. 전도에 성공했을 때 몇 점, 처음 말을 거는 데 성공했을 때 몇 점, 처음으로 교회에 데리고 왔을 때 몇 점, 구역 모임에 데려왔을 때 몇 점, 두 번 이상 교회 예배에 참석했을 때 몇 점, 그런 식으로 틀을 만든다고 하자. 전 교인의 점수는 매달 한 번씩 발표된다. 그리고 점수에 따라 전 교인의 순위가 매겨진다.

당신은 어떤 결과가 생기리라고 생각하는가? 아마 적지 않은 사람이 이것을 비판할 것이다. 하지만 적지 않은 사람들이 이 틀과 함정의 노예가 될 것이다. 사람이란 항상 경쟁의식이 있으며 남들보다 나아지려고 한다. 그들은 자기의 점수와 순위를 올리려고 온갖 희생을 자초할 것이다.

이런 틀을 만들어보면 어떨까? 영성의 단계를 만든다. 한 일곱 개 정도의 단계를 만든다. 각 사람에게 점수를 매기며 각 사람의 단계를 지정해준다. 당신은 1단계이며 당신은 2단계이다. 물론 각 단계마다 좀 더 정교하고 세부적으로 만드는 것이 좋을 것이다.

어떤 일이 벌어질 것 같은가? 많은 사람들이 더 깊은 단계로 올라가려고 아우성을 칠 것이다. 대부분의 사람은 영성이 깊어지기를 원하니까 그들을 틀 속에 집어넣는 것은 아주 쉽다. 그들은 열심히 자기의 점수를 올리려고 할 것이다. 점수가 높아지고 단계가 올라갈 수만 있다면 그들은 무엇이든지 하려고 할 것이다.

사실 대부분의 게임들은 이러한 단계를 만들어놓고 있다. 항상 아주 쉽게 올라갈 수 있는 첫 번째 단계.. 여기서 점수를 얻고 그 단계를 넘어서면 좀 더 고난도의 단계가 기다리고 있다.

일단 거기에 빠진 사람은 좀 더 높은 단계에 올라가기 위해서 컴퓨터에 매달려서 미친 듯이 씨름을 한다. 일단 한번 거기에 발을 들여놓으면 정상의 단계에 도달할 때까지 거기서 발을 빼는 것은 어렵다. 높은 단계에 도달한 사람은 그것을 긍지처럼 자랑스럽게 여기고 친구들에게 뻐긴다.

비가 몹시 쏟아지고 있었을 때 외출을 한 적이 있었다. 지나가면서 조그만 구멍가게 옆에 있는 작은 게임기 옆에서 비를 맞아가면서 미친 듯이 게임기를 두드리고 눌러대는 아이들을 본 적이 있다. 너무나 불쌍했다. 아이고. 저러다가 감기가 들면 어쩌려고. 저러다 아이 잡겠다는 생각이 들었다. 하지만 아이는 그것을 즐거움으로 생각하고 있을 것이다. 이 시대의 노예들은 형편없는 사료를 먹으며 그것이 최상의 음식이라고 생각한다. 그렇게 세뇌되어 있는 것이다.

이해할 수 있겠는가? 바로 이것이 이 사회의 메커니즘이다. 그리고 배후에 있는 어두움의 통치 세력이 영혼들을 그들의 수중에 넣는 방법이다. 정치도, 교육도 그러한 시스템으로 되어 있다. 조금 더 좋은 성적, 점수를 얻기 위해서 그 틀과 함정 속에서 몸부림을 친다.

그렇게 해서 원하는 대학에 가도 행복이 오는 것이 아다. 그 때가 되면 또 다시 다른 함정에 빠져서 아우성을 치고 몸부림을 친다. 자격증, 시험, 직장 구하기, 부동산 투기.. 이런 일들도 다 어떤 이들이 만든 함정과 틀 속에 들어가는 것이다. 틀을 만든 이들은 주인이 되고 틀 속에 들어가는 이들은 노예가 되는 것이다.

주님은 말씀하신다. '삼가 모든 탐심을 물리치라. 사람의 생명이 그 소유의 넉넉함에 있지 아니하니라..' 그러나 사람들은 그 숫자의 게임에 빠져 있다. 저금통장에 잔금의 숫자가 올라가면 그것이 행복이라고 생각한다. 주님이 말씀하실 때 그 사람은 생각한다. '탐심을 물리치라고? 형의 재산을 내가 반만 받을 수 있다면 숫자가 많이 올라가는데.. 그것을 버리라고?'

주님은 선한 목자에 대해서 말씀하신다. 아흔 아홉 마리의 양이 우리 안에 있으나 목자는 한 마리의 양을 찾아서 산과 들을 헤맨다. 이것이 계산에 맞는가? 99마리를 내버려두고 한 마리를 찾아다니는 것이 계산에 맞는가? 그것은 합리적인가? 너무 숫자를 우습게 아는 것은 아닌가?

한 마리는 혼자서 헤매는 것을 보니 멍청하고 하는 짓이 답답해서 왕따를 당한 것이 분명한데 그 한 마리를 위해서 그렇게 시간을 낭비해야 하는가? 오히려 똘똘하고 가능성이 보이는 99마리를 잘 관리하는 것이 더 낫지 않은가? 만약에 99마리의 양이 그 소식을 듣고 격분해서 노조를 만들어 처우개선을 요구하며 투쟁을 하면 어떻게 하는가?

분명한 사실은 이것이다. 주님의 숫자 계산법은 우리와 다르다는 것이다. 아니, 주님은 우리에게 생명이 중요한 것이지 숫자가 중요한 것이 아니라는 것을 가르치고 계신 것이다.

이것을 기억하기 바란다. 왜 사람들이 중독에 빠지는가? 왜 사람들은 말도 안 되는 것에 빠져서 집착하는가? 그것은 중독의 배후에 어떤 존재가 있다는 것이다. 사람들이 함정에 빠져서 고통 하는 것은 누군가가 그 함정과 감옥을 만들어서 그 안에 집어넣고 이득을 취하는 존재가 있다는 것이다. 그것은 누구인가? 바로 사탄이다.

사탄이 그러한 틀을 만든다. 사탄이 세상의 조직과 틀과 탐심과 욕망을 만들어 낸다. 그리고 사탄의 작전에 넘어간 이들은 즐거이 사탄이 주는 밥을 얻어먹기 위해서 그 감옥 속으로 스스로 들어간다. 거기에서 그들은 탐닉에 빠지고 게임에 빠지면서 숫자를 늘리고 점수를 높이려고 하고 예금 통장의 잔고를 높이려고 하고 다른 사람들에게 인정받는 점수를 높이려고 아우성친다.

욕망을 만들어내는 것, 탐심을 만들어 내는 것, 그럴 듯한 체계와 틀을 만들어서 사람들을 그 속으로 집어넣는 것.. 바로 그것이 사탄이 하는 짓이다.

사이버 머니에 빠져서 화내고 미워하고 하루 종일 거기에 매달려 시간을 낭비하는 사람들을 보면서 나는 정말 웃긴다고 생각했다. 하지만 나는 다시 생각해보니 이 세상의 대부분의 사람들이 하는 것이 바로 그런 것이라는 것을 깨달았다. 다들 쓸데없는 욕망에 빠져서 숫자 놀음을 하고 있는 것이다.

아무리 많은 사이버 머니를 가지고 있어도 그것을 가지고는 껌 한 통도 살 수 없다. 그런데 그것으로 인하여 서로 미워하고 온갖 욕을 하고 집착한다.

그런데 그것이 현실과 무엇이 다른가? 아무리 예금통장의 잔고가 높아도 아무리 부동산을 많이 가지고 있어도 영원한 생명의 차원에서 그것은 아무런 유익을 주지 못한다. 그런데도 그것들을 위하여 몸과 마음을 희생하며 집착한다. 그 두 가지가 무엇이 다른가?

사람들에게 멋진 꿈을 심어주기만 한다면 그들을 노예로 부리는 것은 아주 쉬운 일이다. 사람들에게 그럴 듯한 욕망을 심어주는 것은 그들을 다 사로잡는 것이다. 사람들은 꿈과 이상을 추구하는 것 같지만 사실은 그러한 것을 보여주는 이들의 종이 되는 것이다.

그래서 사탄은 주님께 세상의 영광을 보여주면서 나에게 경배를 하기만 하면 그 모든 것이 네 것이 될 것이라고 유혹했다. 하지만 주님은 그것을 거절하셨다. 주님은 잃어버린 세상을 다시 얻기 위해 숫자 놀음을 하지 않으시고 십자가를 지셨다.

기억하기 바란다. 욕망을 가지는 것은 노예가 되기 시작하는 길이다. 헛된 욕망은 그처럼 무서운 것이다. 하지만 욕심이 없는 이들에게는 사탄의 그러한 함정이 통하지 않는다.

톨스토이의 동화를 보면 사탄이 사람들을 괴롭히고 종으로 삼는 이야기가 나오는데 그가 유일하게 이길 수 없는 존재가 바보 이반이었다.

그는 바보이기 때문에 아주 단순하다. 그래서 사탄의 속임수가 통하지가 않는다. 더구나 그는 욕심이 없다. 그래서 사탄이 돈으로도 무엇으로 유혹해도 욕심이 없으니 통하지 않는다. 아마 톨스토이가 말하고 싶은 것은 그것이었으리라. 바보와 욕심이 없는 사람, 단순한 사람이 사탄의 유혹에서 승리할 수 있다는 것을.

십 여 년 전쯤에 동원 예비군 훈련을 간 적이 있었다. 아마 한 주일 정도 갔다 온 것 같다. 오랜만에 군복을 입고 훈련소에 입소하기는 했지만 훈련은 형식적이어서 별로 힘든 것은 없었다. 오히려 소대대항 축구 시합도 하는 등 재미있는 일이 많았다.

한 주일동안 같이 훈련을 받다보니 우리는 서로 친해졌다. 밤에 잠자리에 들면 온갖 살아가는 이야기들을 나누게 되었다. 더러 종교토론이 벌어지기도 했다. 아내 자랑을 하는 사람도 있었고 복잡한 삶의 사연을 나누는 사람도 있었다. 그것은 참 즐겁고 재미있는 시간이었다. 엉성하기는 했지만 그래도 명색이 훈련이라는 것을 받다보니 배가 고팠고 그래서 역시 식사시간은 가장 즐거운 시간이었다. 그런데 작은 문제가 생겼다.

우리 소대는 열 몇 명이었는데 왜 그런지는 모르지만 대원의 숫자보다 숟가락이 하나가 적게 지급되었다. 그러니까 전대 소대원 중에서 한 사람은 숟가락이 없던 것이다. 그는 식사시간에 다른 사람들이 먼저 식사가 끝나기까지 기다려야 했다.

숟가락 하나가 부족하다는 것 - 이것은 사소한 일인가? 사실 그랬다. 하지만 그 파급효과는 작지 않았다. 숟가락이 없는 사람은 가만히 다음의 식사시간을 기다리지 않았다. 틈을 보아서 다른 사람의 숟가락을 슬쩍 했다. 그러면 그 사람은 가만히 있는가? 또 다른 사람의 숟가락을 슬쩍했다. 결국 숟가락 한 개가 부족했지만 모든 사람이 긴장을 하고 있어야 했다. 누구의 숟가락이 없어질지 몰랐기 때문이다.

사람들은 처음에는 자기의 숟가락을 아무 데나 팽개치고 다녔다. 그러나 나중에는 옷의 주머니에 넣고 다녔다. 그래도 잊어버리게 되자 어떤 사람은 속옷의 속에 집어넣고 다녔다. 어떤 이는 목걸이를 만들어서 숟가락을 거기에 매달고 다녔다.

정말 웃기는 일이다. 우리는 항상 서로 경계를 하면서 다녔다. 훈련을 받을 때도 자기의 숟가락이 무사히 있는 지 확인을 했다. 결국 숟가락 하나 때문에 우리 소대의 화기애애한 분위기는 깨지고 말았다.

식사시간이 되면 여기저기서 고성이 들렸다. 당신은 아까 아침에 숟가락이 없지 않았느냐, 근데 지금 어디서 생긴 거냐. 당신 솔직히 이야기해봐라. 내 것을 언제 슬쩍 한 것 아니냐.. 아이고. 이 사람 이 사람 잡네. 내가 아침에 멀쩡하게 내 숟가락으로 밥 먹는 것 당신도 봤지? 사람이 그러는 게 아니다. 치사하게.. 뭐 치사? 누가 할 말을.. 뭐 이런 식의 대화가 많이 오고 갔다. 너무 유치하다고? 바로 그렇다. 그렇게 유치한 것이 인생이고 사람이다.

그런데 이 숟가락 사건을 통한 갈등이 끝나는 시간이 왔다. 어떻게 끝이 났는지 아는가? 한 사람씩 돌아가면서 숟가락을 잊어버리다가 드디어 나에게까지 차례가 온 것이다. 내 숟가락도 없어진 것이다.

왜 문제가 끝났는가? 나는 거기에 별로 관심이 없었기 때문이다. 그까짓 밥 한 끼 먹으나 굶으나 나는 별로 관심이 없었다. 그리고 밥을 늦게 먹어도 되는 것이고 또 손가락으로 먹어도 상관없는 것이다. 그러므로 내가 호시탐탐 숟가락을 다시 슬쩍할 기회를 엿볼 필요가 없었다. 따라서 더 이상 숟가락을 잃어버리는 사람은 없었다. 그래서 우리는 다시 화기애애하고 의리로 똘똘 뭉친 소대원으로 돌아갔다.

이 메시지는 무엇인가? 한 두 사람이 욕심이 없다면 그것은 전체에게 영향을 줄 수 있다는 것이다. 전체가 이상한 길을 가도 한 두 사람이 좋은 길을 가면 그것은 전체를 상쇄할 수 있다. 온 도시가 악해도 몇 명만 바르게 살면 그것은 도시 전체의 악을 바꿀 수 있다.

욕심이 없다면 우리는 사탄의 지배를 받지 않을 수 있다. 그 어떤 마귀도 그들의 화려한 제안과 유혹이 통하지 않는 사람에게는 어쩔 수 없는 것이다.

마귀가 바보에게 유혹한다.

"나를 따라 오너라. 내가 너를 세계적인 사람으로 만들어 줄게."

바보는 대답한다.

"그게 좋은 건가요?"

"그럼. 모든 사람들이 너를 알아줘."

"그럼 그들과 같이 노는 건가요?"

"아니. 놀다니. 네가 세계적으로 유명한 사람이 되는 데 아무 하고 놀 시간이 어디 있어. 너는 바쁜 몸이야. 가족들과 지낼 시간도 없어."

"에이. 난 그거 재미없어요. 안 할래요."

마귀는 저런 무식한 놈 같으니! 하고 혀를 차고 조금 말귀가 통하는 똑똑한 사람들에게 간다.

똑똑한 사람이 마귀를 이길 것 같은가? 지혜롭고 지식이 많은 사람이 마귀를 이길 것 같은가? 그렇지 않다. 단순한 사람이 마귀를 이긴다. 바보가 마귀를 이긴다. 욕심이 없는 사람이 마귀를 이긴다.

예수님의 제자 중에서 똑똑한 사람이 있는가? 똑똑한 사람은 다들 잘 나가는 바람에 바빴다. 촌에서 온 목수를 따르려는 사람은 없었다.

그래서 예수님의 제자들은 다들 떨떨하고 답답한 사람들뿐이었다. 무엇을 가르쳐도 도무지 알아먹지를 못 하고 이해가 느렸다. 한 가지를 알려주면 열 가지를 잊어먹었다. 주로 나누었던 대화는 동문서답이었다.

그래도 그 중에서 똑똑한 제자도 한 사람 끼어있었다. 그래도 머리가 좀 돌아가는 편이었기 때문에 재정을 맡겼다. 그 사람의 마지막이 어떠했는지는 당신도 잘 알 것이다.

지혜로운 사람이 마귀를 이길 것이라고 생각하지 말라. 외국에서 신학 박사학위 몇 개쯤 따온 사람이 마귀를 이길 것이라고 생각하지 말라. 시장에서 장사하고 파출부를 하시는 단순한 할머니들이 마귀를 이긴다. 욕심 없고 야망이 없는 바보들이 마귀를 이긴다.

이제 이야기를 마무리 지어보자. 왜 사람들은 허탄한 숫자 놀음에 중독되는가? 마귀가 만들고 사람들이 만든 함정의 틀 속에 그리도 쉽게 빠지는가? 그것은 그들의 속이 허무하기 때문이다. 비워져 있기 때문이다. 허전하기 때문이다.

그 비워진 부분 때문에 남들의 시선을 받고 싶고 인정을 받고 싶어 하고 세계적인 사람이 되고 싶어 한다. 비워진 부분 때문에 예금 잔고를 높여서 이것을 사고 저것을 사고 싶어 한다. 사 봤자 쓰지도 않을 것이고 또 다른 것을 사려고 하겠지만 깊은 속이 비워져 있기 때문에 그래도 계속 사야한다.

왜 카드로 돌려 막기를 하면서도 필요하지도 그리 중요하지도 않는 것을 사는 것일까? 자기 월급보다 비싼 옷을 카드빚으로 사는 사람도 있다. 왜 그럴까? 속이 비어있기 때문이다.

우리는 이제 아주 간단한 결론에 다다르게 된다. 당신의 비워진 그 속, 우리의 빈 마음은 오직 주님만이 채워주실 수 있다는 것이다. 오직 주로 채우고 주를 모실 때 우리는 만족이 무엇인지 알게 된다.

그리고 나면 사이버 머니는 더 이상 필요 없다. 숟가락도 필요 없고 옷도 필요 없다. 그 다음부터는 오직 주님만 구하면 된다. 주님을 주인으로 모시고 그분과 교제하고 인도 받으며 그분을 기쁘시게 하는 삶을 살면 되는 것이다.

이 결론을 기억하기 바란다. 주님을 주인으로 모시지 않는 사람은 반드시 중독에 빠지게 된다. 사람을 미친 듯이 사랑하여 연애중독이 되고 그 사람의 노예가 되든지 돈의 노예가 되든지 숫자의 노예가 되든지 명예의 노예가 되든지 당신은 노예가 된다.

왜 그런가? 사람은 오직 주님을 섬기도록 만들어졌기 때문이다. 그러므로 주를 진정으로 섬기지 않는 사람들은 귀신들을, 마귀를 섬기며 일생을 살아가게 된다. 물론 자기가 섬기는 것이 마귀인지는 모르는 상태로 말이다. 다만 그 노예상태에서 한숨을 쉬면서 '이 세상은 피곤한 거야..' 하고 푸념하며 살게 될 것이다. 그리고 말할 것이다. '나, 이제 이 함정에서 벗어날 거야. 다시는 이 함정에 안 들어 올 거야.' 날마다 그렇게 말하며 살게 될 것이다. 왜냐하면 날마다 그 함정 속으로 다시 들어올 테니까 말이다.

하기야 그렇게 고민하는 것은 그나마 나은 것이다. 어떤 이들은 그 함정 속에 있는 것이 좋다고 아예 나올 생각을 하지도 않는 이들도 있으니까. 빛으로 나왔을 때에야 사람들은 그 이전의 자기 상태가 얼마나 끔찍한 상황이었는지 알게 되는 것이다.

당신은 해방을 원하는가?
참된 자유를 원하는가?
주님을 주인으로 모시라.
말로 하는 것말고 실제로 말이다.
실제로 주님이 당신의 주인이 되게 하라.
날마다 주님을 모시고 살라.
그분의 당신의 주인임을 고백하고

주인님의 말씀대로 순종하라.
당신은 그래야만 그 감옥과 함정에서 벗어날 수 있을 것이다.
정말로 주님을 주인으로 모시라.
그리고 욕심을 버리며
단순 무식하게 살라.
당신은 진정한 승리자, 자유인,
모든 멍에와 억압을 떨쳐버린 사람이 될 수 있을 것이다.

## 27. 은혜후의 실족으로 낙심하지 말라

　우리는 집회에 참석하거나 책을 읽거나 또는 어떤 만남을 통해서 은혜의 경험을 할 때가 있다. 그것은 아주 즐거운 경험이다. 우리는 크게 깨닫기도 하며 우리의 영혼이 고양되는 것을 느끼기도 한다. 그러한 경험을 통해서 삶의 방향이 바뀌어지기도 하며 새로운 결단을 하기도 한다. 우리는 몹시 행복해져서 울기도 하며 그 희열과 감동을 주체하지 못할 수도 있다.
　자, 그런데 문제는 그 은혜와 감동이 그리 오래 가는 것이 아니라는 사실이다. 시간은 지나고 감동은 식는다. 한 때 강렬하고 말로 표현하기조차 힘들었던 그 감미롭고 평화로운 느낌은 시간이 조금 지난 후에 꿈결처럼 느껴진다. 언제 그런 일이 있었나 싶을 정도로 기억 속에 가물가물하다. 항상 은혜와 감동 속에서만 살게 된다면 얼마나 좋을까? 하지만 그것은 어려운 일이다.
　할머니 집사님을 어떤 기도원에 모시고 간 적이 있었다. 하루에 세 번씩 뜨겁고 열정적인 집회를 통해서 은혜에 푹 잠긴 할머니 집사님은 이렇게 말하는 것이었다.
　"마음이 너무나 시원하네요. 맨날 여기서만 살았으면 좋겠네."
　하지만 그것은 소망사항일 뿐이다. 은혜의 순간은 잠깐이고 집회는 언젠가 끝이 나며 우리는 우리가 있는 곳으로 돌아가야 한다. 그리고 기도원이나 집회에서 경험하고 부딪치는 영과 전혀 다른 영들과 씨름을 하면서 살아가야 한다. 그것은 우리에게 주어진 전쟁이며 사명이다.

항상 기도원에서 집회를 하면서 세상과 떨어져 살면 정말 좋을까? 그러면 아무 근심도 염려도 없을까? 그러면 우리 영혼이 계속 성장하며 천국에 있게 되는 것일까?

천만의 말씀이다. 단언하지만 그러한 상태에서 영혼이 자라기는 어렵다. 항상 예배를 드리고 기도만 한다고 영이 자라지는 않는다. 그것은 오히려 영의 성장에 방해가 된다.

흰 눈이 온다. 흰 눈이 많이 내렸다. 그래서 세상이 모두 하얗게 되었다. 쓰레기통 위에도 지붕 위에도 길에도 온통 하얀 색 뿐이다. 과연 그 하얀 눈 때문에 모든 것의 성분이 바뀌게 되었을까? 모두 다 하얗게 되었을까?

그렇지 않다. 그것은 잠시 흰 눈이 그 위를 덮고 있는 것에 불과하다. 그 눈의 밑에는 여전히 쓰레기가 있다. 여전히 지붕이 있다. 그것은 눈이 녹으면 다시 그 정체를 드러낸다.

만약에 그 눈이 녹지 않으면 어떻게 될까? 그 흰눈에 가려져서 그 눈 밑에 있는 것은 보이지 않을 것이다. 하지만 그 속은 여전히 더럽다. 조금 더 오래 눈에 덮여있다고 해서 그 밑에 있는 것의 성분이 바뀌어지지는 않는다.

은혜의 경험도 이와 같다. 집회에서 아름다운 은혜의 말씀을 듣고 순결한 마음으로 찬양을 드리며 주의 이름을 부르고 기도를 드리는데 그 속에 숨겨져 있는 성질이 드러날 리가 없다. 그런 곳에서도 상처받고 실족하는 이들이 없는 것은 아니지만 대부분 그러한 곳에서 속에 있는 악성이 드러나지는 않는다.

우리가 은혜 가운데에서만 살고 우리 안에 내재된 그러한 악성들이 드러나지 않는 것은 좋은 것일까? 그렇지 않다. 영혼이 성장해서 악성이 소멸되어서 평화로운 것과 속에 있는 악성을 건드리는 사람이 없는 편안한 상황에 있기 때문에 평화로운 것은 다르다.

베드로는 은혜의 산에서 초막을 짓고 살고 싶다고 했지만 그거야 누가 그렇게 못하겠는가. 산 위에서 맨날 기도만 하고 찬양 집회만 하고.. 은혜 가운데서만 사는 것.. 그거야 누가 못하겠는가. 하지만 주님은 그것을 허락지 않으셨으며 곧 산 밑에 내려가 슬픔과 전쟁과 많은 문제들과 부딪치도록 하셨다. 그렇게 현실에 부딪치면서 우리는 실제적인 신앙과 영성을 가지게 되는 것이다.

집회하면서 감사하는 것은 누구나 한다. 하지만 삶 속에서, 고난 속에서의 감사를 경험해야 한다. 집회하면서 감동과 은혜가 충만할 때 용서하는 것은 누구나 한다. 하지만 현실에서의 용서와 용납을 경험해야 한다.

집회에서 사람들이 따뜻한 웃음으로 우리를 포옹할 때 우리는 모두를 사랑할 수 있다. 하지만 현실에도 우리의 원수들이 우리를 괴롭히고 우리의 속을 뒤집어놓을 때 그 때 우리가 사랑할 수 있느냐가 문제이다. 왜냐하면 그것이 바로 실제적인 신앙이며 실제적으로 주님을 알고 주님을 사랑한다는 고백이 되는 것이기 때문이다.

집회에서의 은혜는 하나의 수학공식을 배우는 것과 같다. 현실의 삶은 그 공식을 이용해서 응용문제를 푸는 것이다. 그러므로 아무리 공식을 많이 외우고 있어도 그가 실전에서 문제를 제대로 풀지 못한다면 그는 알고 있는 것이 아니다. 그것은 이론에 불과한 것이다. 천국은 공식을 이해하고 외운 후에 시험을 쳐서 들어가는 곳이 아니고 실제의 삶을 통해서 들어가는 곳이다. 실제의 삶을 통해서만 우리의 믿음은 입증될 수 있기 때문이다.

그러므로 우리의 믿음이 얼마나 피상적이고 보잘 것이 없는가 하는 것을 보여주는 것이 바로 현실이다. 집회에서 울면서 주님을 사랑한다고 고백해도 자식에게 성질을 낸다면 그는 주님과 먼 곳에 있는 것이기 때문이다.

그러므로 이 기도원, 저 교회 집회, 이 영성 세미나, 저기 기적의 집회.. 하는 식으로 돌아다니기 바쁜 사람들은 실제적으로 영혼이 자라기가 아주 어렵다. 그는 항상 공식만 배우려고 하며 문제를 푸는 것에는 관심이 없는 것이다. 그는 항상 눈 위에서 살려고 하며 그렇기 때문에 그 눈이 녹아서 그 속의 쓰레기가 드러나는 것을 보지 못하고 있는 것이다.

그러므로 우리에게 가장 합당한 영성수련 장소는 곧 우리가 처한 환경이다. 이것을 벗어나기를 항상 고대하는 이들은 실제적인 주님께 나아가기가 어렵다. 그러므로 우리의 실제 모습을 보여주는 현실의 환경이 있다는 것은 얼마나 감사한 일인지 모른다.

자, 이제 이야기를 진전시켜보자. 어떤 사람이 잠시 일상을 벗어나 아름다운 집회에 참석했다. 그리고 넘치는 감동과 은혜를 받았다. 그는 너무 행복해진다. 하지만 그러한 은혜의 공간을 벗어나고 그는 집으로 돌아간다. 직장으로 돌아간다. 다시 일상의 삶으로 돌아간다.

자, 이제 그는 다른 분위기에 접한다. 거기에는 감동적인 멘트도 없다. 은혜가 흐르는 찬양의 선율도 없다. 여기저기서 흐느끼는 순결한 눈물도 없다. 그저 메마르고 삭막한 세상의 현실이 있을 뿐이다. 긴장이 있고 욕심과 분노와 갈등과 의무와 짐이 있다.

누군가 그의 성질을 건드린다. 그것은 그의 아이일수도 있고 친구일 수도 있다. 직장에서 부딪치는 사람일수도 있고 가족일수도 있다. 아마 이런 역할을 하는 사람은 가족일 경우가 가장 많을 것이다.

그는 어떻게 반응하는가? 잠시 참는다. 그리고 조금 더 참는다. 그 다음에는 어떻게 될까? 그는 폭발한다. 분노를 터뜨린다. 그리고 나서 조금 시간이 지나서 그는 낙담하기 시작한다. 그는 절망에 빠진다. '이게 뭐야? 나는 이번에 내가 정말 변화된 줄 알았는데.. 이게 뭐야? 전과 달라진 게 하나도 없잖아. 내가 정말 은혜 받은 게 맞는 걸까?

그는 갈등하기 시작한다. 수많은 상념들이 그를 뒤덮는다. '나는 위선자가 아닐까? 조금 전의 집회에서 나는 천사와도 같았지. 그런데 지금 나는 왜 이 모양이지? 아니야. 내가 울면서 기도할 때.. 그 때는 정말 진심이었어. 하지만 왜 나는 그것을 유지하지 못할까..'

갑자기 두려움이 엄습한다. '나는 주님의 가까우신 임재를 경험했다. 그런데 그러한 내가 이렇게 다시 무너질 수 있을까. 나는 주님을 더 깊이 배신하고 상처를 준 것이다. 주님이 나에 대해서 실망하신 것은 아닐까.. 주님은 내게 다시는 임하시지 않는 것이 아닐까.' 그런 생각이 떠오른다.

이제 그는 더욱 더 늪에 빠진다. 그런 식으로 시간은 지나고 그는 예전과 똑같아 진다. 다시 영적으로 둔감해지고 강퍅해지고 다시 세상의 즐거움들과 쾌락들을 추구하게 되며 잠시 끊었던 죄를 다시 짓기 시작한다.

은혜를 경험하고 그리고 다시 실족하고.. 이러한 경험들은 한없이 되풀이된다. 그리고 이제 그는 자신에 대해서 더 이상 기대하지 않는다. '내가 뭘.. 내 주제에.. 무슨.. 주님을 따라가겠다고.' 그는 절망한다.

다른 이들이 은혜를 받고 열심을 내며 감동하고 있을 때 그는 속으로 생각한다. '좋을 때지.. 너도 지나가 봐라.. 나도 한때는 너와 같이 뜨거웠었어..'

은혜를 받는 것도 쉬운 일은 아니지만 그것을 유지하는 일은 더 어렵다. 그리고 그 은혜와 감동을 유지하도록 돕는 이들은 드물지만 그것을 깨뜨리려고 애를 쓰는 이들은 참으로 많다.

우리의 주위에서 그들은 말한다. '은혜 받았다는 애가 왜 그 모양이니? 은혜가 맞니? 마귀에게 속는 것 아니냐? 어디.. 얼마나 가나 보자..거봐.. 내가 그럴 줄 알았다니까..'

그러한 이야기들은 아주 효과적으로 우리의 기를 죽인다. 자. 정리해보자. 집회나 어떤 계기를 통해서 주님의 은총을 경험하는 것은 좋은 일이다. 하지만 그것은 거기에서 머물러서는 안 되며 그 은총은 현실의 삶에 적용되어야 한다. 하지만 유감스럽게도 은혜의 경험 이후에는 거의 대부분 이러한 실족의 경험이 있다. 그 이유는 무엇인가? 그것은 어쩔 수 없는 것인가? 반드시 그래야만 하는가? 그것은 정말 마귀의 방해공작인가?

흔히 마귀의 은혜 방해공작이라고 많이 생각한다. 그리고 그렇게들 많이 가르친다. 부흥사들은 겁을 준다. '조심하세요. 지금 이 기도원을 나가자마자 마귀들이 공격하기 시작할 것입니다.' 그 말을 듣고 성도들은 바짝 쫄아서 기도원을 나서지만 넘어지는 것은 마찬가지다. 정말 그러한 넘어짐은 마귀 역사의 결과인가?

그럴 수도 있을 것이다. 하지만 나는 꼭 그런 것은 아니라고 생각한다. 그것은 일종의 자연 법칙과 같은 것이다. 일단 이 사실을 기억해두기 바란다. 어떤 사람이 은혜의 경험을 했다면 그는 머지않아서 실족할 가능성이 아주 높다는 것을 말이다.

자, 어떤 사람이 주님의 귀한 터치를 받았으며 너무 감격해서 울고 통곡하며 자신의 삶을 좀 더 구체적으로 주님께 드렸다고 하자. 그 사람이 간증을 하는 것을 보면서 당신은 이것을 알아야 한다. 그는 머지않아서 넘어질 가능성이 많다는 것을 말이다.

내가 괜히 심술이 나서 이런 말을 하는가? 아니다. 나는 그 이유를 자연법칙을 통해서 몇 가지로 설명해보겠다. 나는 다만 은혜 후에 그러한 실족은 자연스러운 결과이며 그리 낙담하고 절망할 필요가 없다는 것을 당신에게 이해시키고 싶은 것뿐이다.

그렇다고 나는 은혜가 임했는데 왜 아직까지 실족이 오지 않느냐고 괴로워하지는 말기를 바란다. 좋으면 좋은 거지 쓸데없이 고민을 만들 필요는 없다.

왜 은혜 후에 넘어지는가? 자연법칙을 보자. 첫째로 작용과 반작용의 법칙이다. 하나의 작용이 있는 곳에는 반드시 반작용이 있다. 이것은 마귀의 역사가 아니고 하나의 자연 법칙이다. 기차가 빠르게 달리면 반드시 반대방향에서 공기의 저항이 있다. 공기가 마귀인 것이 아니라 그것이 자연법칙이다.

어떤 물체를 밀면 그 물체를 지탱하려고 하는 반작용의 힘이 일어나게 된다. 하늘을 향해서 뛰면 땅 아래에서 중력의 작용이 끌어당기려고 한다. 이러한 반작용의 법칙은 광범위하게 적용된다.

어떤 이가 다시는 분노하지 않겠다고 결심한다. 그런데 그 순간 속에서 분노의 기운이 올라온다. 평소보다 더 올라온다. 이것이 무엇인가? 바로 반작용의 법칙이다.

어떤 이가 당분간 아침 금식을 하기로 작정한다. 그는 평소에 아침에는 밥맛도 없기 때문에 영성에도 좋고 건강에도 좋다고 생각하고 아침 금식을 결정한다. 그런데 그 날 아침부터 갑자기 밥맛이 너무나 좋아진다. 이것이 무엇이냐 하면 반작용의 법칙이다.

어떤 이가 천국을 향해서 나아가려고 한다. 그러면 그를 향해서 지옥의 끌어당김이 시작된다. 이것이 영계의 법칙이다. 천사들은 그를 돕지만 또한 지옥에서는 그를 향한 공격이 시작된다. 특별하게 지옥의 마귀들이 그에게 감정이 있어서 그러는 것이 아니라 자연적인 법칙인 것이다.

어떤 이가 지옥 쪽으로 떨어져가고 있다고 하자. 천국에서는 그를 끌어당기는 작업이 시작된다. 이와 같이 하나의 힘이 있을 때 항상 반대쪽에서는 균형을 위해서 다른 힘이 작용하게 된다.

이 반작용 때문에 사람들은 잘 변화되지가 않는 것이다. 하나의 악한 습관을 버리려고 할 때 반대편에서 그 습관이 떨어져 나가지 않도록 붙들어주는 힘이 작용하기 때문이다. 이러한 씨름들이 바로 영적인 전쟁이라고 할 수 있는 것이다.

그러므로 은혜가 있는 곳에는 반드시 넘어짐의 역사가 따라오게 된다. 그것이 보통이다. 그러므로 그러한 실족에 대비해야 하며 그것을 대수롭게 여길 필요는 없는 것이다.

둘째로 자연법칙을 통해서 발견할 수 있는 은혜 후의 실족이유는 모든 자연은 항상 반복을 통해서 움직이고 있다는 것이다. 파도는 항상 밀려왔다가 밀려간다. 밤과 낮도 반복된다. 해가 뜨고 다시 지면 달이 뜬다. 그리고 달이 지고 나면 해가 돌아온다. 모든 자연은 항상 같은 것을 반복하면서 나아가는 것이다.

어떤 이가 주님을 경험하고 은혜를 경험했다고 해서 그 때부터 죽을 때까지 영원토록 그 은혜 안에서만 살 것이라고 생각한다면 그것은 정말 오해다. 그것은 파도가 한번 오면 계속 한 없이 끝없이 밀려오기만 할 것이라고 믿는 것과 같다. 그것은 잘못된 생각이다.

파도는 밀려오면 밀려오는 것만큼 뒤돌아간다. 많이 밀려오면 많이 돌아가며 적게 밀려오면 적게 돌아간다. 어떤 이에게 은혜가 임했다면 얼마 후에 그 은혜의 파도는 돌아갈 것이다. 밀려온 파도가 컸다면 돌아가는 파도도 클 것이다. 파도가 조금 밀려왔다면 돌아가는 파도도 적을 것이다.

하지만 파도는 돌아가는 만큼 얼마 후에 다시 돌아올 것이다. 한번 갔다고 다시 오지 않는 것이 아니다. 그러니 그리 절망할 이유가 없다.

사람도 자연과 같이 주기를 가지고 있다. 예를 들어서 분노라고 하더라도 일주일에 한 번씩 폭발하는 사람이 있고 삼일에 한 번씩 폭발하는 사람이 있다.

일주일에 한 번씩 폭발하는 사람은 한번 폭발하고 나면 5,6일은 잘 버틴다. 하지만 6일이 지나면서 그는 서서히 끓어오른다. 7일이 되면 그는 폭발한다. 그 때 옆에 있는 강아지가 그를 화나게 하든지 TV의 뉴스가 화나게 하든지 가족들이 화나게 하든지 아무튼 그는 참을 수 없다.

그에게 이제 파도가 돌아오는 시간이 되었기 때문이다. 정확하게 일주일이라고 정해진 것은 아니겠지만 대체로 사람들은 다 그런 주기를 가지고 있다.

우울해지는 것도 대체로 주기적이다. 은혜를 받는 것도 주기적이며 은혜를 쏟는 것도 주기적이다. 정이 많아지는 주기가 있고 냉정해지는 주기가 있다. 모든 것들은 파도와 같으며 주기를 따라서 되풀이된다. 그것이 자연이다. 사람도 자연에 속하여 있기 때문에 거기에서 예외가 되지는 않는다.

중독자가 항상 중독에 빠져 있는 것이 아니다. 도박을 하지 못하면 죽을 것 같은 상태가 있고 그거 안 해도 그만이라고 생각하는 상태가 있다. 그러한 상태들은 주기에 따라 반복된다.

그러므로 자연이 그런 식으로 이쪽으로 갔다 저쪽으로 갔다를 반복하면서 움직인다는 것을 이해하기 바란다. 한번 은혜를 받았다고 영적 감동이 시작되었다고 죽을 때까지 그 방향으로 지속되는 것이 아니라는 것을 이해하기 바란다. 낮이 오고 밤이 오듯이 지금이 은혜와 영혼의 시간이라면 조금 후에 실족과 육체의 시간이 온다는 것을 기억해야 한다. 하지만 낙심할 이유가 없는 것은 다시 은혜의 시간은 돌아온다는 사실 때문이다.

자, 그렇다면 인간은 죽을 때까지 그렇게 변덕이 죽 끓듯이 살게 된다는 것일까? 마음이 이리 갔다가 저리 가고 은혜가 왔다가 다시 열을 받고.. 이 비극적인 되풀이를 끝없이 계속해야 한다는 것인가? 그것은 어쩔 수 없는 숙명인가?

우리가 큰 줄기에서 주님을 선택했다면 그 큰 줄기가 바뀌는 것은 아니다. 예를 들어서 달의 궤도를 보자. 그것은 지구의 주위를 돌면서 가까워졌다가 멀어졌다가 한다. 하지만 근본적으로 지구를

도는 것은 같다. 지구를 돌다가 갑자기 궤도를 바꾸어서 화성을 돌았다가 다시 기분이 나빠지면 토성을 돌고. 그렇게 하는 것은 아니다. 거리는 차이와 변화가 생기지만 지구를 계속 도는 근본적인 궤도는 변하지 않는다.

파도도 그와 같다. 지금 밀려왔다 밀려가는 파도도 우리의 눈앞에서 왔다 갔다 하는 것이다. 동해에서 움직이던 파도가 갑자기 대서양으로 가는 것은 아니다.

그와 같이 우리가 주님을 향할 때, 주님을 바라보고 구할 때 그 근본 궤도가 바뀌지는 않는다. 그러나 그 주님과의 거리와 감동과 영적 상태는 계속적으로 변화가 있게 되는 것이다. 우리는 그 변화에 당황하지 말아야 한다. 자신의 뜨거움에 대해서 너무 감격하지 말아야 하며 자신의 냉담함에 대해서 너무 절망하지 말아야 한다. 주님을 향하고 있다면 그는 어떻든 전진하고 있는 것이기 때문이다.

우리는 심령이 아주 뜨거울 때 주님 앞으로 가까이 나아가는 것일까? 우리의 영혼이 성장하는 것일까? 아니면 우리의 심령이 아주 메마르고 황폐하고 냉담한 상태에 있을 때 실제로 성장하는 것일까?

그 답은 성장에는 두 가지가 다 필요하다는 것이다. 파도는 밀려가는 것과 밀려오는 것 두 가지가 다 있어야 파도이다. 우리에게는 기쁨과 슬픔이 다 필요하다. 감격의 경험과 메마름의 경험이 둘 다 필요하다. 하얀 눈에 쌓이는 경험과 그 눈이 녹아져내려 누추하고 더러운 모습이 드러나는 경험이 동시에 필요하다.

우리는 주를 알기 위하여 주님의 살과 피가 필요하다. 주님의 살은 떡이며 주님의 피는 포도주이다. 주님의 살과 떡은 주님의 풍성함과 누림을 의미하는 것이며 주님의 피와 잔은 주님의 고난을 의미하는 것이다.

성장을 위해서 우리는 행복한 경험과 고통의 경험이 동시에 필요하다. 우리에게는 환희의 경험과 실족의 경험이 동시에 필요하다. 밀물과 썰물이 하나를 이루고 남자와 여성이 하나가 될 때 생명이 탄생되듯이 우리가 주를 알기 위해서 우리에게는 환희와 좌절이 있어야 한다. 우리가 원하는 대로 은혜와 감동만을 경험하고 실족과 좌절을 경험하지 않는다면 우리는 매우 불완전한 성장을 할 수밖에 없을 것이다.

셋째로, 자연법칙을 하나만 더 보기로 하자. 자연은 항상 반대되는 리듬을 계속 반복하지만 그러한 반복을 통하여 조금씩 변화되어 나아간다는 것이다.

날마다 낮이 오고 밤이 온다. 그것은 항상 되풀이되는 것 같다. 똑같이 반복하는 것같이 보인다. 파도도 항상 밀려오고 밀려간다. 그것은 항상 똑같은 모습인 것처럼 보인다. 하지만 다르다. 그것은 점점 더 달라진다. 낮은 똑같은 낮이 아니다. 점점 더 길어지기도 하고 점점 더 짧아지기도 한다.

파도도 반복되지만 점점 더 물이 많이 들어오기도 하고 빠지기도 한다. 겉보기에는 단순한 반복 같지만 나중에 보면 상당히 많은 변화와 차이가 있는 것이다.

은혜와 실족도 이와 같다. 얼핏 보기에는 아무런 변화도 없는 것 같이 보인다. 항상 똑같은 것 같다. 감동하고 울고 다시 화를 낸다. 감동하고 울고 다시 화를 낸다. 담대함을 얻고 현실에 나가면 다시 두려움에 잡힌다. 다시 힘을 얻고 현실에서 다시 두려워한다. 도무지 변화되는 것 같지 않다.

하지만 다르다. 분명히 다르다. 한꺼번에는 아니지만 그렇게 하루, 하루.. 한 달, 한 달.. 지나면서 나중에 생각해보면 분명히 전보다 무엇인가가 다르다.

자신이 보면 똑같다. '왜 나는 변화되지 않는 거야? 도대체 언제까지 다람쥐 쳇바퀴를 돌까?' 하고 생각한다. 하지만 사람들은 말한다. '요즘 달라지신 것 같아요. 전과는 달라요. 뭔가 달라지셨어요.' 우리는 그렇게 자라는 것이다.

제비 한 마리가 왔다고 해서 봄은 아니라는 속담이 있다. 개구리 한 마리가 땅에서 튀어나왔다고 해서 봄이 된 것은 아니다. 봄은 하루아침에 오지 않는다. 하지만 개구리가 여기서도 튀어나오고 저기서도 튀어나오며 어디서나 개구리가 뛰는 모습을 볼 수 있다면 이제는 봄이 온 것을 알 수 있다.

자연은 봄을 갑자기 가져다주지 않는다. 추운 겨울이 되었을 때 우리는 몸도 마음도 얼어붙는다. 날은 춥고 바람은 거세다. 우리의 입은 얼었으며 말이 떨어지지 않는다. 우리는 기도한다. '주님.. 봄을 주세요.'

하지만 그 다음날에도 여전히 날은 춥다. 바람소리는 흉흉하다. 주님은 우리의 기도를 듣지 않으시는 것일까? 하루, 하루 시간은 지나고 우리는 꿈을 잃어버린다. '봄은 오지 않아. 내 인생에 봄은 없어. 나는 이렇게 살다가 가는 건가봐..'

어느 날 당신은 눈을 뜬다. 그리고 바람소리가 부드러워진 것을 느낀다. 당신은 일어나서 바람을 만진다. 그리고 말한다. '아.. 따뜻

해졌네.. 이제 봄이 왔구나. 그런데 언제 봄이 온 거지?'

바로 그것이다. 봄은 당신을 버린 것이 아니다. 봄은 당신을 향해서 천천히, 아주 천천히 오고 있었다. 그것이 자연의 방식이다. 그들은 날마다 똑같지만, 똑같은 것 같지만 날마다 조금씩 가까이 온다.

당신이 봄을 구했을 때 찬바람이 불었다. 그래서 당신은 절망했다. '역시 봄은 오지 않아.. 라고. 나는 틀렸어. 라고..' 하지만 그 겨울의 찬바람도 당신에게 봄이 다가오고 있는 순간이었다. 과정이었다. 당신이 그것을 알아차리지 못했을 뿐이다.

은혜를 받고 실족한 후에 '아, 또 넘어졌어. 나는 가증스러워. 아직도 찬바람이 불고 있어. 언제나 봄은 오려나. 내 인생에 봄은 없는 것일까?' 그렇게 생각하지 말라. 지금 봄이 오고 있는 중이다. 다만 아주 천천히 오기 때문에 당신이 보지 못하고 있을 뿐이다.

자연은 같은 것을 되풀이하면서 점점 변화된다. 조금씩 나아간다. 당신도 은혜와 실족을 되풀이하면서 변화된다. 당신도 믿음의 뜨거움과 식음을 반복하면서 더 앞으로 나아간다. 언젠가는 봄이 올 것이다. 근본 중심을 잡고 있으면 당신은 나아가게 될 것이다. 지금 은혜 가운데 있는가? 너무 좋아하지 말라. 방심하지 말라. 당신은 얼마 가지 않아 넘어질지 모른다.

지금 실족한 가운데 있는가? 은혜를 쏟았는가? 너무 낙심하지 말라. 당신에게 봄이 가까워지고 있다. 당신은 좀 더 깊은 은혜가운데 들어갈 수 있게 될 것이다.

어린아이들은 스케이트를 금방 배운다. 하지만 어른들은 잘 배우지 못한다. 그 이유는 어른들은 넘어지는 것을 싫어하기 때문이다. 하지만 어린아이들은 다르다. 그들은 넘어지게 되면 깔깔거리고 웃는다. 그래서 그들은 빨리 스케이트를 배운다.

넘어져 있다고 낙심하지 말라. 사람들에게 창피하다고 생각하지 말라. 다음에는 좀 더 나아질 것이다. 지금 넘어졌으니 다음에는 은혜가 올 것이라고 생각하라. 지금 잘 못하더라도 내일은 나을 것이라고 생각하라.

오직 중심궤도만을 굳건하게 잡으라. 그것이면 충분하다. 오직 주님을 사랑하고 추구하고 붙들라. 그분만이 당신의 삶의 목적이며 의미며 모든 것이라고 고백하라. 그 정도면 궤도가 잘 잡힌 것이다.

그 후에는 넘어져도 신경 쓰지 말라. 곧 좋은 날이 올 것이다. 주님이 당신을 사랑하신다. 당신이 어떻게 여기건 봄은 오고 있다. 영원한 곳에 이르러 당신은 당신이 알지 못하는 순간에도 주님이 항상 당신의 손을 붙들고 계셨다는 사실을 알 수 있을 것이다.

그 때에 이르러 당신은 다시는 그 분의 손을 놓치지 않고 영원히 영원히 그 사랑 안에 거하게 될 수 있을 것이다.

## 28. 모든 이들이 원하는 것은 오직 사랑이다

문제를 단순화시켜보자. 모든 이들이 원하는 것은 무엇인가? 우리를 둘러싼 이들이 우리에게 요구하는 것은 무엇인가?

그것은 사랑이다. 그들은 오직 사랑 받기를 원한다. 사랑을 요구하는 방식은 다 다르지만 말이다.

생명을 가지고 있는 모든 것들은 다 사랑을 원한다. 그것이 그들이 존재하는 방식이다. 그들은 사랑을 받음으로써 자라고 더욱 더 풍성해지도록 만들어졌다.

 애완용 강아지를 보자. 당신이 그를 좋아한다면 그는 당신에게 가까이 올 것이다. 가까이 와서 얼굴을 당신의 발에 부비고 꼬리를 흔들 것이다.

그들은 당신이 그들을 좋아하며 그렇기 때문에 당신의 옆에 가까이 오면 당신에게서 어떤 영적 에너지가 흘러와서 기분이 좋아지고 행복해지는 것을 느낄 수 있다.

물론 당신이 그들을 좋아한다는 것을 그들이 느끼기까지 시간이 조금 걸릴지도 모른다. 그러나 얼마 되지 않아서 그들은 알게 된다. 그들은 별로 감정이 왜곡되지 않았기 때문이다.

하지만 당신이 애완용 강아지를 좋아하지 않는다면, 그들은 그것을 알게 될 것이다. 그들은 당신에게 가까이 오지 않으며 이빨을 드러내고 으르렁거릴 것이다. 당신이 그들의 주인이라면 그들은 어떻게든 사랑을 받으려고 애교를 부리겠지만 주인이 아닌 담에야 그럴 이유가 없기 때문이다.

식물도 마찬가지다. 당신이 식물을 사랑하고 좋아한다면 식물은 당신의 그 에너지를 더 예민하게 느끼게 된다. 그리고 마음이 즐거워져서 꽃도 아름답게 피어나고 줄기도 윤택하게 잘 자라게 된다. 식물은 인간과 같이 왜곡된 감정과 비뚤어진 사고가 없으므로 사람의 감정과 느낌에 더욱 민감하다.

그들은 주인이 그들을 돌보지 않으며 무관심하게 되면 삶의 회의를 느끼고 꽃도 잘 피우지 않으며 곧 시들어버린다. 의욕을 잃어버리는 것이다. 이러한 것은 이미 수많은 사례들을 통해서 입증이 되어 있는 것이다.

생명이 있는 모든 것들은 오직 사랑을 흡수함으로써 존재할 수가 있다. 자랄 수 있다. 무관심하거나 미워하며 그 생명은 시들어가고 파괴되기 시작한다. 그것은 창조의 원리이며 생명의 원리이다.

사랑은 건설이며 미움은 파괴이다. 사랑이란 벽돌을 하나씩 올려서 집을 짓는 것이며 미움과 분노는 지어지고 있는 집을 도끼나 망치로 내려치는 것이다. 당연히 그 집은 파괴된다. 그러므로 생명이 있는 모든 것은 당신에게서 사랑 받기를 원하는 것이다. 풍성한 삶, 풍성한 생명을 얻기 위해서 말이다.

목회를 하고 있을 때 어떤 자매가 상담을 요청했다. 그녀는 나에게 여러 가지 질문을 했다. 고민을 이야기했다. 나는 대답을 해주었다. 그녀는 만족했겠는가? 아니다. 또 다른 질문을 했다.

나는 다시 대답을 했다. 그녀는 만족했겠는가? 아니다. 또 다른 질문을 늘어놓았다. 나는 대답을 했다. 그러다가 상담은 끝났다. 하지만 그녀는 별로 만족하는 것 같지 않았다.

나는 시간이 흐른 후에야 그녀의 목적은 질문에 대한 답에 있는 것이 아닌 것을 알게 되었다. 그녀는 단순히 사랑 받고 싶었을 따름이었다. 그녀가 원하는 것은 해답이 아니고 관심이었다. 질문은 그냥 해본 것에 불과한 것이었다.

나는 많은 경우의 상담이 이런 것임을 알게 되었다. 대부분의 상담에서 필요한 것은 해답이 아니다. 설교가 아니다. 가르침이 아니다. 필요한 것은 그들이 혼자가 아니며 그들은 사랑스러운 존재라는 것에 대한 확인인 것이다.

그들은 용기를 얻고 싶어 한다. 힘을 얻고 싶어 한다. 어떤 진리를 원하는 것이 아니다. 그러므로 아무런 해답이 없어도 따뜻한 말과 애정 어린 분위기를 느끼며 사랑의 주님이 그들과 같이 있음을 확인하면 그들은 곧 힘을 얻고 일어서게 되는 것이다. 고뇌하는 모든 이들은 사랑을 원한다.

젊은 여인이 연인인 남자에게 화를 낸다. 아무 것도 아닌 일에 삐치고 집에 가 버린다. 그녀는 정말 화가 났는가? 아니다. 그녀는 사랑을 확인하고 싶은 것이다. 그녀는 자신이 투정을 부려도 상대방이 자기를 받아줄 것인지 알고 싶어 한다. 자신이 괜히 트집을 잡아도 그래도 자기를 이해해주고 사랑해줄 것인지 알고 싶어 한다.

아무에게나 그렇게 시비를 거는 것이 아니다. 자기가 좋아하는 사람이니까 그렇게 해보고 싶은 것이다. 상대방이 그것을 이해하지 않고 곧이곧대로 따지면 그녀는 진짜 화가 난다. 하지만 작전이 성공하여 그의 애정을 확인하면 그녀는 기뻐지게 되며 화는 금방 풀린다. 젊은이들은 이런 식으로 밀고 당기는 사랑의 게임을 즐긴다.

자, 앞에서 사랑을 원하고 요구하는 방식이 다 다르다고 했다. 어떤 식으로 다른가? 그것은 참 알아먹기 어려울 정도로 다르다. 어떤 사람이 '나는 당신에게 사랑을 받고 싶어요.' 이렇게 속 시원하게 말해주면 얼마나 좋겠는가? 하지만 어떤 이들은 참 알아듣기 어렵게 그런 고백을 한다.

예를 들어 어떤 남편들은 폭력을 행사하고 물건을 때려 부숨으로써 그렇게 말하기도 한다. 그것은 '나, 사랑을 받고 싶어요. 관심을 받고 싶어요. 이거, 투정이에요.' 하는 표현이다.

하지만 그러한 표현을 알아듣는 사람이 있는가? 대부분 저 사람은 악질이며 사탄이며 나쁜 놈이라고 생각한다. 그들의 언어를 이해하지 못하는 것이다.

물론 여기서 말하는 것을 폭력에 대해서 참아야 한다든지 그래도 받아주어야 한다든지 하는 말을 하려는 것은 아니다. 그것은 절대로 있을 수 없는 것이다. 다만 그러한 행위의 중심적인 동기는 애정에 대한 굶주림의 표현이라는 것을 알아야 한다는 것이다.

어떤 이들은 게으름을 부리며 무기력한 모습을 보이기도 한다. 물론 그 모습은 '나는 사랑을 받고 싶어요, 나는 힘을 얻고 싶어요.'라는 것이다.

하지만 이것을 알아듣는 사람이 있는가? 대부분의 사람들은 이런 경우에 온갖 잔소리와 비난을 퍼부을 뿐이다. 하지만 설교를 안 해도 그들은 자기가 잘못된 것을 잘 안다. 그게 안 돼서 탈이지만 말이다. 그러니 그들에게 필요한 것은 용기와 힘이다.

어떤 이들은 마구 화를 냄으로써 사랑이 필요하다고 표현한다. 어떤 이들은 술 중독에 빠짐으로써 내게는 사랑이 필요하다고, 고독하다고 표현한다. 하지만 누가 그들의 언어를 알아들을 것인가. 그들은 다만 정죄되고 사탄이 될 뿐이다.

어떤 이들은 두려워하고 낙심하고 좌절하고 우왕좌왕함으로써 사랑이 필요함을 고백한다. 하지만 그들은 무시를 당하게 된다. 아무도 그들의 언어를 알아듣지 않는다.

아내들도 직접적으로 자기를 사랑해달라고 요구하지 않는다. 그들은 남편들에게 미주알고주알 자기들이 처한 문제를 이야기한다. 그들이 원하는 것은 애정과 격려다. 하지만 알아듣지 못한 남편들은 짜증을 낸다. 도대체 문제가 뭐냐고 말한다.

아내들은 고독을 느끼고 등을 돌리고 잔다. 그리고 다음날에 아이들에게 짜증을 낸다. 미주알고주알 이야기하는 것이나 아이들에게 짜증을 내는 것이나 그 언어는 같은 것이다. 나를 사랑해달라는 것이다. 생명이 있는 모든 존재들은 사랑을 원한다.

지친 아내에게 갑자기 오전에 전화가 온다. 받아보니 학창시절의 친구이다. 만난 지가 참으로 오래되었다. 소녀시절로 돌아가 수다를 떠는데 친구가 말한다. '너 어떻게 살고 있니. 보고 싶다. 얘..'

표현하지는 않았지만 갑자기 가슴이 뭉클해져 온다. 눈시울이 시큰해진다. 나를 보고 싶다고. 아. 참 오랜만에 듣는 이야기네. 그녀는 갑자기 그 시절이 그리워진다. 전화를 끊고 그녀는 힘이 솟는다. 왜 그럴까? 누군가 나를 보고 싶어 한다는 데 살맛이 나는 것은 당연하다. 생명이 있는 모든 것은 사랑을 원한다.

누군가가 날마다 사랑한다는 이야기를 들으면서 산다면 어떨까? 날마다 당신을 사랑하고 감사하고 있다는 이야기를 듣고 산다면? 간단하다. 그것이 바로 천국에서 사는 삶이다. 나는 날마다 아내에게 사랑한다고 말한다. 보고 싶다고 말한다. 그리고 아이들에게 그렇게 한다. 그래서 우리 집은 천국이다. 이것은 아주 간단한 원리다.

하지만 왜 어떤 이들은 직접적으로 사랑을 받고 싶다고 말하지 않고 나쁜 방식으로 그것을 표현하는 것일까? 어떤 남편이 사사건건 아내에게 트집을 잡고 잔소리를 해댄다면 그것이 사랑을 요구하는 것임을 이해하는 아내가 얼마나 되겠는가?

시어머니나 시아버지가 며느리에게 까다롭게 이것저것을 요구할 때 그것이 애정을 구하는 사랑의 고백임을 이해하는 며느리가 얼마나 되겠는가? 그들이 원하는 것은 음식이나 어떤 것이 아니고 따뜻한 관심과 사랑임을 어떻게 알아먹을 수 있겠는가.

바른 방식으로 알아듣기 쉬운 방식으로 애정을 구하지 않는 것은 하나의 습관이라고 할 수 있다. 그리고 그 습관은 어릴 적부터 형성되는 것이다. 자기의 마음을 솔직하고 바르게 표현하는 습관은 어릴 적부터 형성된다.

어린아이가 사랑을 받는다. 부모는 따뜻하고 자연스럽게 그것을 표현한다. 그러면 아이는 웃는다. 아이의 웃는 모습은 천사처럼 귀엽고 아름답고 사랑스럽다. 엄마는 아이를 안아준다. 그리고 아이는 배운다. 웃으면 안아준다는 사실을, 웃으면 사랑을 받는 다는 사실을 아이는 배우게 된다.

하지만 어떤 부모들은 별로 여유가 없다. 그들은 짜증과 신경질로 애정을 표현한다. 다시 말하지만 짜증과 신경질도 일종의 애정 표현이다. 비록 알아먹기 힘들어서 그렇지만 말이다.

아이는 곧 배우게 된다. 그런 식으로 애정을 표현해야 한다는 것을 말이다. 아이들은 운다. 고집을 부린다. 떼를 쓴다. 사고를 친다. 그리고 그렇게 함으로써 부모의 관심과 사랑을 받을 수 있고 자신이 원하는 것을 얻을 수 있다는 것을 알게 된다. 그리하여 아이들은 나쁜 방식으로 애정을 얻는 습관이 그의 인격에 형성되는 것이다.

어린아이가 고집을 부리고 떼를 쓸 때 그의 소원을 들어주는 것이 얼마나 나쁜 일인지 알겠는가? 그것은 그의 인격을 망치는 것이다. 그는 사랑을 얻기 위해서 사랑에너지를 얻기 위해서 나중에 어른이 되어도 떼를 쓰거나 사고를 치거나 술을 마시거나 폭력을 행사하거나 남들과 싸우거나 바람을 피거나 하게 된다. 오직 사랑을 얻기 위해서 말이다.

사람이 건강해진다는 것은 무엇인가? 그것은 솔직해지는 것이다. 솔직해질 수 있는 것이다. 그것은 자기의 마음을 부드럽게, 자연스럽게 드러내는 것이다.

마음이 건강하지 못한 사람은 그렇게 하지 못한다. 자기의 속마음을 이야기하면 남들이 다 자기를 싫어하고 떠날 것이라고 생각한다. 깊은 속에 죄책감이 있다. 그것은 사랑과 용납을 받지 못하고 자란 이들의 특성이다.

그래서 그들은 사랑을 받고 싶은 그들의 속마음을 감춘다. 아내가 사랑한다고 말하면 그들은 화를 낸다. 허튼 소리 하지 말라고 화를 낸다. 하지만 그들은 마음속으로 운다. 그리고 그들은 치유되기 시작한다.

마음이 건강해질 때 사람은 나쁜 방식으로 사랑을 표현하지 않고 밝고 쉬운 방법으로 사랑을 표현한다. 따라서 거기에는 오해가 없다. 자연스럽고 쉬운 방식으로 서로 알아들을 수 있게 사랑을 표현한다. 그래서 천국이 된다.

지옥적인 긴장의 삶은 서로의 언어가 오해되는 것이다. 서로 사랑을 갈구하고 서로 원하고 있으면서도 서로 오해하고 미워하는 것이다. 서로의 마음을 이해하지 못하는 것이다.

개와 고양이가 사이가 좋지 않은 것은 서로의 언어체계가 반대이기 때문이라는 이야기가 있다. 예를 들어서 개들은 호감을 느낄 때 꼬리를 들며 화가 나면 꼬리를 내리는데 고양이들은 그 반대라고 한다. 그러니 한 쪽이 호감을 표시하면 상대방은 그것을 선전포고로 간주한다는 것이다. 그러니 사이가 좋을 수가 없는 것이다.

자, 모든 생명 있는 존재가 사랑을 원하며 당신도 마찬가지고 당신의 주위에 있는 모든 이들도 마찬가지라는 것을 이제 이해했으리라.

하지만 당신의 불평을 나는 이해할 수 있다. 모든 이들이 그렇게 사랑을 요구한다고 해도 그렇게 무한한 사랑을 줄 힘이 없다고 당신은 말 할 것이다. 물론 그렇다. 그러므로 모든 사람들의 요구하는 애정을 당신이 무조건 채워야하는 것은 아니다. 그래야 한다는 것을 말하는 것은 아니다.

다만 그렇다는 것만을 이해하라는 것이다. 사람들의 모든 일탈된 행동은 오직 사랑을 얻기 위한 몸부림이라는 것을 이해만 하고 있으라는 것이다. 그것을 이해하는 데에서부터 사랑은 시작될 수 있으니까 말이다. 많은 미움과 용서하지 못하는 마음이 오해와 무지에서 비롯되니까 말이다.

그러므로 사랑을 해 주어야 한다는 부담에 너무 시달리지는 말기를 바란다. 당신은 억지로 사랑할 수 없다. 자기의 용량에 넘어서서 움직일 수는 없다. 뱁새가 황새를 쫓아 가다가 가랑이가 찢어진다는 것은 사실일 것이다.

당신의 애정 용량은 한계를 가지고 있으며 그것을 함부로 낭비하고 나누어주는 것은 힘든 일이므로 당신은 그 애정의 용량을 당신의 가슴속에 잘 아끼고 간직해두려고 할 것이다.

하지만 이것을 기억하기 바란다. 당신이 그 사랑의 용량을 잘 간직해두려고 해도, 그것을 잘 간직하는 것은 쉽지 않다는 사실이다. 그것이 당신의 가슴에서 증발되지 않도록 잘 보존하려고 해도 그것은 이상하게 아끼려고 하면 아끼려고 할수록 잘 소멸되고 사라져간다는 것이다.

당신은 자기의 이상형이 있을 것이다. 좋아하는 스타일이 있을 것이다. 그러한 사람을 만나서 결혼을 했는지 안 했는지는 모르지만 하여간에 당신의 마음에 드는 사람이 있을 것이다.

애를 키워도 마음에 쏙 드는 아이가 있을 것이고 하는 짓마다 꼴이 보기 싫은 아이가 있을 것이다. 대부분의 부모들이 공평하게 자녀를 사랑한다고 말을 하지만 실제로는 그들이 좋아하는 아이에게는 관대하게 대하고 싫어하는 아이에게는 혹독하게 대한다. 그런 상담을 하고 그런 가정을 본 것이 한 두 번이 아니니까 이것은 유감이지만 사실이라고 할 수밖에 없다.

당신도 육체를 가지고 있다면 자기의 취향이 있을 것이다. 그래서 그런 자기의 취향에 맞는 사람을 보면 더 사랑을 주고 싶을 것이다. 그래서 가슴속의 애정을 그런 이들에게만 부어주고 싶을 것이다.

하지만 기억하기 바란다. 그렇게 사랑 받을 만한 사람에게 주려고 저장하고 있는 당신의 사랑의 용량은 미처 써먹기도 전에 다 증발하고 만다는 사실을 말이다.

그리고 그러한 애정은 본능적인 애정, 육체에 속한 애정에 불과하기 때문에 당신의 영적 성장에 별로 도움이 되지도 않을 것이며 주님께 별로 상급을 받지도 못할 것이다. 주님이 말씀하시기를 너희가 사랑 받을 만 한 자를 사랑한다면 무슨 상이 있겠느냐고, 세리와 창기도 그렇게 한다고 말씀하셨기 때문이다.

사랑이란 가슴 속에 깊이 담가두고 보존한다고 보존이 되는 것이 아니다. 그것은 쓰면 쓸수록 나오는 것이다. 인간은 생명이기 때문에 쓰면 쓸수록 발전하는 것이다. 기계는 쓸수록 망가지지만 사람은 쓸수록 발전한다. 쓰지 않으면 기능이 약해진다. 근육을 사용하지 않으면 근육이 약해지고 머리를 쓰지 않으면 머리가 나빠진다. 마찬가지로 사랑을 아끼는 사람이 사랑의 측면에서 발전할 수는 없는 것이다.

주님은 사마리아 여인에게 마음속에서 넘치는 생수에 대해서 말씀하셨다.

"내가 주는 물을 먹는 자는 영원히 목마르지 아니하리니 나의 주는 물은 그 속에서 영생하도록 솟아나는 샘물이 되리라" (요4:14)

또한 이런 말씀도 하셨다.

"누구든지 목마르거든 내게로 와서 마시라 나를 믿는 자는 성경에 이름과 같이 그 배에서 생수의 강이 흘러나리라" (요7:37,38)

정말 놀라운 말씀이다. 그것은 사마리아 여인이나 그 당시의 백성들에게만 주신 말씀이 아니다. 그 말씀은 우리에게 주신 말씀이다. 그를 믿을 때 우리 안에서는 생수의 강이 넘쳐흐르게 된다. 그것은 사랑의 생수, 진리의 생수, 기쁨의 생수이다. 할렐루야.

그런데 이런 측면에서 생각해보자. 속에서 생수가 계속 솟아나기 위해서는 그것이 바깥으로 흘러나가는 전제 위에서 가능한 것이다. 만약에 그 생수가 밖으로 흘러나가지 않는 데 계속 솟기만 하면 어떻게 되는가? 당연히 물 돼지가 되어서 죽을 것이다.

그러니 밖으로 생수가 흐르지 않는다면 그 속에서 생수가 계속 솟구칠 수가 없는 것이다. 밖에 나가는 길이 막혀있는 데 어떻게 속에서 계속 나오겠는가? 똥차가 막혀있는데 어떻게 교통이 원활하게 소통이 되겠는가?

당신은 사랑이 부족하다. 당신은 모든 이들에게 나누어줄 사랑을 가지고 있지 않다. 그러므로 당신이 그 모든 짐을 지는 것은 불가능한 것이며 당신을 피곤하고 지치게 할 것이다.

하지만 이것을 기억하라. 당신의 안에는 바로 주님이 거하신다. 사랑의 왕이신 주님께서 당신의 안에서 날마다 샘솟는 생수를 공급하실 수 있다. 그러므로 당신이 자신의 힘이 아니고 주님을 의뢰하고 기대한다면 주님은 당신에게서 조금씩 또 조금씩 새롭고 풍성한 생수의 사랑을 공급해주실 것이다. 나는 할 수 없으나 주님이 하신다는 것, 바로 그것이 기독교의 비밀이다.

생명이 있는 모든 것은 다 사랑을 원한다. 나도, 우리의 주변에 있는 모든 이들도 오직 사랑을 구한다. 우리는 그들의 마음을 이해할 필요가 있다. 그들의 굶주림을 이해할 필요가 있다. 그들이 사랑스럽지 않을 지도 모르지만 그들은 어쨌든 사랑을 필요로 한다.

우리는 사랑할 수 있는가? 그것은 어렵다. 그러나 우리가 자신의 힘으로 살지 않고 날마다 우리 안에서 역사하시는 주님을 의뢰한다면, 그것을 기도함으로 기대한다면, 그것은 가능한 일이리라. 그리고 주님께서 우리를 그렇게 인도하시고 사용하실 것이다.

생명이 있는 모든 것들은 사랑을 원한다. 오직 사랑으로 사람은 살고 죽는다. 당신도 사랑의 통로가 될 수 있다. 나는 할 수 없다고 말하지 말라. 주님이 하실 것이다.

당신의 안에서 조그만 사랑이 조금씩 흘러나오게 될 때 당신은 당신의 안에서 더욱 더 크고 아름답고 풍성한 사랑이 점점 더 넘치게 되는 것을 경험할 수 있게 될 것이다.

그리고 바로 그것이 천국이다. 할렐루야.

## 29. 영적 성장의 여정에 조급하지 말라

우리 집에는 날마다 전화가 참 많이 온다. 조용하던 나의 삶이 책을 쓰기 시작하면서부터 풍랑이 일기 시작했다.

많은 질문 중에서 적지 않은 분량을 차지하는 것이 왜 자기는 빨리 빨리 성장이 되지 않느냐는 것이다. 왜 다른 이들은 호흡기도나 여러 기도를 통해서 체험도 하고 발전해 가는 데 자신은 이리도 늦느냐는 것이다. 한 마디로 말하자면 성장 조급증에 걸려 있는 것이다. 사람들은 정말로 성질들이 급하다.

영적 성장의 첫 번째 계단은 무엇일까? 그것은 성장에 대한 목표를 분명히 하는 것이다. 나는 삶의 목표가 영적 성장이라고 가르친다. 영혼이 발전하고 깨어나는 만큼 영이신 하나님과 교제할 수 있으며 주를 알아가게 된다고 가르친다.

영이 어리면 이기적이고 육 중심이며 필요할 때만 주님을 찾지 영적 성장에 대한 갈망이 없다. 그러므로 나는 인생의 존재 목적 자체가 영의 성장이며 그것이 천국에서의 삶을 준비하는 것이며 우리가 이 땅에 온 목적이라고 말하는 것이다.

영적 성장이란 애매한 것이 아니다. 그것은 은사 몇 가지 체험하고 신비 체험 몇 가지 하는 것이 아니다. 그것은 영혼의 기능이 눈을 뜨는 것이며 발전하는 것이다.

거기에는 가치관의 변화, 의식의 변화, 인격의 변화 등 많은 변화들이 따라오게 된다. 그것은 어린아이가 어른이 되어 가는 과정이다.

은사란 하나의 기능과 같은 것이다. 그것은 성장과 다르다. 어떤 사람이 하나의 기능을 가지고 있다고 하자. 그것이 곧 그 사람의 인품과 인격을 결정하는 것은 아니다.

예를 들어서 어떤 사람이 태권도 고단자라고 하자. 그것이 곧 그 사람의 인격이 높은 사람이라는 것을 의미하는 것은 아니다. 어떤 사람이 피아노를 세계적으로 잘 치는 사람이라고 하자. 그것이 그 사람의 인격의 고상함을 입증하는 것은 아니다. 그것은 다른 분야이다.

예언이나 치유나 방언이나 기적의 은사와 같은 것은 외형적인 것이다. 그것은 성장과 다른 것이다. 그것은 이 땅에서 한시적으로 사역을 위하여 필요한 것이다. 영원한 세계에서 그러한 기능들은 대단한 것으로 인정받지 못한다.

중요한 것은 그의 심장, 그의 마음이다. 그의 영력이 얼마나 발전하였는가 하는 것이다. 그 영에서 심장에서 마음에서 사랑과 자비와 모든 풍성함과 아름다움들이 흘러나오게 된다. 그것이 성장의 수준을 보여주는 것이다. 그 수준만큼 그는 주님의 통로가 되며 주님과 연합되게 된다.

능력이나 은사도 주님의 통로가 될 수 있다. 그러나 그것은 외형적인 통로이며 내면적이고 생명적인 통로가 되는 것은 아니다. 내면이 눈을 뜨고 생명이 눈을 뜨고 영혼이 자란 사람들만이 주님의 사랑의 통로가 될 수 있다. 그가 자란 분량만큼 말이다.

어린 사람은 사랑하는 것이 어렵고 용납하는 것이 어렵다. 그러나 좀 더 자라면 쉬워진다. 어린 사람은 억울한 것을 참기 어렵고 용서하기가 어렵다. 그리고 분노하기가 쉽다. 하지만 좀 더 자라면 쉬워진다. 이러한 변화들이 영적 성장의 결과들이다.

신앙생활을 오래 하고 교회에 오래 다닐수록 영적으로 성장하고 주님과 좀 더 깊은 연합에 이를 수 있다면 얼마나 좋을까! 하지만 현실을 보면 영이 자라는 것과 신앙경력과는 별 관계가 없는 듯이 보인다.

아무튼 중요한 것은 이렇게 영이 자라고 성장하는 것이 우리 삶의 목표라는 것이다. 나이가 많이 들었으나 아직 사랑하기 어렵고 아직 용서하기 어렵고 아직 용납하기 어렵다면 그것은 실패한 인생이다. 그것은 쓸데없이 시간을 낭비한 것이다.

우리가 경험하는 모든 고난, 모든 실패, 모든 상처, 모든 시련들이 오직 우리 영혼의 성장을 위해서 주어진 것인데 그 모든 것을 겪으면서도 영이 자라지 못하고 깨닫지 못하였다면 그것은 인생을 헛살은 것이다. 그 상태에서 하늘나라에 가면 어떻게 될까? 아마 부끄러운 구원은 받게 될 것이다. 하지만 그 곳에서도 풍성한 삶을 살기 어려울 것이다.

어떤 여학생이 있다고 하자. 그녀는 대학에서 영어를 전공했다. 하지만 그녀는 그저 놀기에 바빠서 공부는 하나도 하지 않았다. 날마다 친구들과 놀러 다니며 시간을 보내다 대학을 졸업했다.

그녀는 무역회사에 취직을 했다. 그녀의 실력에 따라 바이어와의 상담을 맡게 될 수도 있었다. 하지만 그녀는 졸업을 했을 뿐 영어를 거의 하지 못했다. 그녀는 어떤 보직을 맡게 되겠는가? 기껏해야 전화를 받는 일이나 차 심부름 정도일 것이다. 실력을 쌓지 않았기 때문에 그녀에게 맡겨질 수 있는 일이 없는 것이다. 나는 천국도 이와 같은 것이라고 생각한다.

주님께서는 비유를 통해서 충성된 종들에게 주인이 어떻게 보상할 것인가를 많이 말씀하시고 있다. 어떤 이에게는 한 고을의 권세를, 어떤 이에게는 다섯 고을의 권세를 맡기신다고 하신다. 네가 작은 일에 충성하였으니 더욱 큰 것으로 맡길 것이라고 말씀하신다. 그것은 천국에서도 일이 있고 사역이 있으며 이 땅의 일들은 그것을 위해서 충성도를 점검하는 차원이라는 것을 보여주는 것이다.

영적 성장을 하는 것, 주님과 실제적으로 연합하며 주님의 마음을 알아 가는 것.. 그러한 영적 성장이 우리가 존재하는 이유라는 것. 우리는 그것을 위해서 나아가야 한다는 방향의 설정이 첫 번째 계단이라고 할 수 있다.

이 방향 설정이 안 되어 있으면 인생은 문자 그대로 방황하게 된다. 왜 사는지 모르고 육체의 욕망과 감각과 그 때 그 때의 기분과 목표를 따라 왔다 갔다 하게 된다. 그러므로 분명한 영적 성장에 대한 방향을 잡는 것, 그것이 성장의 첫 번째 계단이다.

영적 성장의 두 번째 계단은 무엇일까? 그것은 간절함이다. 간곡한 사모함이다. 그 정도는 모두가 다 다를 것이다. 어떤 이들은 조금 사모할 것이다. 어떤 이들은 좀 더 많이 사모할 것이다. 그 간절함과 사모함만큼 주님과의 거리는 결정될 것이다.

주님 당시에도 그러한 구분이 있었다. 주를 따르는 수많은 무리들이 있었다. 이들은 단순히 기적을 보고 먹고 마시며 따라다니는 것을 즐거워했다. 그것으로 만족했다. 주를 따라다니기는 했지만 멀리서 주를 보고 그것으로 충분했다.

이들은 그리 간절하게 주님을 사랑한다고 볼 수는 없었다. 상황이 나빠지면 주를 대적하기도 했다. 저를 십자가에 못 박으라고 소리소리 질렀던 사람들도 이들이었다. 군중들은 어느 순간에 주를 따르지만 어느 순간에 주를 대적할지 모르는 사람들이다.

멀리서 주를 따르는 것으로는 만족할 수 없어서 좀 더 가까이 온 무리들이 있었다. 70명의 무리가 있었다. 그보다 좀 더 가까이 있어서 생활도 항상 같이 하는 12명의 제자가 있었다. 그리고 그 중에서 3명은 주님이 항상 데리고 다니셨다. 그들은 좀 더 친밀한 관계 속에 있었다.

이러한 계층은 지금도 마찬가지다. 주를 따르는 많은 무리들이 있고 좀 더 소수의 깊이 따르는 사람들이 있다. 그것은 각 사람의 간절함과 열망에 달려있는 것이다. 간절하게 주를 사모하는 자들은 주를 얻게 된다. 진리를 발견하게 된다. 이것은 태양이 아침에 떠오르는 것만큼이나 선명한 사실이다.

세 번째의 계단은 무엇일까? 그것은 꾸준함이다. 방향이 분명하고 그리고 간절하게 주님을 사모한다면 그들은 꾸준하게 영원토록 날마다 계속 주님을 향해서 나아가야 한다. 주님과 동행하며 더 깊고 아름다운 여행을 위하여 나아가야 한다. 중간에 멈추면 안 된다. 그런데 이 꾸준함을 가지고 있는 이들을 만나는 것은 아주 어려운 일이다.

간절함과 꾸준함을 동시에 가지고 있는 이들을 보는 것은 너무나 힘들다. 나는 주님을 가르치면서 영성에 대해서 가르치면서 분에 넘치는 감사와 사랑의 고백을 얼마나 많이 들었는지 모른다. 수많은 이들이 울고 또 울었다. 주를 위해서 목숨을 바치겠다고 했다.

진리를 깨닫게 해주셔서 감사하다고 했다. 목사님을 만난 것이 생에 최대의 기쁨이라고 했다. 목사님이 가는 곳이라면 지구의 끝까지라도 따라가겠다고 했다. 그런 이들이 참 많았다. 그런 요구를 한 적도 없는 데 말이다.

하지만 지속적으로 주를 추구하는 이들은 정말 드물었다. 그러한 눈물과 감격은 얼마 가지 않아서 식었다. 그들 가운데는 나중에는 이단이라고 공격하는 이들도 있었다. 아무튼 열정이 강렬할수록 눈 앞에서 사라지는 시간은 짧았다.

이상하게도 별로 은혜를 받는 것 같지 않고 무덤덤하다고 느껴지는 이들은 꾸준했다. 묵묵하게 조금씩 천천히 걸어왔다. 하지만 열정적이던 사람들은 오래가지 않았다. 눈물이 마르기도 전에 사라지는 이들도 있었다.

그것은 왜 그럴까? 이는 자연의 법칙이 간절함과 꾸준함은 동시에 공존하는 것이 힘들기 때문이다.

길을 걷다가 벤치를 발견하고 한번 앉아보자. 돌 의자에 앉으면 어떤가? 아주 차갑다. 엉덩이가 시려서 앉아있을 수가 없다. 나무 의자는 어떤가? 그것은 앉을 만하다.

대낮에 햇볕에 쨍쨍 쬐고 있을 때 돌 의자에 앉으면 어떨까? 아마 엉덩이가 뜨거워서 앉아있기가 어려울 것이다. 이것이 자연의 이치다. 빨리 뜨거운 것은 빨리 차가워진다. 천천히 뜨거운 것은 천천히 식는다. 물은 천천히 뜨거워지며 천천히 식는다. 그러나 육지는 빨리 뜨거워지며 빨리 식는다. 모든 자연이 다 그런 것이다.

그러므로 어떤 이들이 쉽게 은혜를 받으며 쉽게 울고 감격을 하며 주를 위해서 목숨을 버리겠다고 하면 그들의 감격이 얼마 가지 않을 것이라는 사실을 알고 있어야 한다. 베드로가 왜 주님을 세 번씩이나 저주하면서 부인을 했느냐 하면 그가 바로 지난밤에 주를 위해서 감옥에도 가고 목숨도 버리겠다고 당당하게 선포했기 때문이다. 감격을 잘 하는 사람은 다른 바람이 불게 될 때에 곧 그 감격을 잊어버린다. 그는 전에 자신이 무슨 말을 했는지 조차 기억하지 못한다.

그러므로 성장을 위해서 정말 필요한 것이 꾸준함이라는 것을 잊어서는 안 된다. 성장을 위해서 정말 경계해야 하는 것이 급한 마음이라는 것을 이해해야 한다. 사람들은 말한다. '도대체, 도대체 왜 저는 성장이 안 되는 거예요?' 라고.

그들은 하루 전에 씨앗을 심고 그 다음날이면 그 씨앗이 커다란 고목이 되어있을 것이라고 생각한다. 그래서 하루가 지나서 아무 반응이 없다면 다시 땅을 파고 그 씨앗을 꺼낸다. 씨앗이 상한 것이 틀림없다고 하면서. 그래서 다른 씨앗을 심고 내일은 틀림없이 나무가 생길 것이라고 믿는다. 그렇게 그들은 평생을 씨앗을 심고 파고하면서 삶을 보낸다.

이런 우스개 이야기가 있다. 어떤 성질 급한 남자가 있었다. 그는 아주 화끈한 기질이었다. 그에게 장성한 딸이 있었는데 그녀가 집으로 들어올 때 어떤 남자가 같이 따라서 들어왔다. 그 남자는 이 사람에게 오더니 무릎을 꿇고 큰 절을 하면서 말했다.

"선생님. 저는 방금 선생님의 따님을 보았습니다. 제가 평생에 생각하고 있던 이상형이었습니다. 저는 반드시 선생님의 따님과 결혼할 것입니다. 그러니 허락해주십시오. 지금 이 자리에서 저를 죽이시든지 아니면 허락하시든지 하십시오. 그렇지 않으면 저는 죽어도 이 자리에서 움직이지 않겠습니다."

그런데 그의 태도가 이 사람의 마음에 정말 꼭 들고 말았다. 그는 단숨에 '좋다!'고 말하고 얼마 후에 바로 결혼식을 치렀다.

며칠 후에 그는 딸이 잘 살고 있는지 궁금하여 딸의 집을 방문했다. 그런데 사위가 딸을 마구 때리고 있는 것이었다. 놀라서 장인이 이유를 묻자 사위는 대답했다.

"아니, 결혼한 지가 언제인데 아직까지 애가 없냐고 때리고 있는 중입니다."

이 이야기를 듣고 그게 사실이냐, 말이 되느냐, 언제 적 이야기냐, 따지지 마시기를 바란다. 나도 모른다. 그냥 어렸을 때부터 듣고 자랐던 이야기이다. 누가 만들었는지 사실인지는 나도 모른다. 좌우지간 지나치게 성질이 급한 것은 좋지 않다는 것이다.

하나의 씨앗이 자라서 나무가 되는 데도 많은 시간이 걸린다. 하물며 우리의 영원한 생명인 영혼이 깨어나고 눈을 뜨고 자라는데 얼마나 시간이 걸릴 것인가.

은사를 체험하는 것은 순간에 가능하다. 불을 받을 수도 있다. 뜨거운 기운을 체험할 수도 있다. 음성을 들을 수도 있다. 당신이 호흡기도를 배우고 경험하게 되면 그 영의 움직임이나 흐름에 예민해지게 될 것이다. 하나님의 임재를 좀 더 가까이 느낄 수 있게 될 것이다.

부르짖는 기도를 배우게 되면 영이 강하고 담대해지는 것을 경험하게 될 것이다. 영이 강해지므로 쓸데없이 남에게 눌리고 눈치 보고 그렇게 살지 않게 될 것이다. 영의 감각이 예민해지고 깨어나게 되면 사람의 마음을 쉽게 느끼게 될 것이다. 영이 열리고 뇌가 열리면서 영계의 에너지를 받고 느낄 수도 있을 것이다.

하지만 기억하라. 많은 체험을 할 수 있지만 그것은 성장이 아니다. 그것은 하나의 작은 기능이 움직이기 시작하는 것뿐이다.

부디 한 순간의 성장을 추구하지 말기를 바란다. 그러한 이들은 며칠이 가지 않아서 실망하게 된다. 기도원에서 한번 불을 받아서 성장이 되는 것이 아니다. 그런 것은 반짝 하고 사라지는 명멸하는 불꽃과 같은 것이다. 성장에 하나의 자극이 될 수는 있지만 성장은 아니다.

권능에 사로잡혀서 저절로 이끌려 가는 것이 성장이라고, 신령한 삶이라고 생각하지 말라. 집회에서는 누구나 다 충만할 수 있다. 기도원에 가서 며칠씩 부르짖고 기도하면 누구나 마음에 평강이 충만해진다.

성장이란 날마다의 선택에 달려있는 것이다. 그것은 갑자기 저절로 되는 것이 아니다. 그것은 날마다의 삶에서 주님을 붙잡고 걸어가는 것에 있는 것이다. 낙심이 올 때 미움을 선택하고 싶을 때 불평과 원망을 하고 싶을 때 그 때 사랑을 선택하고 주님을 선택하고 믿음으로 걸어가는 것이다.

어떤 이들은 다른 이들은 태어날 때부터 사랑이 많게 태어난다고 생각한다. 용서도 저절로 되는 줄 안다. 자기는 팔자가 사나워서 이렇지 그렇게 태어났으면 얼마나 좋을까 하고 생각한다.

부디 그런 생각들을 버리기를 바란다. 삶은 우리의 선택이다. 우리는 우리의 운명을 만든다. 우리는 우리의 미래와 영원을 만든다. 우리는 지금 우리의 영원을 창조하고 있는 것이다. 그것은 우리의 선택에 달려있다. 팔자가 좋은 사람은 아무도 없다. 우리는 모두가 성장에 필요한 도구들을 공평하게 나누어 받는다. 그것을 불공평하다고 여기면 그것은 하나님을 정죄하는 것이다. 그것은 당신이 선택하기에 달려있다.

지금 사랑하기 어렵지만 지금 주를 바라보며 사랑을 심으면 내일은 좀 더 쉬울 것이다. 지금 감사하기 어렵지만 지금 주를 의뢰하면서 한 걸음 갈 수 있다면 내일은 좀 더 나아질 것이다.

지금 원망을 선택한다면, 지금 신경질을 부린다면 지금에야 조금 마음이 시원할지도 모르지만 내일의 선택은 더 어려울 것이다. 그것이 바로 영계의 어두운 곳으로 날마다 떨어지면서 사는 삶이다.

한 번에 한 순간에 왕창 점수를 따서 지난날의 모든 잃은 것을 회복하려고 하지 말라. 그러한 한탕주의가 도박군의 특성이다. 바로 그 한탕주의 때문에 성실한 삶이 깨지고 가정이 깨지고 쪽박을 찬다. 영적 성장에도 한탕은 없다. 우리는 모두 날마다 십자가를 기쁘게 지고 그 선택 속에서 조금씩 주를 선택한다. 감사를 선택하고 사랑을 선택하고 아름다움을 선택한다. 그렇게 1년, 1년 우리는 걸어간다. 그렇게 걸어간 세월이 우리를 만들고 우리의 영원을 만들고 우리의 영혼을 형성한다.

그러니 제발 부탁하노니 영적 성장에 조급한 마음을 품지 말라. 이것이 정말 진귀한 보화라면 끝없이 끝없이 날마다 날마다 사모하고 추구하고 또 사모하라. 이 길을, 영적 성장의 길을 결코 중간에 포기하지 말라. 넘어질 수도 있고 실패할 수도 있지만 내일은 좀 더 나을 것이라고 생각하며 지금 이 순간을 걸어가라.

나도 지난날이 참 어려웠다. 화를 참기 어려웠고 작은 일에도 억제할 수 없는 분노가 있었다. 조금만 어려운 일이 닥쳐도 살고 싶지 않았다. 사랑한다고 말하기는 죽는 것보다 어려웠다. 다른 사람들과 같이 있는 것이 지옥과 같았다. 다른 사람들의 눈을 쳐다보는 것이 너무나 힘들었다. 항상 왕따를 당했다. 아무도 나를 좋아하지 않았다.

하지만 나는 꾸준히 걸어갔다. 꾸준히 주님을 붙잡기를 소원했다. 별로 빨리 가지 못했지만, 모든 사람들이 경험하고 느끼는 것을 나는 경험할 수 없었고 느낄 수 없었지만, 나는 한 가지. 오직 꾸준하게 걸어갔다. 그리고 지금 나는 많이 자유롭다.

사랑을 느끼고 그리움을 느끼며 사랑을 표현하는 것이 쉬워졌다. 미워하는 것이 어렵게 되었고 용서하는 것이 힘들지 않게 되었다. 걸어가면 걸어갈수록 마음에 초월적인 평화가 자리잡게 되었고 죽음이 코앞에 온다해도 별로 신경이 쓰이지 않게 되었다.

나는 당신에게 권면하고 싶다. 꾸준하게 영적 성장을 사모하고 추구하며 이 길을 걸어가라는 것이다. 그러면 당신은 정말 행복하게 될 것이다. 자유롭고 행복한 그리스도인이 될 수 있을 것이다.

많은 사람들이 이 아름다운 여행을 시작하고 있다. 하지만 끝까지 잘 가는 이들은 드물다. 나는 당신이 꾸준하게 이 여정을 마무리할 수 있기를 바란다.

당신은 도달할 수 있을 것이다. 그리고 가는 길이 처음에는 어렵게 느껴져도 가면 갈수록 그 길이 어렵지 않고 재미있으며 즐겁고 행복한 길이 되는 것을 느낄 수 있을 것이다.

부디 주님께서 당신의 여정을 축복하시기를. 할렐루야.

## 30. 주님이 당신의 곁에 계신 것을 보라

　이제 드디어 기나 긴 이야기를 마칠 시간이 되었다. 자유롭고 행복한 그리스도인이 되기 위하여 중요한 원리를 한 가지만 더 이야기하고 마치기로 하자.
　13세기에 독일의 유명한 신비주의자였던 마이스터 에크하르트는 이런 이야기를 했다. "신을 바라보는 나의 눈은 나를 바라보는 신의 눈과 같은 눈이다."
　이것은 무슨 의미인가? 일종의 '거울의 법칙'과도 같은 것이다. 즉 내가 거울을 바라보고 있을 때 거울 속의 나도 나를 바라보고 있는 것이다. 즉 내가 하나님을 어떻게 바라보고 생각하는가 하는 것은 하나님이 나를 어떻게 다루시고 대하시는가와 관련되어 있다는 것이다.
　어떤 사람은 하나님을 아주 엄하고 무서운 분으로 본다. 그러면 그는 어떤 하나님을 경험하게 되는가? 그가 믿고 생각하는 대로 그는 엄하고 두려운 하나님을 체험하게 된다. 무릇 우리의 체험은 우리의 의식과 믿음을 초월하지 못하는 것이다.
　어떤 이들은 하나님을 압제자이며 불공평한 분이라고 생각한다. 그들은 어떤 하나님을 체험하게 되는가? 역시 그들이 믿고 있는 대로 경험하게 된다.
　물론 그의 하나님 관은 왜곡된 것이다. 진리가 아니다. 하지만 그가 그것을 진리라고 믿고 있을 때는 그것이 그에게 진리처럼 역사하게 된다. 그렇다면 그가 재앙을 주시는 하나님을 믿고 있을 때 그에게 재앙이 임한다면 그것은 마귀가 가져다주는 것인가? 아니면 그가 믿는 대로 하나님이 가져다주시는 것인가?

나는 그것은 자신이 끌어당기는 것이라고 생각한다. 자신이 뿌리는 씨앗을 거두는 것이다. 그것은 하나의 자연적인 법칙이다.

하나님은 그처럼 무기력하신가? 어떤 이가 잘못 생각하고 왜곡된 생각을 가지고 있다고 하더라도 그것과 상관없이 사랑과 은총을 베풀어주실 수는 없는가?

그것은 하나님 스스로 만드신 자연의 법칙을 허무는 것이라고 할 수 있다. 만약 그렇게 질서를 어지럽히면 사랑과 행복의 모든 법칙들도 무너지게 될 것이다. 사람은 무엇이든지 스스로 심은 것을 거두며 그러므로 자신이 좋은 것을 심어야 한다. 나쁜 것을 심어도 좋은 것이 생기게 한다면 그것은 질서가 무너지는 것이다.

목회를 하면서 내적 치유를 많이 시도하던 적이 있었다. 현재의 삶에 어려움을 겪고 있는 이들의 과거로 시간 여행을 해서 그 과거의 아픈 기억을 치유하는 것이다. 그렇게 우리의 안에 형성되어 있는 과거가 슬픔이나 쓴 뿌리가 치유되면 그것은 현재의 성격이나 삶에도 긍정적인 영향을 주는 것이었다.

나는 성도들을 안락의자에 앉히거나 아니면 더 편안하게 누운 상태에서 주님의 임재와 기름 부으심이 임하도록 기도한다. 그리고 그러한 임재와 평안 속에서 그 사람의 아픈 과거의 기억으로 인도해달라고 기도한다.

그 다음부터는 기도를 받는 사람과 대화를 시작한다. 어떤 것이 느껴지는지, 무슨 생각이나 장면이 떠오르는지.. 그렇게 물어보면서 상황에 맞는 기도를 하곤 했다. 사람들은 과거의 아픈 시절, 인생의 가장 추웠던 시절로 돌아가게 된다. 그들은 그 시점에서 그 때의 감정을 그대로 느끼며 울고 힘들어하고 고통을 느낀다.

그런데 그 사역에서 치유의 핵심은 바로 그런 것이었다. 그들이 과거의 기억 속에 들어가 그 때의 동일한 상황에서 눈물을 흘리고 있었을 때 그들이 본 것이 있었다. 그것은 바로 곁에 계시는 주님이셨다.

어떤 자매는 기도를 받으면서 세 살의 나이로 가게 되었다. 그녀는 갑자기 날카로운 비명을 질렀다. 내가 이유를 묻자 그녀는 소리를 지르면서 자기가 물속으로 떠내려가고 있다고 비명을 질렀다. 물밑에 있는 바위들, 날카로운 돌들이 선명하게 보이고 너무 무섭다고 그녀는 울었다.

나중에 기도가 끝난 후에 그녀는 자기가 세 살 때 그런 일이 있었느냐고 어머니에게 물었다. 어머니는 놀라서 어떻게 알았느냐고 하면서 강가에서 빨래를 한 적이 있었는데 갑자기 아이가 없어져서 보니 저 밑으로 떠내려가고 있었다고 한다. 그녀가 기도 중에 느꼈던 것은 실제로 일어났던 일이었다.

그런데 중요한 것은 이것이었다. 그녀는 기도를 받으면서 그 장면에 주님이 계신 것을 보게 되었다. 그리고 그녀가 떠내려가는 것을 주님이 안아주시고 어머니에게 아기를 돌려주셨다. 그녀는 그 모습을 보면서 울었다. '주님. 주님.' 하면서 울었다. 그녀가 세 살 때 그녀는 주님을 영접한 적도 없고 알지도 못했다. 하지만 주님은 그녀의 곁에 계셨었다. 그녀가 알지 못하고 주를 부르지 않았을 때도 주님은 항상 그녀와 같이 계셨던 것이었다.

나는 비슷한 많은 통해서 우리가 주님을 영접하고 부르기 전에도 주님이 항상 우리를 보호하시며 지키시고 같이 다니시는 것을 알았다. 때가 되어 우리가 주님을 구하고 부르고 영접하며 우리 삶의 주인으로 모실 때 그분은 우리의 삶의 중심으로 들어오신다. 하지만 주님은 그 전에도 우리를 아시며 사랑하셨던 것이었다.

이런 사례도 있었다. 한 자매는 자기가 태어나는 장면으로 갔다. 그리고 그녀는 울면서 외쳤다. 아무도 나를 사랑하지 않는다고, 내가 태어났는데도 아무도 기뻐하지 않는다고 마구 울었다.

그것은 놀라운 경험이었다. 이러한 기도를 통해서 분명하게 알게 된 것은 태아는 놀라울 정도로 상세하게 자신이 태어날 때의 상황을 기억하고 있다는 사실이었다. 다만 그 기억은 잠재의식 속에 숨어버렸을 뿐이다.

그녀는 태어나는 것을 두려워했다. 하지만 그녀는 기도 중에 보게 되었다. 엄마의 뱃속에서 나오게 될 때 주님이 그 아기의 손을 잡고 이끌어 주셨다는 것이다. 그녀는 그 말을 하면서 즐거운 웃음을 터뜨렸다.

그리고 얼마 가지 않아서 아기의 상태인 자매는 다시 울음을 터뜨리고 두려워했다. 아빠가 엄마에게 폭력을 휘두르고 마구 화를 내고 있다는 것이었다. 그것은 어린 아기에게 부부의 싸움이 얼마나 무서운 것임을 잘 알려주는 이야기였다.

하지만 기도를 계속 하자 그녀는 다시 웃음을 지었다. 주님께서 두 분의 사이에 서 계시다는 것이었다. 그리고 주님은 그녀의 어머니를 눕히고 옆에서 위로해주시고 있다고 말하며 미소를 지었다.

그것은 놀라운 일이었다. 과거의 많은 슬프고 아픈 장면에서 우리는 주님을 발견할 수 있었다. 그리고 그렇게 기도를 받는 중에 느꼈던 감정이나 알게 되었던 사실을 부모님께 확인해보면 한결같이 그것은 실제로 있었던 일이었다.

한 가지 이야기를 더 하기로 하자. 어떤 자매는 한 살 때의 이야기를 하면서 울었다. 아기의 목소리로 칭얼거리며 울었다. 자기는 지금 한 살인데 집에 아무도 없다고 엄마 아빠는 집에 안 계시다고 울었다.

그러더니 그녀는 다시 웃음을 짓기 시작했다. 부엌의 바로 옆에 자기 뒤에 주님이 서 계시다고 했다. 주님이 너무 키가 크셔서 자기는 주님께 안아달라고 손을 내밀었는데 주님께서 자기를 안아주시더니 머리 위에 목마를 태워주셨다고 했다. 그녀는 처음에는 울더니 나중에는 행복해서 웃었다.

이런 내적 치유의 기도를 통해서 나는 사람들에게 많은 변화들이 생기는 것을 볼 수 있었다. 그것은 그렇다고 소설처럼 극적인 것은 아니다. 그리고 몇 번의 그런 기도를 통해서 순식간에 모든 것이 다 바뀌고 문제가 사라지는 것은 아니다. 하지만 중요하고 귀중한 메시지가 있었다. 정말 잊을 수 없는 메시지가 있었다.

그것은 우리가 아직 주를 알지 못했을 때에도 주님은 우리와 함께 하신다는 메시지였다. 우리가 주를 구하지 않을 때에도 주님은 우리의 옆에 계셨다.

유명한 그림이 있다. 어떤 소년이 배를 운전하고 있다. 그는 큰 배를 운전하는 것이 몹시 두렵다. 그런데 그 그림을 보면 뒤에서 그 소년의 손을 잡고 계시는 주님의 모습이 보인다. 나는 그것이 사실이라고 믿는다. 그 그림은 단순히 하나의 상상이 아니다.

주님은 우리가 느끼지 못할 때에도 항상 우리의 곁에 계신다. 우리가 외로울 때 옆에 계신다. 우리가 지쳤을때 뒤에서 밀어주시며 손을 잡아주신다. 그것은 공상이 아니고 실제이다.

우리가 느낄 수 없고 볼 수 없을지라도 주님은 항상 우리와 같이 계신다는 것, 이것은 우리가 내적 치유를 하면서 얻은 가장 아름답고 실제적인 힘이 되는 깨달음이었다.

그런데 이런 경험을 하면서 자연스럽게 생겨났던 하나의 의문은 이것이었다. 왜 우리는 지금 기도하면 고통스러운 과거의 사건과 상황 가운데 계시는 주님을 볼 수 있는 데 그 당시는 그것을 볼 수 없었을까? 그 때에는 주님이 곁에 계신 것을 왜 느낄 수 없었을까?

우리가 어리기 때문이었을까? 꼭 그런 것은 아니었다. 과거의 치유에서는 우리가 성인이 되었을 때의 상황도 많이 있었다. 어른이 된 후에도 아프고 슬픈 일을 겪었을 때 그 옆에는 주님이 계셨던 것을 우리는 볼 수 있었다. 그러나 그 당시에는 왜 그것을 느낄 수 없었던 것이었을까? 알 수 없었던 것이었을까?

나는 이렇게 생각한다. 그것은 그 때에는 아직 그러한 주님을 볼 수 있는 의식, 생각, 믿음이 없었던 것이 아닐까. 하고.. 그러니까 그 때는 항상 주님이 내 곁에 계시며 나를 돕고 계시다는 의식이 없었고 그런 상태에서는 주님이 곁에 계셨어도 그것을 보거나 느낄 수 없었던 것이 아닐까 하는 것이다.

우리가 주님을 보는 눈은 주님이 우리를 보시는 눈이다. 우리가 사랑의 주님을 알며 긍휼과 용서와 자비의 주님을 알고 있다면 우리는 그러한 주님이 우리에게 임하시는 것을 볼 수 있다. 알 수 있다. 그러나 우리가 주님을 두렵고 무섭고 엄한 분이라고 믿는다면 사랑의 주님이 곁에 계셔도 우리는 그것을 보고 느끼고 경험할 수 없을 것이다. 우리가 알고 믿는 것이 우리가 경험하는 것을 결정하기 때문이다.

오늘 우리는 주님을 어떻게 생각하는가? 그것은 우리를 보는 주님의 눈이다. 우리를 대하시는 주님의 마음이다. 주님은 우리를 아름답다고 보신다. 아비가 자식을 불쌍히 여김같이 불쌍하게 보신다. 주님은 우리에게 자비를 베풀기 원하신다. 주님은 비록 우리가 넘어지고 죄를 지을지언정 그것을 후회하고 다시 주님께 가기를 원하시는 것을 잘 알고 계신다.

하지만 우리가 주님의 그 마음과 시선을 받아들이지 않는다면, 그리하여 자신을 향하여 엄하고 날카로운 시선을 가지고 있다면 우리는 그 사랑의 주님을 체험할 수 없다. 아니 옆에 계셔도 우리는 그것을 알 수 없다. 우리의 의식은 우리의 체험에 영향을 주기 때문이다. 주님이 우리에게 가까이 오기를 원하셔도 우리의 의식이 그것을 제한하는 것이다.

당신은 주님이 어떤 사람을 특별하게 당신보다 더 사랑한다고 생각하는가? 그것은 당신에게 달려있는 것이다. 당신이 간절하게 주를 추구하면 주님은 당신에게 임하실 것이며 깊은 사랑을 베푸실 것이다. 하지만 당신이 주님께 별로 관심이 없다면? 주님은 당신에게 가까이 오실 수 없다. 그리고 오셔도 당신은 그것을 알 수 없으며 느낄 수 없다. 주님과 당신 사이에는 큰 구렁이 있어서 서로 가까이 할 수 없는 것이다.

그러므로 주님을 대하는 당신의 마음과 시선이 당신을 대하는 주님의 시선과 마음이라는 것을 기억하기 바란다. 주님은 모든 사람을 사랑하시지만 먼저 당신이 그 사랑을 받아들이고 사모해야 당신에게 그 사랑의 역사를 주실 수 있는 것이다.

이 원리는 오직 주님과의 관계에서만 통용되는 것일까? 아니다. 그것은 모든 것에 대해서 마찬가지다. 세상을 보는 당신의 눈은 세상이 당신을 보는 눈과 같은 것이다. 당신은 세상을 아름답게 보는가? 그러면 세상도 당신을 아름답게 볼 것이다. 당신은 세상을 악하고 더러운 것으로 보는가? 그러면 세상도 당신을 그렇게 보며 그렇게 대우할 것이다.

그러므로 이것을 기억하라. 세상이 당신을 버린 것이 아니다. 당신이 세상을 버린 것이다. 당신은 피해자인가? 아니다. 당신이 그 모든 것을 만드는 것이다.

같은 이야기를 대인관계에서도 적용할 수 있다. 다른 사람들을 보는 당신의 눈은 당신을 보는 다른 사람들의 눈과 같은 것이다. 당신은 외로운가? 그것은 다른 사람들이 당신을 버린 것이 아니라 당신이 버린 것이다. 시간의 순서를 따지지 말라. 영계에서 시간이란 의미가 없다. 그것은 서로 끌어당기는 것이다.

부디 이 사실을 기억하기 바란다. 주님은 우리를 로버트로 만들지 않으셨다. 땅을 정복하고 다스리라고 하셨다. 우리의 인생도 정복하고 다스리고 스스로 심고 거둘 수 있다. 주님은 우리에게 각자의 인생의 창조권을 주셨다. 그러므로 나쁜 것을 심고 하나님을 원망하지 말기를 바란다. 그것은 당신에게 달려있는 것이다.

지금 당신의 삶이 괴롭다면 당신은 죽은 후의 생은 더욱 더 고통스러울 것이다. 지금은 기회가 있지만 사후에는 아무런 기회가 없다. 지금은 마음을 바꾸고 시각을 바꾸고 인생을 바꾸고 반성할 수 있지만 사후에는 아무런 기회가 없다. 아무 것도 바꿀 수 없다.

사후에는 후회는 할 수 있지만 회개는 불가능하다. 변화는 불가능하다. 나사로와 같이 살던 부자는 얼마나 열심히 후회했는가? 그러나 그에게는 어떤 변화도 가능하지 않았다.

육체를 가지고 있는 지금 이 순간만이 변화가 가능한 시점인 것이다. 군대에 있을 때는 괴롭지만 일단 한번 제대하고 나면 더 이상은 진급이 없다. 그러니 힘들어도 진급의 기회가 있을 때 진급하는 것이 좋은 것이다.

삶은 우리의 책임이다. 당신의 눈을 바꾸라. 당신의 시각을 바꾸라. 당신의 마음과 생각을 바꾸라. 그것은 새 인생을 창조하는 것이며 우리의 삶과 미래와 모든 것을 새롭게 창조하는 것이다.

치유의 하나님을 체험하고 싶은가? 치유의 하나님을 믿으라. 용서의 주님을 체험하고 싶은가? 용서의 주님을 믿으라.

왜 쓸데없이 어둡고 눌리고 비참한 인생을 짊어지고 살아야 하는가? 의식을 바꾸고 생각을 바꾸면 우리는 지금 이 순간부터 즐겁고 행복하게 살 수 있다.

왜 인생을 나쁘게 보는가? 왜 결혼을 무덤으로 보는가? 인생은 아름답고 결혼은 즐겁다. 당신이 잘못 심은 것을 가지고 왜 인생 전체를 나쁘게 생각하는가? 아이를 기르는 것은 고역인가? 그렇게 믿으면 그럴 것이다. 그러나 그것을 최상의 행복이라고 믿는 이들에게는 아이들을 통하여 행복과 누림과 즐거움을 얻게 될 것이다.

주님은 요구하시는 분이 아니시다. 그분은 짐을 무겁게 하시는 분이 아니다. 주님은 우리의 짐을 가볍게 하신다. 그분은 우리에게 즐거운 삶과 인생의 행복을 가르치신다. 그분이 우리의 고통을 즐기는 분이라고 꿈에도 생각하지 말라. 그렇다면 주님이 왜 사람들을 치유하고 눈물을 닦아주시며 위로하시고 용기를 주신다는 말인가? 기억하라. 주님은 너무나 아름답고 따뜻하신 분이다.

나는 당신이 신앙생활을 의무적으로 하지 않기를 바란다. 무겁게 힘들게 믿지 말라. 취미생활을 하듯이 게임을 즐기듯이 그렇게 신나게 믿으라. 그것은 당신에게 달려있는 것이다.

하나님의 사랑을 체험하고 싶으면 먼저 그 사랑을 받아들여라. 나는 악하니까 자격이 없다, 나는 안 된다.. 그런 식으로 하지 말라. 고생을 하고 괴롭게 사는 것이 소원이 아니라면 말이다.

당신은 귀한 존재이다. 당신은 아름다운 존재이다. 당신을 지으신 분이 그렇게 보신다.

기억하라. 당신의 관점이 당신의 미래이고 인생인 것을, 인생은 아름답다. 삶은 행복한 것이며 신앙이란 참으로 아름답고 즐거운 게임과 같은 것이다.

당신은 주님께 아주 아주 특별한 존재이다. 당신을 향한 주님의 사랑을 받아들여라. 아름답고 행복한 시선으로 주님을 보고 세상을 보고 사람들을 보고 당신 자신을 보라.

당신은 행복해질 수 있을 것이다. 당신은 자유롭고 행복한 그리스도인이 될 수 있다. 할렐루야! 기뻐하라.

주님이 당신을 사랑하시고 축복하신다. 그분이 지금 당신의 곁에 계신다. 오, 주님. 감사합니다. 할렐루야! 아멘.

## 도서구입신청

도서 구입을 원하시는 분들을 위한 안내입니다.

### 1. 도서 목록 확인
페이지를 넘기시면 정원 목사님의 도서 전권이 안내되어있습니다.
도서 목록을 참조하셔서 필요로 하시는 책을 선택하십시오.
각 도서의 자세한 목차와 내용을 원하시면 정원목사 독자 모임 카페의 [저자및 저서소개] 코너를 참조하십시오. (http://cafe.daum.net/garden500)

### 2. 책신청
구입하실 도서를 결정하신 후에, 영성의 숲 출판사로 전화를 주세요.
(02-355-7526 / 010-9176-7526. 통화시간: 월~금 오전 9시~저녁 7시)
신청 도서 목록을 알려주시면 입금하실 금액을 안내해 드립니다.
신청하실 때는 책을 받으실 주소와 전화번호를 함께 알려주세요.
책신청은 전화 외에도 영성의 숲 홈페이지의 [책신청] 코너,
출판사 이메일(spiritforest@hanmail.net)을 사용하실 수 있습니다.

### 3. 송금
안내 받으신 도서 대금을 아래 계좌로 입금해 주세요.
(국민은행: 461901-01-019724, 우체국: 013649-02-049367, 예금주: 이혜경)
신청자 성함과 입금자 성함이 일치하지 않는 경우에는 입금자 성함을
꼭 알려주셔야 확인이 가능합니다.

### 4. 배송
입금 확인 후에 바로 발송 작업을 하는데, 발송후 도착까지 보통 2-3일 정도가 소요 됩니다. 책을 급하게 필요로 하실 경우에는 일반 서점을 이용해 주세요. 해외 배송을 원하시는 분은 총판을 담당하고 있는 생명의 말씀사로 문의해주시기 바랍니다. (생명의 말씀사 080-022-1211 www.lifebook.co.kr)

# <기도 시리즈>

1. 하늘의 권능이 임하는 부르짖는 기도 1
영성의 숲. 373쪽. 13,000원 / 핸디북 10,000원
부르짖는 기도는 모든 기도의 형태 중에서 가장 기본적이고 중요한 기도입니다. 이 기도를 바르게 배우고 적용한다면 하늘의 권능이 임하는 것을 경험하게 되며 모든 면에서 강건한 그리스도인이 될수 있을 것입니다.

2. 하늘의 권능이 임하는 부르짖는 기도 2
영성의 숲. 444쪽. 15,000원 / 핸디북 11,000원
부르짖는 기도 1권은 발성의 의미, 능력과 부르짖는 기도의 전체적인 원리를 다루 었으며 2권은 부르짖는 기도의 실제로서 구체적인 기도의 방법과 적용원리를 다루고 있습니다. 3부에 수록된 다양한 승리의 간증은 독자님들에게 좋은 도전이 될 것입니다.

3. 대적기도의 원리와 능력
영성의 숲. 400쪽. 14,000원 / 핸디북 11,000원
대적기도 시리즈 1편. 대적기도는 주님께 간구하는 기도가 아니며 우리에게 주어진 권세와 능력을 발견하고 사용하여 능력과 승리를 경험하는 기도입니다. 이 기도를 알게 될 때 당신의 삶은 진정 달라지게 될 것입니다.
휴대를 위한 작은 사이즈의 핸디북도 있습니다.

4. 대적기도의 적용 원리
영성의 숲. 424쪽. 14,000원 / 핸디북11,000원
대적기도 시리즈 2편. 대적기도에도 원리와 법칙이 있습니다. 그 원리와 법칙을 잘 익혀서 실제의 삶에 적용한다면 우리는 풍성한 삶을 살 수 있습니다. 이 책에서는 그 원리들을 구체적으로 제시해 주고 있습니다.
휴대를 위한 작은 사이즈의 핸디북도 있습니다.

5. 대적기도를 통한 승리의 삶
영성의 숲. 452쪽. 15,000원 / 핸디북 12,000원
대적기도 시리즈 3편. 대적기도를 인간관계, 가정에서의 삶, 복음 전도와 사역에 구체적으로 적용하는 방법을 제시하였습니다. 여기서 제시된 원리를 잘 읽고 적용한다면 삶과 사역에 있어서 많은 변화와 승리를 경험할 수 있게 될 것입니다.
휴대를 위한 작은 사이즈의 핸디북도 있습니다.

6. 대적기도의 근본적인 승리 비결
영성의 숲. 454쪽. 15,000원 / 핸디북 12,000원
대적기도 시리즈 4편. 완결편. 1부에서는 악한 영들을 근본적으로 완전하게 제압하고 승리할 수 있는 원리와 비결을 제시하고 있습니다. 2부에서는 대적기도를 적용하고 경험한 성도들의 사례가 실려 있는데 이것은 각 사람의 적용과 승리에 좋은 참고가 될 수 있을 것입니다. 휴대를 위한 작은 사이즈의 핸디북도 있습니다.

7. 아름답고 행복한 기도의 세계
영성의 숲. 276쪽. 9,000원
〈기도업데이트〉의 개정판. 자연스럽고 편안하게 기도의 아름다움과 행복에 잠길 수 있도록 돕는 책입니다. 기다리는 기도, 듣는 기도, 안식하는 기도 등 다양하고 풍성한 기도의 원리들을 일상의 예화들을 통하여 쉽게 정리하였습니다.

8. 주님의 마음에 이르는 기도
영성의 숲. 309쪽. 10,000원
기도의 원리와 방법에 대한 200개의 조언을 담았습니다. 주님의 마음을 향하여 가는 것. 그것이 기도의 방향이며 목적임을 보여주는 책입니다.

9. 주님의 임재를 경험하는 길
영성의 숲. 308쪽. 10,000원
〈주님을 경험하는 100가지 방법〉의 개정판. 주님의 살아계심과 임재를 경험하기 위한 100가지의 실제적인 방법을 제시하고 있습니다. 사모하는 마음으로 이 방법들을 시도한다면 누구나 쉽게 그분의 역사를 경험하게 될 것입니다.

10. 예수 호흡기도
영성의 숲. 460쪽. 15,000원 / 핸디북 11,000원
호흡을 통한 기도가 주님의 임재와 영적 실제에 들어가는 중요한 비밀이며 열쇠임을 보여주는 책입니다. 이 책에 제시된 원리와 방법을 충실히 시도해 본다면 누구나 놀라운 변화를 경험하게 될 것입니다.

11. 방언기도의 은혜와 능력 1권
영성의 숲. 459쪽. 16,000원 / 핸디북 12,000원
방언기도 시리즈 1편. 방언에 대한 성경적이고 균형잡힌 설명 뿐 아니라, 저자의 개인적인 경험과 간증, 방언을 받는 과정과 통역을 시도하는 과정에 대한 구체적인 설명, 여러 경험자들의 실례가 풍성하게 실려있어, 방언의 은혜에 대해 이해하고 적용하는 데에 실제적인 도움을 주는 책입니다.

12. 방언기도의 은혜와 능력 2권
영성의 숲. 403쪽. 14,000원 / 핸디북 11,000원
방언기도 2편에서는 방언과 통역이 발전해 나가는 과정과 그 영적인 의미를 깊이있게 다루었습니다. 방언의 가치와 의미를 바르게 이해하고 적용하게 될 때, 오래 동안 방언을 사용하면서도 주님의 은총를 누리지 못하던 이들이 주님의 가까우심과 아름다우심을 풍성히 경험하게 될 것입니다.

13. 방언기도의 은혜와 능력 3권
영성의 숲. 489쪽. 16,000원 / 핸디북 12,000원
방언 기도 시리즈의 결론적인 부분을 다룬 책입니다. 방언에 대한 부정적인 견해와 원인들, 방언을 통해 어떻게 부흥이 시작되는지, 은사의 바른 방향과 의미, 목적 등을 정리하였고, 전체적인 요약정리와 함께 경험자들의 구체적인 사례들을 첨부하여 실제적인 적용에 도움이 되도록 하였습니다.

## <영성 시리즈>

1. 영성의 실제를 경험하는 길
영성의 숲. 357쪽. 12,000원
〈그리스도인의 아름다운 영성〉의 개정판.
많은 은혜의 도구들이 있지만 그것들이 다 주님을 접촉하는 것은 아닙니다. 참다운 영성과 주님을 경험하는 원리를 제시하는 책입니다.

2. 생각의 자유를 경험하는 길
영성의 숲. 228쪽. 8,000원
〈그리스도인의 생각 다스리기〉의 개정판. 우리가 겪는 삶의 대부분의 고통들은 스스로 만들어낸 생각의 감옥에 지나지 않으며 생각을 분별하고 관리함으로써 풍성하고 행복한 삶을 살 수 있다는 메시지를 다양한 예화와 함께 설득력 있게 제시하고 있습니다. 많은 교회에서 훈련 교재로 사용되기도 했습니다.

3. 영성의 중심은 사랑입니다
영성의 숲. 243쪽. 8,000원
하나님의 은혜를 받아들이고 누림으로써 진정한 사랑과 따뜻함의 세계를 경험할 수 있도록 돕는 책. 신앙의 따뜻함과 아름다움을 회복하고, 영혼들을 이해하고 도울 수 있는 관점을 제시하고 있습니다.

4. 영성의 원리
영성의 숲. 319쪽. 11,000원
영성에도 원리가 있습니다. 이 책은 영성의 발전을 위한 다양한 원리들, 영의 흐름, 영의 인식, 영적 승리를 위한 중보 등의 원리를 실제적인 예와 함께 잘 설명해 줍니다. 영적 부흥과 충만함을 사모하는 이들에게 좋은 참고서가 될 수 있을 것입니다.

5. 문제는 주님의 음성입니다
영성의 숲. 227쪽. 9,000원
우리의 삶에 다가오는 여러가지 어려움들, 문제들은 우연이 아닙니다. 거기에는 주님의 배려와 가르치심이 있으며 반드시 우리가 배워야 할 것이 있습니다. 이 책은 그 문제들에서 주님의 뜻과 음성을 발견하는 원리를 가르쳐 주고 있습니다.

6. 영성의 발전은 어떻게 이루어지는가
영성의 숲. 254쪽. 8,000원
〈영성의 상담〉의 증보 개정판. 영성에 대한 여러 질문과 답변을 통해 다양한 영적현상의 의미와 삶 속에서 영적 성장을 이루는 구체적인 방법들을 소개하고 있습니다.

7. 지금 이 공간에 임하시는 주님
영성의 숲. 340쪽. 12,000원
주님은 믿을수 없을만큼 가까이 계시지만 사람들은 흔히 그분을 무시함으로 그의 임재를 소멸시킵니다. 이책은 그분의 가까우심과 구체적인 공간을 통한 임재, 나타나심을 경험할수 있도록 실제적인 지침을 제시하고 있습니다.

8. 심령이 약한 자의 승리하는 삶
영성의 숲. 228쪽. 9,000원
영혼의 힘이 약하고 마음이 여리고 민감하여 고통을 겪고 있는 이들을 위한 책. 영혼의 원리 및 기질과 사명을 이해함으로써 이전에 알지 못했던 자유와 해방과 놀라운 행복감을 누리게 될 것입니다.

9. 천국의 중심원리
영성의 숲. 452쪽. 14,000원
천국은 사후에만 갈 수 있는 장소가 아닙니다. 이 땅에 살면서 천국의 임재, 그 천국의 빛과 영광을 경험할 수 있습니다. 이 책에서는 내면세계의 천국을 경험하기 위한 길과 원리를 제시해 주고 있습니다.

10. 행복한 신앙을 위한 28가지 조언
영성의 숲. 348쪽. 12,000원
〈자유롭고 행복한 그리스도인 1〉의 개정판. 묶여 있고 창백한 의식의 틀을 벗어나, 자유롭고 풍성한 믿음의 삶으로 나아가도록 돕는 책입니다. 28가지 조언속에 행복한 신앙을 위한 영적 원리들을 담고 있습니다.

11. 성숙한 신앙을 위한 30가지 조언
영성의 숲. 340쪽. 12,000원
〈자유롭고 행복한 그리스도인2〉의 개정판. 의식이 바뀔 때 천국의 자유와 기쁨을 누릴 수 있음을 보여주는 책입니다. 묶여있는 사고와 습관, 잘못된 의식에서 해방되는 원리를 제시해 주고 있습니다.

12. 의식의 깨어남을 사모하라
영성의 숲. 239쪽. 9,000원
잠과 꿈과 깨어남의 실체를 보여주며 진정한 깨어있음의 세계로 인도하는 책입니다.
의식과 영혼을 깨우기 위한 방법과 원리들을 제시해 주고 있습니다.

13. 주님의 마음, 주님의 임재 속으로
영성의 숲. 348쪽. 12,000원
오늘날 주님의 마음에 대한 많은 오해가 있어서 주님의 깊으신 임재에 들어가지 못합니다. 이 책은 그 오해를 풀어주며 우리를 향한 주님의 사랑을 보여주고 그 사랑의 임재 속에 들어가는 길을 안내해주고 있습니다.

14. 영성의 발전을 갈망하라
영성의 숲. 292쪽. 10,000원
영성의 진리 시리즈 1편. 영성을 깨우고 발전시킬 수 있는 다양한 이야기, 원리, 법칙들을 묶은 36가지의 메시지가 수록되어 있습니다. 영혼의 각성에 도움이 되는 지식과 도전을 얻게될 것입니다.

15. 집회에서 흐르는 주님의 은혜
영성의 숲. 254쪽. 8,000원
이미 출간되었던 [집회 가운데 임하시는 주님]을 새롭게 개정하였습니다. 회원들의 간증을 줄이고 더 많은 분량을 추가하였습니다. 집회 가운데 나타나는 주님의 생생한 역사와 이에 관련된 여러 영적 원리를 기술하였습니다. 읽을수록 집회 현장에 있는 듯한 감동과 은혜를 얻을 수 있을 것입니다. 은혜를 사모하는 이들, 영성 사역에 관심이 있는 사역자들에게 좋은 참고가 될 것입니다.

16. 삶을 변화시키는 생명의 원리
영성의 숲. 348쪽. 값 12,000원
삶 속에서 열매를 맺을 수 있는 비결과 원리를 시편 1편의 말씀과 요한복음 15장의 말씀을 중심으로 제시하고 있습니다. 포도나무이신 주님과 가지로서 항상 연결되는 삶이 열매를 맺는 원리이며 은총의 비결인 것을 명쾌한 논지로 설명하고 있습니다. 신앙의 기초와 방향을 분명히 밝히는 책으로서 풍성한 삶과 승리하는 삶을 갈망하는 그리스도인들에게 귀한 도전이 될 것입니다.

17. 낮아짐의 은혜1
영성의 숲. 308쪽. 값 11,000원
쉽게 하나님의 임재를 경험하며 그 은혜 가운데 머무르는 사람이 있습니다. 그 은총의 비밀은 무엇일까요? 그것은 바로 낮아짐이며 이를 통하여 주의 무한한 은혜와 천국의 풍성함을 누릴 수 있음을 본서는 증명합니다. 사람을 파괴하는 높아짐의 시작과 타락, 은혜의 회복, 열매의 풍성함 등을 다루고 있으며 누구나 그 은혜의 세계에 쉽게 이르도록 길을 제시하고 있습니다.

18. 낮아짐의 은혜 2
영성의 숲. 388쪽. 값 14,000원
낮아짐은 감추어진 비밀이며 천국의 문을 여는 보화입니다. 마귀는 낮아짐을 빼앗을 때 그 영혼을 사로잡을 수 있으므로 온갖 유혹으로 이 보화를 가로챕니다. 하나님은 천국의 풍성함을 주시기 위하여 낮아짐을 훈련하시며 인도하십니다. 2권은 적용을 주로 다루며 구체적으로 풍성한 은총을 누릴 수 있도록 권면하고 있습니다.

19. 그리스도를 갈망하는 삶
영성의 숲. 268쪽. 값 10,000원
부흥과 영적 깨어남, 영성의 다양한 원리에 대한 이야기. 삶 속의 이야기와 함께 자연스럽게 풀어서 정리하였습니다. 일상의 사소한 삶에서 영적 원리를 발견하고 적용하도록 도우며 그리스도에 대한 갈망이 증가되도록 도전하고 있습니다.

20. 영이 깨어날수록 천국을 누린다
영성의 숲. 244쪽. 값 8,000원
독자들과 일대일로 마주 앉아서 대화를 하듯이 영적 성장과 풍성한 삶을 누리는 원리에 대해서 메시지를 전달하고 있습니다. 사랑하는 삶, 영성의 깨어남에 대한 새로운 통찰력을 제공해주며 기쁨으로 주님을 따르는 길을 제시해줍니다.

# <생활 영성 시리즈>

1. 주님과 차 한잔을
영성의 숲. 220쪽. 6,000원
신앙의 귀한 진리들, 주님을 사모하고 가까이 나아가는 데 도움이 되는 원리들을 유머를 통해 밝고 즐겁게 전달해주는 책입니다.
주님과 같이 차를 한잔 마시는 기분으로 부담없이 읽다 보면 자연스럽게 영적 통찰을 얻을 수 있을 것입니다.

2. 일상의 삶에서 주님을 의식하기
영성의 숲. 280쪽. 8,000원
일상의 사소한 삶 속에서 주님을 의식하며 살아가는 이야기. 신앙과 영성은기도할 때만이 아니라 일상의 모든 삶 속에서 나타나야한다. 작고 사소한 모든 일에서 주님을 의식하는 것이 진정한 행복의 원리인 것을 이 책은 보여주고 있습니다.

3. 일상에서 경험하는 주님의 사랑
영성의 숲. 277쪽. 8,000원
일상의 묵상 시리즈 2편. 사소한 일상의 삶에서 주님의 임재와 사랑을 느끼고 주님의 메시지를 경험하는 이야기. 항상 모든 것에서 주님의 마음과 시선으로 삶과 사람을 보고 느껴야 하며 이를 통해서 날마다 천국을 경험할 수 있음을 사소한 삶의 이야기를 통하여 부드럽게 전달해주고 있습니다.

4. 삶이 가르치는 지혜
영성의 숲. 212쪽. 6,000원
〈삶이 가르치는 지혜〉의 개정판. 우리의 삶에서 경험하는 많은 즐거운 일, 힘든 일들이 결국 우리 영혼의 성장을 위하여 주어진 일임을 보여줍니다. 가슴을 따뜻하게 하는 소박한 이야기들을 통해서 사랑의 중요성을 다시 한번 깨닫게 합니다.

5. 사랑의 나라로 가는 여행
영성의 숲. 156쪽. 5,000원
〈사랑의 나라〉의 개정판. 어른들을 위한 우화로서 한 청년이 여행을 통하여 삶의 목적과 방향을 깨달아 가는 과정이 흥미진진하게 전개되고 있습니다. 즐겁게 이야기를 읽어나가다보면 영적 성장의 방향과 중심, 영적 세계의 에너지와 원리, 흐름을 이해하는데 도움이 될 것입니다.

6. 하나님의 뜻을 발견해 가는 여행
영성의 숲. 269쪽. 신국판 변형 8,000원
성경에 등장하는 입다, 다윗, 암논의 삶과 사건들을 통하여 하나님의 아버지 마음과 하나님의 의도와 훈련을 이해하고 발견하도록 안내하는 책입니다. 등장인물들의 마음과 정서가 드라마처럼 녹아있어 흥미와 감동을 전달해 줍니다.

7. 일상에서 경험하는 주님의 은혜
영성의 숲. 253쪽. 값 8,000원
일상시리즈 3편입니다.
가족 이야기, 모임 이야기, 일상에서 경험하는 여러 가지 일들을 통해서 영적 원리와 교훈을 정리하였습니다.
일기와 이야기 형식으로 기록되어 있어서 즐겁게 읽는 가운데 주님과 같이 걷는 삶의 흐름 속으로 들어갈 수 있게 될 것입니다.

# <묵상 시리즈>

1. 맑고 깊은 영성의 세계를 향하여
영성의 숲. 140쪽. 5,000원.
잠언시리즈 1편. 내 영혼의 잠언1을 판형을 바꾸어 새롭게 만들었습니다. 순결하고 맑은 영혼으로 성장하기 위한 진리의 묵상들이 간결하게 정리되어 있습니다.

2. 주님은 생수의 근원 입니다
영성의 숲. 196쪽. 6,000원
〈내 영혼의 잠언2〉의 개정판. 맑고 투명한 영성의 세계로 안내하는 영성 잠언집. 새벽녘의 신선하고 향긋한 바람처럼 우리 영혼을 달콤하게 채워주는 묵상의 글들을 모아서 정리했습니다.

3. 묻지 않는 자에게 해답을 던지지 말라
영성의 숲. 156쪽. 5,000원
삶과 사랑과 영혼의 진리를 담은 잠언 시집.
인생의 의미와 진리, 영성의 발전과정을 예리하면서도 부드러운 시각으로 표현하고 있습니다. 불신자에 대한 전도용으로도 좋은 책입니다.

4. 영혼을 깨우는 지혜의 샘물
영성의 숲. 180쪽. 6,000원
〈영적 성숙으로 향하는 여행〉의 개정판
인생, 진리, 마음, 영성 등 중요한 8가지의 주제에 대한 짧은 묵상을 담았습니다. 맑은 샘물이 흐르듯이 간결한 지혜의 메시지가 영성을 일깨워주는 책입니다.

## 성숙한 신앙을 위한 30가지 조언

| | |
|---|---|
| 1판 1쇄 발행 | 2004년 4월 30일 |
| 2판 1쇄 발행 | 2006년 12월 10일 |
| 2판 3쇄 발행 | 2010년 4월 20일 |
| 3판 1쇄 발행 | 2013년 1월 25일 |
| 3판 2쇄 발행 | 2017년 6월 10일 |
| 지은이 | 정원 |
| 펴낸이 | 이 혜경 |
| 펴낸곳 | 영성의 숲 |
| 등록번호 | 2001. 7. 19 제 8-341 호 |
| 전화 | 02 - 355 - 7526 (영성의숲) |
| 핸드폰 | 010 - 9176 - 7526 (영성의숲) |
| E - mail | spiritforest@hanmail.net (영성의숲) |
| 홈페이지 | cafe.daum.net/garden500 (정원목사 독자 모임) |
| | cafe.naver.com/garden500 (정원목사 독자 모임) |
| 국민은행 | 461901 - 01 - 019724 |
| 우체국 | 013649 - 02 - 049367 |
| 예금주 | 이 혜경 |
| 총판 | 생명의 말씀사 |
| 전화 | 02 - 3159 - 8211 |
| 팩스 | 080 - 022 - 8585,6 |

값 12,000원

ISBN 978 - 89 - 90200 - 93 - 804230
ISBN 978 - 89 - 90200 - 83 - 904230 (세트)